Eine kurze Geschichte der deutschen Sozialdemokratie

Peter Brandt · Detlef Lehnert

Eine kurze Geschichte der deutschen Sozialdemokratie

DIETZ

Bibliografische Information der Deutschen Nationalbibliothek

Die Deutsche Nationalbibliothek verzeichnet
diese Publikation in der Deutschen Nationalbibliografie;
detaillierte bibliografische Daten sind im Internet
unter *http://dnb.dnb.de* abrufbar.

ISBN 978-3-8012-0646-8
Auch als E-Book erhältlich ISBN 978-3-8012-7047-6

Verlag J. H. W. Dietz Nachf. GmbH
Dreizehnmorgenweg 24, 53175 Bonn
Tel. 0228/18 48 77-0 | info@dietz-verlag.de

Umschlag: Petra Bähner, Köln

Satz:
Kempken DTP-Service | Satztechnik • Druckvorstufe •
Mediengestaltung, Marburg

Druck und Verarbeitung: Bookpress, Olsztyn

Printed in Poland 2026

Inhalt

Vorwort

Auch diese »Kurze Geschichte« der deutschen Sozialdemokratie (das Kürzel SPD ist erst seit 1890 historisch korrekt verwendbar) hat ihre längere Vorgeschichte. Die beiden Autoren legten schon in viel jüngeren Tätigkeitsjahren jeweils themenbezogene Überblickstexte vor: Detlef Lehnert, *Sozialdemokratie zwischen Protestbewegung und Regierungspartei 1848 bis 1983*, Frankfurt a. M. 1983; Dieter Groh/Peter Brandt, *»Vaterlandslose Gesellen«. Sozialdemokratie und Nation 1860–1990*, München 1992. Aber eine gemeinsame Vorläuferschrift wurde erst Peter Brandt/Detlef Lehnert, *»Mehr Demokratie wagen«. Geschichte der Sozialdemokratie 1830–2010*, Berlin 2013. Keine dieser Publikationen wird von den Verlagen noch vertrieben. Es liegt in der Natur der Sache, insbesondere bei historisch orientierten Überblickstexten, dass sich weder Zitate und Daten/Fakten noch erwähnenswerte Personen oder dargelegte Zusammenhänge ändern. Dennoch ist dies nun, auf der seither noch ergänzten Materialgrundlage, ein ganz anderes Buch geworden: ohne Fuß- und Endnoten oder ein Verzeichnis der insgesamt kaum noch überschaubaren Literatur; sprachlich noch um einiges vereinfacht für ein breiteres Lesepublikum - und bis Ende 2021 fortgeschrieben, somit ganz nah an der unmittelbaren Gegenwart. Solches fällt Historikern nicht ganz leicht, die vor einer Darstellung stets wissen möchten, wie das Ende der jeweiligen realen kleinen Geschichte ausgefallen ist.

Die *»Kleine Geschichte der SPD 1848–2002«* von Susanne Miller und Heinrich Potthoff, die 2008 beziehungsweise 2021 verstorben sind, erreichte in der 8. aktualisierten und erweiterten Auflage (Bonn 2002) zuletzt 589 Seiten. Seither sind zwei ereignisreiche Jahrzehnte einer zunehmend schnelllebigen Zeit vergangen, und auch die Lesegewohnheiten insbesondere der jüngeren Generation haben sich geändert. Deshalb legen wir diese knappe und aktuelle Darstellung vor und verweisen alle, die sich zum Beispiel in das Umfeld der zitierten zeitgenössischen Stimmen vertiefen wollen, auf die oben genannten Schriften mit einem mehr oder minder ausführlichen wissenschaftlichen »Apparat« hin; dieser liegt aber im Hintergrund natürlich auch dieser neuen Veröffentlichung. Zum Schluss möchten wir erwähnen, dass die Rechtschreibung in Zitaten modernisiert, aber nicht schematisch angepasst wurde, sodass im Ergebnis eine die Lesbarkeit fördernde Nähe von Quellen- und Autorenschreibweise entstehen sollte.

Das Personenregister führt nur die Namen aus der Geschichte der deutschen Sozialdemokratie und Arbeiterbewegung insgesamt auf, während für die Zeit nach 1945 auch die »prominentesten« Namen in Koalitionen verbundener beziehungsweise konkurrierender politischer Kräfte mit verzeichnet sind.

Die Autoren, im Juni 2023

KAPITEL 1 Grundlagen der Entstehung einer deutschen Arbeiterbewegung

Im deutschsprachigen Mitteleuropa bildete sich im zweiten Drittel des 19. Jahrhunderts eine moderne Industriearbeiterschaft heraus. Zu dieser Zeit existierte in England bereits eine Gesellschaft, die vorrangig von der Fabrikindustrie geprägt war. Dies galt für Deutschland noch nicht. Hier lag um das Jahr 1835 die Zahl der Handwerksgesellen und Heimarbeiter zehnmal höher als die der Manufaktur-, Industrie- und Bergarbeiter. Bis 1873 näherte sich dieses Verhältnis etwa auf zwei zu eins an. Noch immer verzeichnete die Landwirtschaft zu diesem Zeitpunkt die größte Gruppe von Arbeitern, wenn man eine weit gefasste Definition von »Arbeiter« als lohnabhängig Beschäftigte zugrunde legen will.

Die erste Hälfte des 19. Jahrhunderts war für die besitzlosen Unterschichten, also die Mehrheit der deutschen Bevölkerung, eine Zeit bitterster Armut und häufiger Hungerkrisen. In vielen Handwerksberufen nahm die Konkurrenz zwischen Meistern wie auch zwischen Gesellen zu, was oft dazu führte, dass ihre bisherigen Erwerbsgrundlagen zerstört wurden. Die Nöte des »Pauperismus«, wie die Massenarmut im Übergang zum Industriekapitalismus genannt wurde, trafen ganz besonders Frauen. Weibliche Lohnarbeit war vor allem in solchen Bereichen anzutreffen, in denen niedrige Löhne gezahlt wurden, wie beispielsweise in der Landwirtschaft, in den häuslichen Diensten sowie im Textil- und Nahrungsmittelgewerbe.

In den dreieinhalb Jahrzehnten nach 1840 fand in Deutschland eine »industrielle Revolution« statt, die zunächst bedeutete: Die kapitalistische Industrialisierung wurde in diesem Zeitraum unumkehrbar und gewissermaßen zu einem selbsttragenden Prozess. Die wirtschaftliche Entwicklung begünstigte die Gründung des Deutschen Zollvereins im Jahr 1834 unter der Führung Preußens. Dem schlossen sich schrittweise die übrigen deutschen Einzelstaaten an – vor allem, um sich von der österreichisch-ungarischen Doppelmonarchie abzugrenzen. Der Eisenbahnbau, der 1835 begann und in den 1840er-Jahren weiter Fahrt aufnahm, entwickelte sich zum Leitsektor der frühen Industrialisierung. Vor dem Hintergrund des deutschen Staatenpartikularismus ist die Tatsache von großer Bedeutung, dass bis 1847 die Gewerbemetropolen der nördlichen Hälfte, also Breslau, Berlin, Leipzig, Hamburg und Köln, durch Eisenbahnlinien verbunden waren. Neben den ökonomischen Impulsen für die Herausbildung eines gesamtdeutschen Binnenmarktes ist die bewusstseinsformende Kraft eines solchen Verkehrsnetzes hervorzuheben, das infolge der verbesserten Kommunikationswege entstand.

In der zweiten Hälfte des 19. Jahrhunderts bildeten sich in den industriellen Ballungszentren und großen Städten allmählich typisch proletarische Milieus heraus, da sich die Arbeits- und Lebenssituation sowie die Wohnverhältnisse allmählich anglichen. Dennoch unterschieden sich Facharbeiter sowie Un- und Angelernte in ihren Arbeitsbedingungen und -verhältnissen weiterhin beträchtlich voneinander. Die berufsstolzen Handwerksgesellen und kleinen Meister bildeten aufgrund des ökonomischen Drucks, der ihren Status beeinträchtigte und ihnen immer weniger die Chance zur Selbstständigkeit eröffnete, die wichtigsten Gruppen der frühen deutschen Arbeiterbewegung. Das hatte auch mit ihrer berufsbezogenen Organisierbarkeit zu tun, was an zwei hervorstechenden Beispielen deutlich wird: dem »Gutenbergbund« der Buchdrucker und der »Assoziation der Zigarrenarbeiter«.

Die Buchdrucker, zumeist auch als Schriftsetzer ausgebildet, waren eine Gruppe von Arbeitern, die aufgrund ihrer berufsbezogenen Solidarität und ihres Statusbewusstseins als Verkörperung von »Arbeiteraristokraten« gelten durften und sich von anderen Arbeitergruppen abkapselten. Sie hatten das höchste Lohnniveau und die kürzesten Arbeitszeiten. Aufgrund ihrer Bedeutung bei der Flugblattherstellung und der Abhängigkeit ihrer Berufstätigkeit von der Pressefreiheit waren sie überdurchschnittlich politisiert. So blieben sie noch viele Jahrzehnte lang in den Führungspositionen der Arbeiterbewegung weit überproportional vertreten.

Die Zigarrenarbeiter waren im Gegensatz zu den Buchdruckern von Anfang an in einem zunftfreien Berufszweig organisiert. Für ihre

Arbeit war neben einer gewissen Fingerfertigkeit keine besondere Qualifikation erforderlich, was ihnen kein hohes soziales Ansehen einbrachte. Dennoch fanden sie an ihrem Arbeitsplatz günstige Bedingungen, um miteinander zu kommunizieren. Die Idee einer Assoziation war für die Zigarrenarbeiter ohne große Hindernisse umsetzbar und half dabei, ein gemeinsames Berufsbewusstsein zu entwickeln, das auch nach außen hin Anerkennung fand. Ähnlich wie bei den Buchdruckern war die politische Sensibilität der Zigarrenarbeiter aufgrund der Abhängigkeit ihrer Branche von der Steuergesetzgebung und der Kaufkraft der Massen sehr hoch. Besonders in den krisenhaften Jahren seit 1846, als aufgrund von Missernten die Lebensmittelteuerung extrem zu spüren war, erlitten sie große Einbußen. Die Zigarrenarbeiter waren daher empfänglich für Fragen zur sozialen Lage ihrer Klassengenossen in anderen Berufszweigen. Deshalb integrierten sie sich viel bereitwilliger als die Buchdrucker in die »allgemeine« Arbeiterbewegung.

Während der Revolution von 1848 artikulierten sich Vertreter der frühen deutschen Arbeiterbewegung, die bislang ins Exil verbannt waren, erstmals frei an der Seite des demokratisch-republikanischen Lagers. Auf Initiative einer Berliner Arbeiterversammlung hin gründete sich Ende August/Anfang September 1848 auf einer gesamtdeutschen Konferenz in Berlin ein Dachverband namens »Allgemeine Deutsche Arbeiterverbrüderung«. Er wurde von dem gerade erst 24 Jahre alten Schriftsetzer Stephan Born geleitet. Born repräsentierte die Gesamtbewegung, in der die Altersgruppe der bis 30-Jährigen am stärksten war. In einem Aufruf an die »arbeitenden Klassen Deutschlands« in der von Born herausgegebenen Zeitschrift »Das Volk« war Ende Juni 1848 von »sozialer Demokratie« die Rede. Auch Wenzel Kohlweck, ein junger Zigarrenarbeiterführer, zählte damals gerade erst 26 Jahre. Da die überwiegende Zahl von Arbeitern schon mit 14 Jahren ins Berufsleben eintrat und die Lebenserwartung der Unterschichten gering war, lag das Alter der meisten Arbeitskräfte in vielen Gewerben Mitte des 19. Jahrhunderts unter 30 Jahre. So wird das Bild einer Revolution der Jungen deutlich.

Das Konzept der »Verbrüderung« aller Arbeiter hatte seine historischen Wurzeln in den Gesellenbruderschaften und in dem christlichen Grundwert der »Brüderlichkeit« sowie der »Fraternité« der Französischen Revolution. Zu Beginn schlossen sich 32 Arbeitervereine, auch lokale »Komitees« genannt, der »Arbeiterverbrüderung« an. Je nach angewandtem Kriterium stieg ihre Zahl auf 75 bis 120, was etwa 15.000 bis 20.000 Mitgliedern entsprochen haben dürfte. Sitz der Gesamtorganisation war Leipzig. Die Westdeutschen um den Kölner Verein sowie die Süd- und Südwestdeutschen schlossen sich mit einiger Verzögerung an, letztere wurden von einem zweiten »Zentralkomitee« vertreten. Regionale Zentren waren Berlin, die Hansestädte, das Rheinland und das Bergische Land, der Maingau sowie Sachsen. Es war wegweisend für die weitere Zukunft, dass solch eine »Verbrüderung« nicht mehr als rein männlich verstanden wurde: »Von allen diesen Bestimmungen sind die weiblichen Arbeiter nicht ausgeschlossen und genießen unter gleicher Verpflichtung gleiche Rechte.«

Letztendlich scheiterte die Revolution von 1848/49. Das lag vor allem an der Übermacht jener Kräfte, die dem Obrigkeitsstaat dienten. Längerfristig mussten diese sich indessen den Entwicklungstendenzen der kapitalistischen Industrialisierung anpassen. Die territorialen Zersplitterungen und das Konkurrenzverhältnis zwischen Preußen und dem nur teilweise deutschsprachigen Österreich bezüglich der »deutschen Fragen« (klein- oder großdeutsche Lösung) spielten diesen beiden größeren Mächten dabei in die Hände. Während sie zunehmender staatlicher Repression ausgesetzt war, trat die Sozialdemokratie fortschreitend die Erbfolge in den 1848er-Traditionen an, die von den meisten Liberalen nicht mehr fortgeführt wurden. Bei Parteiveranstaltungen wurden oft gleichrangig das Rot der internationalen Arbeitersolidarität und das Schwarz-Rot-Gold der Freiheits- und Einheitsbewegung von 1848/49 gezeigt, was als symbolischer Ausdruck einer demokratisch-gemeindeutschen Gesinnung gemeint war. Das galt auch für die Feier des 18. März, dem Tag, der mit den Barrikadenkämpfen in Berlin von 1848 verbunden wurde.

KAPITEL 2
Gründungsepoche 1863–1875: »Lassalleaner« und »Eisenacher«

In der frühen deutschen Arbeiterbewegung blieb die lokale Vereinsstruktur die vorherrschende Organisationsform. Auch nach der Gründung von SPD-Vorläufer-Parteien in den 1860er-Jahren war der »integrale«, multifunktionale Arbeiterverein dominierend. Tatsächlich beschränkte sich das soziale Spektrum, aus dem die frühen Arbeitervereine ihre Mitglieder rekrutierten, auf die Städte mit etablierten politischen Öffentlichkeiten. Es handelte sich noch überwiegend um eine Bewegung der städtischen Handwerksgesellen und Kleinmeister, angereichert durch Vertreter geistiger Berufe. Obwohl eine Vielzahl von Berufsgruppen vertreten war, behaupteten die Angehörigen der Massenhandwerke wie Schneider, Schuhmacher, Tischler, Zigarrenarbeiter und Weber die Bühne. Zwischen 1849 und 1861 stieg der Anteil der eigentlichen Fabrikarbeiter unter der erwerbsfähigen männlichen Bevölkerung in Preußen - dem mit Abstand größten deutschen Einzelstaat - lediglich von 4,4 % auf 5,8 %, bei Frauen minimal von 1,3 % auf 1,5 %. Die Frage der personellen Kontinuität mit der 1848er-»Verbrüderung« stellte sich in den örtlichen Vereinen sehr unterschiedlich dar: Im Leipziger Arbeiterverein »Vorwärts« dürfte sich etwa die Hälfte der Mitglieder bewusst an die Revolutionszeit erinnert haben, aber im Berliner Handwerkerverein nur etwa ein Fünftel. Folglich waren die frühe sozialdemokratische Richtung im Leipziger Vereinsleben und die liberal-demokratische in Berlin von unterschiedlichen generationellen Erfahrungen geprägt.

Ferdinand Lassalle und der Allgemeine Deutsche Arbeiterverein

Ferdinand Lassalle (1825–1864) war ein aktiver Teilnehmer der 1848er-Revolution in der Rheinprovinz gewesen, also nicht nur ein Zeitgenosse und Weggefährte von Karl Marx (1818–1883) und Friedrich Engels (1820–1895), sondern in seiner politischen Biografie eine ihnen durchaus ebenbürtige Persönlichkeit. Sohn einer jüdischen Kaufmannsfamilie, hatte Lassalle sich nach und nach von seiner sozialen Herkunft entfernt und in Berlin unter anderem Philosophie studiert. Früh zeigte er eine Neigung zum Gelehrten. Für den Lebensunterhalt war durch sein langjähriges Engagement als Anwalt der Gräfin Hatzfeldt in einem öffentlichkeitswirksamen Scheidungsprozess gesorgt, in dem es um ein beträchtliches Vermögen ging. Während der Zeit der politischen Reaktion lebte er jedoch im inneren Exil und hoffte auf den Beginn einer neuen Revolutionsära.

Auch für Lassalle bedeutete der bewaffnete Konflikt zwischen Frankreich und Österreich im Jahr 1859, der um die Gestaltung der italienischen Staatenwelt geführt wurde, eine Gelegenheit zur tagespolitischen Intervention nach einem Jahrzehnt der Zurückhaltung und Stagnation. Im Gegensatz zu Engels, der in seiner anonym veröffentlichten Schrift »Po und Rhein« betonte, es ginge in erster Linie um die Gegnerschaft zum russischen Zarenreich, sah Lassalle den Hort der Reaktion in Europa hauptsächlich im Habsburger Vielvölkerstaat beheimatet. Dieser habe seit Metternichs Zeiten die nationalen und demokratischen Freiheitsbewegungen, wo es ging, zu unterdrücken gesucht. In einem Brief an Marx bekannte Lassalle sich allerdings ausdrücklich dazu, dass die Haltung gegenüber einem militärischen Eingreifen Preußens ausschließlich an der Frage der jeweiligen revolutionären Möglichkeiten zu bemessen sei, was ihn mit Marx verband.

Lassalle argumentierte gegen die Liberalen in ihrem Konflikt mit der Krone um die preußischen Heeresreformen 1862, letztlich um die Verfassung, und dabei ähnlich wie Marx nicht erst in »Das Kapital« (Bd. 1: 1867): Die Machtfrage sei entscheidend, nicht Rechtsfragen, da die herrschende Klasse ihre Interessen über das formale Recht setzen würde. Er entwickelte die Idee der »revolutionären Rechtsschöpfung«, die außer in der französischen auch in deutscher Geistestradition verhaftet war. Danach sollte das Recht durch den Willen des Volkes und durch revolutionäre Aktionen geschaffen werden, anstatt durch formale juristische Argumente, für die Lassalle ohnehin eine Geringschätzung hegte. Deshalb wollte er die Fraktion der liberalen Fortschrittspartei bewegen, ihre Parlamentsarbeit »auf unbestimmte Zeit, und zwar auf so lange auszusetzen, bis die Regierung den Nachweis antritt, dass die verweigerten Ausgaben nicht länger fortgesetzt werden«. Die Abgeordneten sollten, so seine Überlegung, durch diesen Boykott die Volksmassen über das obrigkeitsstaatliche Regime aufklären und zur außerparlamentarischen Aktion mobilisieren.

Allerdings stieß Lassalle mit diesem Versuch, die Hauptstadt Berlin durch Vorträge in Arbeiterversammlungen in ein revolutionäres Zentrum - ein »deutsches Paris« - zu verwandeln, bei den Handwerksberufen, die er ja eigentlich erreichen wollte, nur auf geringe Resonanz. Der Erfolg blieb anderenorts nicht ganz aus, denn die von den Erfahrungen der 1848er Revolution ausgehende Gruppe des Leipziger »Vorwärts« war von seinen öffentlichen Auftritten doch nachhaltig beeindruckt. Daraufhin kontaktierte sie ihn im Dezember 1862, auch wenn sie so dem Bewusstseinsstand der meisten Arbeitervereine ihrer Zeit vorauseilte. In einem Schreiben, das der promovierte Akademiker Dammer und die Politiker Fritzsche und Vahlteich, die aus der Handwerker- beziehungsweise Arbeiterschaft kamen, unterzeichnet hatten, wurde Lassalle angeboten, eine Führungsrolle in der jungen Bewegung zu übernehmen. Dies war mit dem Hinweis verbunden, die Arbeiterbewegung bedürfe »der höchsten Intelligenz und eines durchaus mächtigen Geistes, in dem sich alles konzentriert und von dem alles ausgeht«.

»Revolution« hieß das Wort, mit dem Lassalle seinen Zuhörern beizubringen gedachte, dass »ein ganz neues Prinzip an die Stelle des bestehenden Zustandes gesetzt wird«, während für ihn »Reform« meint, dass »das Prinzip des bestehenden Zustandes beibehalten und nur zu milderen oder konsequenteren und gerechteren Folgerungen entwickelt wird«. Dabei vertrat Lassalle einen Revolutionsbegriff, auf dem einst der Entwicklungsgedanke des sozialdemokratischen Verständnisses Marx'scher Theorie aufbauen sollte: »Man kann nie eine Revolution machen; man kann immer nur einer Revolution, die schon in den tatsächlichen Verhältnissen einer Gesellschaft eingetreten ist, auch äußere rechtliche Anerkennung und konsequente Durchführung geben.« Dieser geschichtstheoretische Ansatz neigte reformerischem Tagespragmatismus ebenso wenig zu wie radikalem Aktionismus.

Das berühmte »Offene Antwortschreiben«, welches Lassalle an das Leipziger Komitee richtete und Anfang März 1863 in Form einer Broschüre verbreitete, enthielt eine richtungsweisende programmatische Parole und einen Vorschlag zu praktischem Handeln: »Der Arbeiterstand muss sich als selbständige politische Partei konstituieren und das allgemeine, gleiche und direkte Wahlrecht zu dem prinzipiellen Losungswort und Banner dieser Partei machen.« Die kapitalistische Gesellschaft ging laut Lassalle von jenem »ehernen Lohngesetz« aus, das die Einkommen der Arbeiter immerfort auf das Existenzminimum reduziere. In einem demokratisierten Staat müsse folglich die Aufgabe gelöst werden, »die große Sache der freien individuellen Assoziation des Arbeiterstandes fördernd und entwickelnd in seine Hand zu nehmen«. Die Idee von Produktionsgenossenschaften mit Staatskrediten entstammte dabei mehr den Wünschen seiner Adressaten als seiner eigenen Gedankenwelt. Dass die Resonanz auf das »Offene Antwortschreiben« eher dürftig ausfiel, ist zweifellos den noch stark auf Eigeninitiative setzenden Vorstellungen der Handwerksgesellen geschuldet. Sie zielten meist noch auf Selbstbildung und weitere Liberalisierung des eigenen ökonomischen und sozialen Status, nicht auf die Durchsetzung einer wie auch immer gearteten Assoziation.

Anders war die Resonanz in Hamburg, Leipzig und mehreren Städten der Rheinprovinz: Von dort kamen zustimmende Beschlüsse örtlicher Gremien. Diese Regionen waren Hochburgen der frühen Sozialdemokratie seit 1848. Am 23. Mai 1863 erfolgte die Gründung des »Allgemeinen Deutschen Arbeitervereins« (ADAV). Die in seinen

Statuten genannten politischen Ziele, mit Rücksicht auf die restriktive Vereinsgesetzgebung formuliert, sahen vor, »auf friedlichem und legalem Wege, insbesondere durch das Gewinnen der öffentlichen Überzeugung für die Herstellung des allgemeinen, gleichen und direkten Wahlrechts zu wirken«. Lassalle, auf fünf Jahre als Präsident eingesetzt, besaß diverse Vollmachten, so unter anderem die, frei über die Finanzmittel zu verfügen und Funktionsträger nach eigenem Ermessen zu ernennen. Dass diese Befugnisse auf eine einzelne Person übertragen werden konnten, war den vereinsgesetzlichen Bestimmungen mit ihrem Verbindungsverbot zwischen Ortsgruppen geschuldet.

Lassalles Konzeption eines Agitationsvereins bot der eigenständigen Arbeiterbewegung eine Grundlage, sich in der Abgrenzung von bürgerlich-liberalen Kräften selbst zu konstituieren. Deren Wirtschaftsideologie und dem im Verhältnis zum Obrigkeitsstaat konfliktunfähigen »Vereinsliberalismus« sollte auf politischem Terrain eine Praxis der »Versammlungsdemokratie« entgegengesetzt werden. Diese knüpfte an den Modellen der Französischen Revolution und der deutschen 1848er-Bewegung an. Dabei beanspruchte der ADAV für sich auch eine Führungsrolle als »geistige Avantgarde« gegenüber den als unaufgeklärt erlebten Volksmassen.

Nachdem aus den städtischen Hochburgen der 1848er-Tradition positive Signale zu vernehmen waren, gelang es Lassalle auch, Arbeiterschichten der ländlichen Gewerbe in Schlesien, Sachsen und dem Bergischen Land von seinen Zielen zu überzeugen. Sie waren angewiesen auf wohlfahrtsstaatliche Strategien und eine organisatorische Führung, die sich, von außen kommend, ihrer Problemlagen annahm. Dabei vernachlässigte Lassalle in den Gewerbemetropolen wie Berlin jene ökonomischen Fragen, die Angehörige von Handwerksberufen, welche abhängig beschäftigt waren, nach und nach in Konflikt mit dem Linksliberalismus führten. Gewerkschaftliche Streiks, so räumte Lassalle unumwunden ein, glichen »vergeblichen Anstrengungen« der Ware Arbeitskraft, »sich als Mensch gebärden zu wollen«. Diese Form der Geringschätzung, die dem Dogma des »ehernen Lohngesetzes« entsprang, stand dem ADAV bei der Ausweitung seiner sozialen Basis zunächst im Wege. Als Lassalle - an die Grenzen seiner weit gesteckten Ziele stoßend - Ende August 1864 bei einem Duell 39-jährig getötet wurde, hatte er dem Agitationsverein, der erst rund 3.000 Mitglieder stark war, ein schwieriges Erbe hinterlassen: Die ganze Organisation war auf seine Person zugeschnitten.

Nach einigen internen Konflikten und Wirren trat der Rechtsanwalt Johann Baptist von Schweitzer (1833–1875) Lassalles Nachfolge an. Mit dem neuen ADAV-Organ »Social-Demokrat«, zur Jahreswende 1864/65 gegründet, erhielt von Schweitzer, der auch Herausgeber war, ein wichtiges publizistisches Instrument an die Hand. Bei aller tief sitzenden Abneigung gegen die »Sekte« Lassalles erklärten sich sogar Marx und Engels bereit, an dem von Intellektuellen konzipierten Arbeiterblatt mitzuwirken. Der politische Bruch indes war programmiert und kam schon bald. Schweitzer argumentierte weiterhin auf einer Linie, die Lassalle vorgezeichnet hatte: »Parlamentarismus heißt Regiment der Mittelmäßigkeit, heißt machtloses Gerede, während Cäsarismus doch wenigstens kühne Initiative, doch wenigstens bewältigende Tat heißt.« Die Alternative »Preußische Bajonette oder deutsche Proletarierfäuste - wir sehen kein Drittes«, war eine Zuspitzung, die auf eine demokratische Revolution zielte und hoffte, dass der dynastische Partikularismus in Deutschland zu Fall gebracht werden und im preußischen Staat aufgehen würde.

Die »Eisenacher« Sozialdemokraten und die Zeit der Fraktionskämpfe

Lassalle selbst hatte dazu beigetragen, dass der im Juni 1863 gegründete »Vereinstag Deutscher Arbeitervereine« (VDAV), der von bürgerlich-demokratischen Politikern wie Leopold Sonnemann und seiner »Frankfurter Zeitung« getragen und als Konkurrenzorganisation zum ADAV gesehen wurde, starke Förderung erfuhr. Damit sich jedoch eine außerpreußische Sozialdemokratie herausbilden konnte, bedurfte es zweier sich ergänzender Persönlichkeiten, die im Anschluss an die Niederschlagung der Veränderungsversuche von 1848 für die wieder unruhigeren deutschen Verhältnisse von zentralerer Bedeutung waren: Nach dem Ende seiner Wanderjahre, die er auch jenseits deutscher Grenzen verbracht hatte, ließ sich August Bebel (1840–1913) erst als Drechslergeselle, später als Meister in Leipzig nieder. Dort traf er mit Wilhelm Liebknecht (1826–1900) zusammen, der aus seinem Londoner Exil zurückgekehrt war und bis zu seiner Ausweisung 1865, die politische Gründe hatte, in Preußen aktiv war. Als Sohn eines preußischen Unteroffiziers, der mit vier Jahren seinen Vater und mit dreizehn seine Mutter verlor, war Bebel in bitterer Armut aufgewachsen. Im Jahr 1865, jetzt Vorsitzender des Leipziger Arbeiterbildungsvereins, suchte er Liebknechts Nähe, der als Spross einer Akademikerfamilie zu den »Studierten« gehörte. So wurde Liebknecht für Bebel, der viele Jahre vertrauensvoll mit ihm zusammenarbeiten sollte, eine Art früher Lehrmeister.

Während Preußen und Österreich in einem Hegemonialkrieg um die Führungsrolle in der deutschen Nationalstaatsbildung rangen, wurde 1866 die »Sächsische Volkspartei« gegründet, unter dem maßgeblichen Einfluss Bebels und Liebknechts. Gemeinsam auf dem Fundament ihrer antipreußischen Stimmung stehend, erlangte Bebel auch innerhalb des VDAV eine führende Position. Der Vereinstag, aus dem Handwerksmilieu entwickelt, war nicht grundsätzlich und von Anfang an gegen einen bestimmten sozialen Gegner gerichtet gewesen. Deshalb waren Kooperationen mit bürgerlichen Demokraten durchaus im Bereich des Möglichen. Auch die 1864 gegründete – und erst rückblickend sogenannte – »Erste Internationale« war eine ideologisch heterogene Assoziation meist europäischer Arbeiterorganisationen. Diese verständigten sich, von Marx inspiriert und angeführt, auf den Minimalkonsens, »dass die Emanzipation der Arbeiterklasse das Werk der Arbeiterklasse selbst sein muss« und »die ökonomische Emanzipation der Arbeiterklasse daher der große Endzweck ist, dem jede politische Bewegung als Mittel unterzuordnen ist«.

Zu wirklichem Leben erweckt wurde diese Konzeption erst mit der Entstehung der gewerkschaftlichen Berufsverbände von Zigarrenarbeitern (1865), Buchdruckern (1866) und Schneidern (1867). Sie waren es, die – zunächst ohne parteipolitische Orientierung – das Erbe der Initiativen von 1848/49 antraten. Dieser Umstand zeigt auch, dass die Ansicht, die deutschen Gewerkschaften seien quasi von oben durch die sozialdemokratischen Fraktionen gegründet worden, unzutreffend ist. Die übernommenen Organisations- und Aktionsformen aus der Handwerkstradition machten eine weitgehend eigenständige Konstituierung der Berufsverbände überhaupt erst möglich.

Heftige richtungspolitische Rivalitäten und Kämpfe traten, unmittelbar nach den gewerkschaftlichen Neuansätzen, in der Hochkonjunktur der späten 1860er-Jahre hervor: Die Hirsch-Dunckerschen Gewerkvereine, am liberal umgedeuteten englischen Vorbild orientiert, lehnten das Klassenkampfprinzip rundweg ab. Die »Gewerksgenossenschaften«, die innerhalb des VDAV-Spektrums angesiedelt waren, hatten sich einer zur Klassensolidarität umgedeuteten Selbsthilfe-Konzeption verschrieben. Am stärksten der politischen Richtlinienkompetenz des ADAV unterworfen blieben die »Arbeiterschaften« der Lassalleaner. Als sich von Schweitzer dem Gewerkschaftsgedanken öffnete, wurde der Grundsatz des »ehernen Lohngesetzes« faktisch aufgegeben, was zur Folge hatte, dass sich die orthodoxen Lassalle-Anhänger um die Gräfin Hatzfeldt abspalteten, die sein Werk wie eine Heilslehre zu konservieren versuchten.

Die Beteiligung des ADAV am politischen Tageskampf war ein Tribut an die allgemeine Lage, wie sie durch den preußischen Sieg über Österreich und die Konsolidierung des Norddeutschen Bundes 1866/67 als Vorform des Kaiserreichs sichtbar wurde. Im »Social-Demokrat« war zu lesen, nunmehr sei »die politische Revolution tot, die soziale noch nicht reif«. So sollte, anders als in England, die Schaffung von Interessenvertretungen auf betrieblicher Ebene auch das Ziel haben, dem Verein ein neues Rekrutierungsfeld auf seinem Weg zu einer Partei zu erschließen: »Bei uns werden die Gewerkschaften von Anfang an sozialistisch sein und gerade dadurch den sozialistischen Geist in der Gesamtarbeiterschaft mächtig fördern.« Die Zurückdrängung der ursprünglichen Genossenschaftsidee zugunsten der Gewerkschaften hieß faktisch auch, die kapitalistische Industrialisierung als Grundlage des eigenen Handelns anzuerkennen.

In den konstituierenden Norddeutschen Reichstag von 1867 wurden neben Bebel und Liebknecht, als Vertreter der Sächsischen Volkspartei, auch fünf Lassalleaner gewählt, unter ihnen von Schweitzer. Obwohl das allgemeine und gleiche Wahlrecht für Männer ab 25 Jahre auf Bundes- und Reichsebene der Paulskirchen-Verfassung entlehnt worden war – Bismarck hatte es als Waffe gegen den Liberalismus gedacht –, bot sich dem ADAV keinerlei Kooperations- oder Koalitionsmöglichkeit innerhalb des bestehenden Systems: »Denn wir unterscheiden uns zu tief von jeder anderen Partei, als dass wir uns über gemeinsame Grundsätze und gemeinsame Programme verständigen könnten.« Aus der Sicht der sächsischen Radikaldemokraten war die von Bismarck ersonnene Form des Nationalstaates ohnehin »nicht als eine deutsche, sondern als eine großpreußische Politik« zu sehen. Deshalb akzeptierten Bebel und Liebknecht diese parlamentarischen Gremien nicht – jedenfalls nicht im Sinne einer bestandsfähigen Volksvertretung. Im Laufe erbitterter Fraktionskämpfe versuchte Liebknecht mehrmals vergeblich, von Marx im Namen der Internationale eine öffentliche Verurteilung des ADAV zu erwirken.

Inzwischen hatte Schweitzer im »Social-Demokrat« den 1867 publizierten ersten Band von Marxens »Das Kapital« vorgestellt. So deutete sich, als am Erfolg der preußisch-kleindeutschen Lösung der nationalen Frage kein echter Zweifel mehr bestand, die Möglichkeit an, dass der ADAV die Nase vorn haben würde. Aufgrund der Lage wagten Bebel und Liebknecht einen spektakulären Schritt: das demonstrative Bekenntnis zur Internationale, die bis dahin im deutschen Richtungsstreit eher zweitrangig gewesen war. Sie setzten es als politisches Instrument ein, um gegenüber den liberal-demokratischen Kreisen innerhalb des VDAV ihre Eigenständigkeit unter Beweis zu stellen. Der fünfte Vereinstag im September 1868 in Nürnberg, der ihnen hierzu als Forum diente, ist mit dieser Initiative in die Geschichte eingegangen.

In seiner berühmten Vereinstagsrede begründete Liebknecht, warum es notwendig sei, dass die Arbeiterbewegung sich von den bürgerlichen Demokraten abgrenzt: »Weil die soziale und politische

Frage untrennbar sind, erheischt das Interesse der Arbeiter, dass sie sich von ihren sozialen Gegnern auch politisch trennen.« Die Erklärung wurde mit 61 zu 32 Stimmen von den Delegierten angenommen und bekannte sich in »Übereinstimmung mit dem Programm der Internationalen Arbeiterassoziation« zu deren weithin beachteten Leitprinzipien: »Die Emanzipation … der arbeitenden Klassen muss durch die arbeitenden Klassen selbst erkämpft werden.« Des Weiteren markierte dieses wichtige Dokument die klare Frontstellung der Arbeiterbewegung gegenüber dem Obrigkeitsstaat: »Die politische Freiheit ist die unentbehrliche Vorbedingung zur ökonomischen Befreiung der arbeitenden Klassen. Die soziale Frage ist mithin untrennbar von der politischen, ihre Lösung durch diese bedingt und nur möglich im demokratischen Staat.«

Die liberale Fraktion unterlag; unter Protest verließ sie die Veranstaltung, mit dem Erfolg, dass im VDAV nunmehr die sozialdemokratische Strömung vollständig dominierte. Das »Demokratische Wochenblatt«, von Liebknecht politisch geleitet, diente dem VDAV und der Sächsischen Volkspartei eine Zeitlang als gemeinsames Sprachrohr. Bebels sicherem Instinkt für die Mentalität der Beteiligten war zu verdanken, dass er die Gelegenheit erkannte und ergriff, beim nächsten Vereinstag, am 8. August 1869 in Eisenach, den Verband erfolgreich und bruchlos in die »Sozialdemokratische Arbeiterpartei« (SDAP) zu überführen. Die Mandate der Delegierten kamen aus unterschiedlichen Versammlungen mit insgesamt mehr als 150.000 Köpfen. Mit einer formellen Parteimitgliedschaft darf man sie daher (noch) nicht gleichsetzen.

Gleichwohl enthielt das Organisationsstatut der Eisenacher SDAP bereits Elemente eines modernen Parteiwesens. Das Statut war ein Kompromiss auf der Mittellinie zwischen dem Zentralismus des ADAV und dem Föderalismus des bisherigen VDAV. Seine zukunftsweisenden Elemente werden die weitere Entwicklung der deutschen Sozialdemokratie prägen. Jene Oppositionellen, die sich nun vom ADAV trennten, gaben der jungen Bewegung einen zusätzlichen Impuls. An der SDAP-Gründung war eine größere Zahl von gewerkschaftlichen Organisationen beteiligt. Darf sie als offizielle Geburtsstunde der klassischen Sozialdemokratie gelten? Für diese Ansicht sprechen gute organisatorische Argumente, denn die Grundzüge der SDAP sind tatsächlich über Jahrzehnte erhalten geblieben. Doch darf man deshalb nicht die Pionierleistungen der früheren »Arbeiterverbrüderung« und vor allem des ADAV ausblenden, ohne die auch die SDAP nicht denkbar gewesen wäre.

Das Ziel des Eisenacher Parteiprogramms hieß »Errichtung des freien Volksstaates«. Nach der »Abschaffung aller Klassenherrschaft« strebte die SDAP mittels Überwindung der »jetzigen Produktionsweise (Lohnsystem) durch genossenschaftliche Arbeit«. Zudem konstituierte sie sich als »Zweig der Internationalen Arbeiter-Assoziation« in der Überzeugung, »dass die Befreiung der Arbeiter weder eine lokale noch eine nationale Aufgabe sei«. Unter den »nächsten Forderungen« der Partei fand sich das Wahlrecht für Männer ab 20 Jahren. Bebels Vorschlag, auch ein Frauenstimmrecht einzuführen, fand damals noch nicht genug Befürworter. Überhaupt war – neben den gesetzlichen Schranken – die frühe Sozialdemokratie von Handwerksgesellen geprägt; männerbündisch sozialisiert, standen sie der Einbeziehung von Frauen oft im Wege. Die wichtigsten politischen Programmpunkte waren: die »Einführung der direkten Gesetzgebung« durch Volksentscheide neben den Parlamenten sowie die »Errichtung der Volkswehr an Stelle des stehenden Heeres«. Die sozialen Programmelemente hießen »Einführung eines Normalarbeitstages« und die »Abschaffung aller indirekten Steuern« zugunsten »einer einzigen direkten progressiven Einkommensteuer und Erbschaftssteuer«. Die angestrebte »Förderung des Genossenschaftswesens« und das Verlangen nach »Staatskredit für freie Produktivgenossenschaften unter demokratischen Garantien« sollte die beabsichtigten Staats- und Selbsthilfekonzepte stützen.

Bebel war es, der die politische Strategie der SDAP Ende 1869 ausformulierte – während einer Haftstrafe wegen »staatsgefährdender« Propaganda. In der bis zu seinem Tode dreizehnmal wiederaufgelegten Programmschrift »Unsere Ziele« zählte er zur »Arbeiterklasse« als sozialer Basis der gesellschaftlichen Umgestaltung »nicht allein die Lohnarbeiter im engsten Sinne«, sondern »auch die Handwerker und Kleinbauern, die geistigen Arbeiter, Schriftsteller, Volksschullehrer, niederen Beamten«. Das entsprach weitgehend »dem Volk« der älteren radikal-demokratischen Tradition.

Ein Volksstaat musste das Ziel sein, erreicht auf »sogenannte ›gesetzliche‹ Weise« oder erkämpft durch eine »Revolution«. Hier konnte Bebel seine Erfahrungen nicht verleugnen: »Über den letzteren Weg sich weiter auszulassen, ist äußerst gefährlich, da der Wächter für die am heutigen Staat Interessierten, der Staatsanwalt, gar zu sehr geneigt ist, hineinzureden«. Spekulative Entwürfe einer neuen Gesellschaftsordnung sah er als wenig hilfreich an, »weil sich aus der Kritik des Bestehenden die Forderung des Zukünftigen in großen Zügen ganz von selbst ergibt«. Auch könnten durch gedankliche Systeme solcher Art »Meinungsdifferenzen hervorgerufen werden, die in dem Augenblick, wo es gilt, praktisch einzugreifen, ganz von selbst beigelegt werden, weil eben dann die momentanen Verhältnisse den naturgemäßen Weg vorschreiben«. Die Hauptmotive seines prozesshaften Revolutionsverständnisses hatte Bebel somit frühzeitig ausgesprochen: Furcht vor staatlicher Repression, die mehr als berechtigt war, und seine Sorge um die Einheit der Partei.

Im »Volksstaat«, neu geschaffenes Organ der SDAP, wurde die Verbindung zwischen Protesthaltung und Hoffnung auf die Katastrophenpolitik des herrschenden Systems offen ausgesprochen: »Eine Partei aber, deren Ziel in unbestimmter Zukunft liegt, deren einziges Bestreben darauf gerichtet ist, zunächst bestehende Verhältnisse gänzlich zu beseitigen, darf sich nicht darauf einlassen, auf ihnen zu bauen, sie zu bessern und erträglicher zu machen, weil sie die Erreichung ihrer Wünsche hinausschiebt«. Zwar hielt Liebknecht aus Einsicht in die soziale Realität zum einen am Konzept der breiten Volksbewegung fest: »Die Industriearbeiter allein können in Deutschland keine Revolution machen. … Wie die Dinge jetzt liegen, würde das städtische Proletariat von den Bauern mit Dreschflegeln totgeschlagen werden«. Zum anderen aber hieß es 1870: »Die Sozialdemokratische Arbeiterpartei beteiligt sich an den Reichs- und Zollparlamentswahlen lediglich aus agitatorischen Gründen. … Die Sozialdemokratische Arbeiterpartei geht mit keiner anderen Partei Allianzen oder Kompromisse ein.« Dieser mit Beharrlichkeit formulierte Standpunkt, die Rolle einer Fundamental-Opposition nicht aufgeben zu wollen, hatte mit der Bismarckschen Reichsgründungspolitik zu tun. Die SDAP war unversöhnlich, denn sowohl ihre antikapitalistische Grundhaltung als auch die demokratischen und national-deutschen Ziele machten es unmöglich, diesen neuen Staat zu bejahen. Erst später akzeptierten die Vertreter der Sozialdemokratie das preußisch akzentuierte Kaiserreich als ihren Handlungsrahmen.

Reichsgründungszeit und Einigung der beiden Arbeiterparteien 1875

Der Beginn des Deutsch-Französischen Krieges, im Juli 1870, stellte die sozialdemokratischen Organisationen vor eine Reihe schwieriger politischer Entscheidungen. Vielen Zeitgenossen blieb verborgen, dass Bismarck seinerseits einen Waffengang ansteuerte und dabei die provozierende Haltung des Kontrahenten im Westen nutzte. In der deutschen öffentlichen Meinung war Frankreich der Aggressor, passend zur international verbreiteten negativen Wahrnehmung der bonapartistischen Politik. Selbst Marx und andere führende Repräsentanten der Internationale vertraten in der ersten Phase des Krieges die Auffassung, es gehe um einen deutschen Verteidigungskrieg, und erklärten den Sturz Napoleons III. zum wichtigsten Kriegsziel. Dies war ein weit verbreiteter Standpunkt, wenn auch mit regional unterschiedlichen Graden von patriotischer Färbung, sowohl unter Lassalleanern wie unter Eisenachern.

Allein Bebel und Liebknecht waren darin einig – im Gegensatz zu den übrigen Reichstagsmitgliedern und der Stimmung im Lande –, bei der Entscheidung über die von Regierungsseite beantragten Kriegskredite sich der Stimme zu enthalten und eine Protesterklärung zu formulieren: »Die zur Führung des Krieges dem Reichstag abverlangten Geldmittel können wir nicht bewilligen, weil dies ein Vertrauensvotum für die preußische Regierung wäre, die durch ihr Vorgehen im Jahr 1866 den gegenwärtigen Krieg vorbereitet hat.

Ebenso wenig können wir die geforderten Geldmittel verweigern; denn es könnte dies als Billigung der frevelhaften und verbrecherischen Politik Bonapartes aufgefasst werden.«

Erst die Erfolge deutscher Truppen, die Gefangennahme Napoleons III. und die Ausrufung der Republik in Paris änderten die Haltung der beiden sozialistischen Parteien, jetzt aber schlagartig. Eine zweite Kriegsanleihe im November 1870 wurde von allen Abgeordneten der SDAP und des ADAV abgelehnt. Nach dem inneren Sturz des bonapartistischen Kaisertums und allemal nach der Annexion Elsass-Lothringens war der expansive Charakter der Bismarckschen Kriegführung entlarvt. Unter dem Vorwand landesverräterischer Bestrebungen wurden SDAP-Führer gezielt inhaftiert, um die Partei ihres Kopfes zu berauben. Auch der als weniger preußenfeindlich geltende ADAV zahlte den Preis für die unpopuläre Kurskorrektur nach der offiziellen Proklamation des Deutschen Kaiserreichs am 18. Januar 1871. Im Frühjahr fand die erste Reichstagswahl statt, mit lediglich 3,2 % sozialdemokratischen Stimmen. Dabei wurden nur Bebel und ein zweiter Abgeordneter aus Sachsen gewählt - dem Land, wo die Industrialisierung am weitesten fortgeschritten war und dessen Schwerpunkt in der krisenanfälligen Textilbranche lag.

Seit er sich zum proletarisch-kleinbürgerlichen Aufstand der Pariser Kommune vom Frühjahr 1871 bekannte - mit dem Einverständnis Bismarcks wurde dieser von französischen Truppen äußerst blutig niedergeschlagen -, haftete sich Bebel in den Augen der Staatstreuen endgültig das Stigma des »Hochverräters« an. Im Frühjahr 1872 wurden er und Liebknecht zu zwei Jahren Festungshaft verurteilt. Der Vorwurf beschränkte sich auf reine Gesinnungsdelikte. Die staatliche Verfolgung brachte der Sozialdemokratie jedoch zusätzliche Sympathien ein. Aus Protest gegen die Verurteilung Bebels und Liebknechts trat der bürgerliche Demokrat Johann Jacoby zur SDAP über. Als man Bebel unter Hinweis auf die Haftstrafe das Reichstagsmandat aberkannte, schlug die Stimmung bei der erforderlichen Neuwahl in eine Solidaritätsbekundung breiter Bevölkerungsschichten um: Der erneut nominierte Bebel wurde mit mehr als 70 % der Stimmen wiedergewählt.

Eine gute Wirtschaftskonjunktur, angeheizt durch das berühmte »Gründungsfieber« und französische Reparationszahlungen, begünstigte die gewerkschaftlichen Aktivitäten der Arbeiterschaft. Nachdem dieser bereits 1869 ein begrenztes Koalitionsrecht zugestanden worden war, konnte die Obrigkeit sie mit Verbotsmaßnahmen nicht mehr bändigen. In den Jahren 1872/73 verzeichnen die Statistiken nunmehr Streiks in einem Umfang, wie man sie erst wieder 1889/90 erleben sollte. Trotz wachsender Bedeutung des Fabriksektors waren die Arbeitskämpfe damals noch sehr von Handwerkerstreiks geprägt. Traditionelle Sozialmilieus zeigten immer noch eine Distanz zum modernen Konfliktverhalten des Streikkampfes. Ein Indiz dafür war der nicht selten anzutreffende Hinweis, das Ehrgefühl der Arbeitskräfte sei verletzt worden, wenn sie sich gegen Vorgesetzte oder die Betriebsleitung zur Wehr setzten. Die Festlichkeit und Berufssymbole, mit denen manche Protestaktionen und Straßenumzüge inszeniert wurden, legten nahe, dass die Beteiligten neben materiellen Forderungen auch die Stärkung ihrer Solidargemeinschaft im Blick hatten.

Das wichtigste Motiv für die Streikwelle in den frühen 1870er-Jahren lag wohl in der drastischen Lebensmittelteuerung, die durch den Gründerboom ausgelöst wurde. Obgleich die Vorstellung vom »ehernen Lohngesetz«, die lange nachwirkte, eine gezielte Gewerkschaftspolitik des ADAV erschwert hatte, erleichterte sie ein frühzeitiges Engagement für kürzere Arbeitszeiten. Schon Marx hatte diese einst als Errungenschaft für eine »politische Ökonomie der Arbeiterklasse« propagiert, weil eine Arbeitszeitverkürzung den Warencharakter menschlicher Arbeitskraft mindere. Ein Bergarbeiterstreik im Spätherbst 1869, der große Beteiligung fand, trug sehr zum frühzeitigen Niedergang der liberalen Hirsch-Dunckerschen Gewerkvereine bei. Ihre »versöhnlerische« Haltung wurde durch das rücksichtslose Verhalten der Unternehmer kompromittiert. Auch der Arbeitskampf der Berliner Maschinenbauer im Jahr 1872 erlaubte es dem ADAV, in eine bisherige Domäne der liberalen Fortschrittspartei einzubrechen.

Das Beispiel des Baugewerbes unterstreicht zudem: Die Wachstumsmomente der Gründerjahre erhöhten den Einfluss von Gewerkschaften und SPD-Vorläufern in traditionsreichen Handwerksberufen. Bei den Reichstagswahlen im Januar 1874 verbesserten sich ADAV und SDAP auf insgesamt 6,8 %. In Berlin lag der Stimmenanteil für den dort kandidierenden ADAV sogar bei 20,9 % gegenüber 5,2 % in der letzten Wahl. Das ist auch deshalb bemerkenswert, weil die Wahlbeteiligung im bürgerlichen Lager sprunghaft zugenommen hatte, nachdem Bismarck und die preußischen Liberalen einen »Kulturkampf« gegen die Katholische Kirche angezettelt hatten.

Lassalleaner und jene Eisenacher, die ihre Schwerpunkte in Preußen hatten, waren nach der Reichsgründung gleichermaßen von unnachsichtiger Verfolgung durch die Staatsanwaltschaften betroffen, die seit 1872 mit immer intensiveren Strafaktionen gegen Politiker der Arbeiterbewegung vorgingen. Die Folge war, dass sich beide Organisationen im Vorfeld der Wahlen von 1874 vielerorts einander annäherten. Auf dem Gothaer Vereinigungskongress, im Februar 1875, konnten die stimmberechtigten Delegierten der Lassalleaner für über 15.000 und die der Eisenacher für mehr als 9.000 organisierte Anhänger sprechen. Fast jeder zehnte ihrer Wähler war demnach auch Mitglied in einer ihrer Organisationen. Eine Berufszählung für das Jahr 1875 zeigte: Die Zahl der Industriebeschäftigten aller Schattierungen (2,5 Millionen) war deutlich gewachsen – gegenüber Handwerk, Heimarbeit und Hauspersonal (1,4 bzw. 1,2 und 0,5 Millionen). Allerdings war für die aus ADAV und SDAP zusammengefügte neue Sozialistische Arbeiterpartei Deutschlands (SAPD) immer noch die größte potenzielle Wählergruppe kaum erreichbar: die Landarbeiterschaft (mit 3,5 Millionen).

Bedenkt man die Heftigkeit früherer Richtungskämpfe, wundert es fast, wie relativ harmonisch die Verschmelzung beider Gruppierungen sich nunmehr vollzog. Entsprechend der Delegiertenzahl wurde ein gemeinsamer Vorstand aus drei ehemaligen Lassalleanern und zwei Eisenachern gewählt. Das Gothaer Programm, in seinen wesentlichen Passagen von einer überwältigenden Mehrheit der Anwesenden getragen, erweckte den Eindruck, zwischen beiden Strömungen bestünden keine grundsätzlichen Meinungsunterschiede mehr: »Verwandlung der Arbeitsmittel in Gemeingut der Gesellschaft« und »Errichtung von sozialistischen Produktivgenossenschaften mit Staatshilfe unter der demokratischen Kontrolle des arbeitenden Volkes« – so lautete die Synthese der gemeinsamen Vorstellungen über die neue Wirtschaftsordnung. Die Formulierung, »mit allen gesetzlichen Mitteln den freien Staat und die sozialistische Gesellschaft« zu erstreben, stand zwar in einem Spannungsverhältnis zu den realen Möglichkeiten, die die Reichsverfassung von 1871 bot; sie erfüllte aber das Gebot der Vorsicht, um dem preußischen Staat keine Handhabe für angedrohte, massive Zwangsmaßnahmen zu bieten.

Die demokratischen und sozialpolitischen Nahziele im zweiten Teil des Programms waren vielfach dem Eisenacher Text von 1869 entlehnt. Die Abqualifizierung aller Gegner der Arbeiterklasse als »eine reaktionäre Masse« und das Verlangen nach »Zerbrechung des ehernen Lohngesetzes durch Abschaffung des Systems der Lohnarbeit« spiegelt hingegen das spezifische Gedankengut des ADAV wider. Marxens Schlussfolgerung, »dass die Lassallesche Sekte gesiegt hat«, war angesichts all dessen als Gesamturteil über das Einigungsprogramm doch etwas überspitzt. Das Schlagwort von der »reaktionären Masse« war zwar wenig hilfreich, um spätere Bündnispartner zu gewinnen, deutet aber immerhin an, welche konkreten (schlechten) Erfahrungen mit der engen Kooperation von nationalliberalem Bürgertum und konservativem Großgrundbesitz verbunden waren. Für Gewerbezweige, die wirtschaftlich unter Druck standen, unterstrichen die Genossenschaftsidee und das Postulat des »vollen Arbeitsertrags«, das gegen die Marktökonomie gerichtet war, den Anspruch des Arbeitskollektivs, über die Verwendung seiner Produktion selbst zu entscheiden. Bedenken gegen die Unklarheiten, die Marx kritisiert hatte, stellte Bebel zurück, denn »schließlich war doch die Tatsache der Einigung die Hauptsache«.

KAPITEL 3 Konfliktzeit 1876–1891: Sozialistengesetz und Erfurter Programm

Die Einigung des sozialdemokratischen Lagers zeigte sehr rasch positive Effekte: Bei den Reichstagswahlen von 1877 errang die SAPD bereits 9,1 % der Stimmen. Die Verzehnfachung der Auflagen sozialdemokratisch ausgerichteter Zeitungen seit der Reichsgründung unterstreicht die höhere Massenwirksamkeit ebenso wie auch die Verteilung von rund 1,35 Millionen Druckerzeugnissen (primär Flugblätter) allein in Berlin bei diesem Wahlkampf. Anders als auf Reichsebene bestand in Preußen das Dreiklassenwahlrecht fort und sicherte die herrschende Macht ab. Dies veranlasste den »Vorwärts«, das 1876 gegründete Zentralorgan der Arbeiterpartei, zu der ironischen Bemerkung, »dass, wenn der Großgrundbesitzer eine Stimme abgibt, das Gebrüll seiner Ochsen diese Stimme hundertfältig macht«. Den Rechtskurs der Regierung Bismarcks, der ab der Mitte der 1870er-Jahre eingeleitet worden war, versuchte die sozialdemokratische Führung in bessere Agitationschancen umzumünzen: »Tut euer Schlimmstes, es wird unser Bestes sein.« Mit diesem ungetrübten Zukunftsoptimismus richtete sich die innerlich gefestigte Partei auf die bislang schwierigste Bewährungsprobe ihrer Existenz ein.

Die Zeit des Sozialistengesetzes – Verfolgung und Selbstbehauptung

Im Mai 1878 schoss ein körperlich und seelisch kranker Handwerksgeselle auf Kaiser Wilhelm I. Die Waffe, die er verwendet hatte, war völlig ungeeignet und entsprechend gering die Wirkung. Doch das Ereignis kam den Plänen der Regierung sehr entgegen. Bismarck legte dem Reichstag umgehend Ausnahmegesetze gegen die Sozialdemokratie vor; sie fanden zunächst nur die Zustimmung der Konservativen, aber keine parlamentarische Mehrheit. Bei einem zweiten Anschlag, einen Monat später, von einem beruflich gescheiterten Akademiker verübt, wurde der inzwischen über 80-jährige Monarch ernstlich verwundet. Der erste Attentäter war vorübergehend Sozialdemokrat gewesen, hatte dann aber, von der Partei ausgeschlossen, mal anarchistische, mal nationalliberale und mal christlich-soziale Kontakte gesucht. Der zweite Verzweiflungstäter war in keiner Weise der Arbeiterbewegung zuzurechnen. Doch da er sich selbst erschoss, bevor ihm der Prozess gemacht werden konnte, während sein hilfloser Vorgänger zum Tode verurteilt und hingerichtet wurde, kam seine politische Gesinnung damals nicht ans Tageslicht, was Bismarck in die Hände spielte.

Nachdem der Reichstag vorzeitig aufgelöst worden war, nutzte der Kanzler seine propagandistischen Chancen weidlich aus. Er brach einen Wahlkampf vom Zaun, der dem Volk mit Feindbildern zur Sozialdemokratie Angst machen und es so ins konservative Wählerlager drängen sollte. Der »Vorwärts« deutete das Vorgehen des Kanzlers so: »Die Sozialdemokraten fürchtet er noch nicht, sie sind ihm nur ein vortrefflicher Wauwau. Die ›Sau‹, der es eigentlich gilt, ist der Liberalismus, auf politischem, gewerblichem, religiösem Gebiet.« Tatsächlich gelang es Bismarck, die öffentliche Meinung in seinem Sinne zu beeinflussen. Der Stimmen- und Mandatsanteil der Konservativen stieg deutlich. Die Sozialdemokraten, obgleich sie volkstümlich für sich als »die Partei der Kleinbürger, Bauern und Arbeiter« geworben hatten, mussten einen Stimmenrückgang auf 7,6 % verkraften. Nur in ihren sächsischen Hochburgen konnte die SAPD sich für den 4. Reichstag mit einigen Direktmandaten behaupten.

Nach dem klaren Rechtstrend des Wählervotums konnte das Sozialistengesetz im Herbst 1878 von den Reichstagsabgeordneten der Konservativen und Nationalliberalen mit 221 zu 149 Stimmen angenommen werden. Allerdings: Die katholische Zentrumspartei, die Linksliberalen und die nationalen Minoritäten hatten bei dieser Abstimmung der Sozialdemokratie beigestanden. Sie selbst wurden vielfach als »Reichsfeinde« abgestempelt. Das neue Sozialistengesetz hatte gravierende Auswirkungen. Selbst als es auf Initiative der Nationalliberalen hin gemildert wurde, war es noch immer hart genug, um die politische Betätigungsfreiheit der jungen Arbeiterbewegung praktisch zu beseitigen. Mit Ausnahme der Beteiligung an Wahlkämpfen und der Parlamentsarbeit – die aus einem personenbezogenen Mehrheitswahlrecht resultierte – wurde allen sozialdemokratischen Organisationen und den ihnen nahestehenden Gewerkschaften das Recht genommen, für ihre Ziele öffentlich zu werben. Bei Verstößen gegen die Versammlungs- und Agitationsverbote drohten drakonische Strafen.

Die SAPD-Gliederungen nahmen die empörenden Ausnahmegesetze hin. Es sollte kein Vorwand geliefert werden, um einen Vernichtungsfeldzug gegen die Sozialdemokratie zu rechtfertigen. »Lasst euch nicht provozieren!«, lautete die Weisung führender Sozialdemokraten, die aus Berlin flohen, an ihre Mitgliedschaft: »An unserer Gesetzlichkeit müssen unsere Feinde zugrundegehen.« Gleichwohl wurden nun allmählich mehr auch anarchistische Stimmungen in der deutschen Arbeiterbewegung hörbar, die die Illegalität als Chance für eine rücksichtslose »Propaganda der Tat« ausnutzen wollten. Die Mehrheit der SAPD verwarf den gewaltsamen Widerstand als Selbstmordstrategie, gab aber das Fernziel, die soziale Umwälzung, nicht preis. So wurde in einem Rechenschaftsbericht der sozialdemokratischen Reichstagsfraktion vom September 1879 zuversichtlich formuliert: »Wir brauchen den heutigen Staat, die heutige Gesellschaft nicht zu zerstören, sie zerstören sich selbst. … Staat und Gesellschaft, unaufhaltsam in organischer Fortentwicklung begriffen, wachsen mit Naturnotwendigkeit in den Sozialismus hinein.« Nicht erst die Rezeption eines vereinfachten Marxismus, wie er in den folgenden Jahren populär wurde, sondern die praktische Ohnmacht, die das Sozialistengesetz der Arbeiterschaft aufzwang, hat das Entwicklungsdenken gefördert: als Vorstellung eines sich selbst tragenden Geschichtsfortschritts.

Dass der im Schweizer Exil tagende erste SAPD-Kongress das Attribut »gesetzlich« aus den Mitteln strich, die im Parteiprogramm propagiert wurden, bedeutete nicht, dass er sich radikalisierte. Im Angesicht des Sozialistengesetzes stellte er damit lediglich auf die von der Staatsgewalt geschaffene Realität des illegalen Kampfes um.

Scheinbar unpolitische Tarnorganisationen halfen, die Parteistrukturen über die Zeit des Ausnahmegesetzes hinweg zu bewahren. Nachdem die sozialdemokratische Presse im Reichsgebiet verboten worden und sie gezwungen war, in Farblosigkeit abzutauchen, erfolgte im Herbst 1879 die Gründung des »Sozialdemokrat«. Dieser wurde über die »rote Feldpost« konspirativ verbreitet und stellte ein Medium dar, das die Kontinuität der Parteidiskussion sicherte.

Die Chefredaktion des illegalen Parteiorgans, Sitz Zürich, übernahm nach einem Jahr voller Konsolidierungsprobleme der belesene Berliner Bankkaufmann Eduard Bernstein (1850–1932). Wie der in Prag geborene Wiener Hochschulabsolvent Karl Kautsky (1854–1938), der seit 1883 die Theoriezeitschrift »Die Neue Zeit« herausgab, zählte auch Bernstein zu einer neuen Generation junger Sozialdemokraten. Beide waren durch die Lektüre populärer Schriften von Engels, wie des berühmten »Anti-Dühring«, zu »Marxisten« geworden. Unter Bernsteins Leitung, der auch nach Marx' Tod im März 1883 mit Engels eng verbunden blieb und sich innerparteilich auf Bebel verlassen konnte, etablierte sich der »Sozialdemokrat« als wichtigstes Sprachrohr der SAPD.

Die Kontroversen um das Problem des »Staatssozialismus« wiesen auf grundsätzliche Muster in den Haltungen der Abgeordneten hin: Eine Fraktionsmehrheit, zusammengesetzt aus ehemaligen Lassalleanern und pragmatischen Reformern, konnte Bismarcks Plänen, die Eisenbahnen zu verstaatlichen und für gewisse Produkte administrative Monopole zu etablieren, durchaus etwas Positives abgewinnen. Bebel und seine Gefolgsleute hingegen waren schon aus traditioneller Feindschaft zum preußischen Obrigkeitsstaat generell skeptisch, wenn es um eine Stärkung des Machtpotenzials der Zentralgewalt ging, und hier dezidiert abgeneigt. Diese Sicht wurde im Theorem des »Klassenstaates« verallgemeinert. Der »Sozialdemokrat« unter Federführung von Bernstein sah die objektive Rolle von Staatseingriffen darin, den Wirtschaftsliberalismus zu überwinden und so »den Weg zum revolutionären, zum demokratischen Sozialismus« durch die Schaffung von neuen Machtverhältnissen zu ebnen. Der Begriff »Staatssozialismus« wurde hingegen schon etliche Jahrzehnte, bevor man sich von seiner bolschewistischen Variante abgrenzen wollte, als Kontrastbegriff zu sozialdemokratischen Vorstellungen benutzt.

Entlastet von so mancher tagespolitischen Agitationsaufgabe, gelang es Bebel, sein in der Gefängniszelle begonnenes Werk »Die Frau und der Sozialismus« fertigzustellen. Das Buch wurde zum Bestseller. Gemessen an den Entleihungszahlen in Arbeiterbibliotheken war es das mit Abstand am meisten gelesene Werk in der Arbeiterbewegung vor dem Ersten Weltkrieg; und gemessen an der Auflagenhöhe wurde es im politischen Sachbuchbereich nur von Bismarcks »Gedanken und Erinnerungen« übertroffen. Über die Frauenfrage hinaus stellte Bebel die vielfältigen Defizite der kapitalistischen Gesellschaft dar und die Vorzüge des sozialistischen »Zukunftsstaats« dieser gegenüber. Nachdem Lassalle, Marx und Engels einst den Anspruch auf die Wissenschaftlichkeit der revolutionären Theorie verfochten hatten, lagen nun der Reiz und die Quintessenz der detaillierten Analyse und Vision von August Bebel in der Schilderung des Entwicklungsprozesses: »Unsere Darlegung zeigt, dass es sich bei der Verwirklichung des Sozialismus nicht um ein willkürliches ›Einreißen‹ und ›Aufbauen‹, sondern um ein naturgeschichtliches Werden handelt. Alle Faktoren, die in dem Zerstörungsprozess einerseits, im Werdeprozess andererseits eine Rolle spielen, sind Faktoren, die wirken, wie sie wirken müssen.« Um Bebels Entwicklungsvorstellungen zu verstehen, muss man in Rechnung stellen, dass die Evolutionslehre von Charles Darwin damals immer populärer wurde und auch dem politischen Denken einen neuen Impuls naturwissenschaftlicher Aufklärung gab.

Der feste Glaube daran, dass die Sozialdemokratie unbesiegbar sei, wurde durch die Ergebnisse der Reichstagswahlen im Oktober 1881 nur teilweise bestärkt. Zwar sank der Stimmenanteil der SAPD auf 6,1 %. In Berlin fügten ihr Polizeischikanen und die Auftritte der antisemitischen Christlich-Sozialen des Hofpredigers Stoecker eine schwere Niederlage zu. Doch behauptete die SAPD sich in Hamburg und Leipzig, trotz der dort ebenfalls massiven Behinderung sozialdemokratischer Wahlagitation. In seiner Thronrede zur Eröffnung des neuen Reichstags kündigte der Kaiser im November 1881 den Übergang zu einer staatlichen Sozialpolitik an. Sie beinhaltete die Ergänzung von Repressionsmaßnahmen mit Integrationsangeboten an die Arbeiterschaft. Schon 1878 war in fast allen Einzelstaaten des Reiches eine Fabrikinspektion eingeführt worden. Die Gesetze zur Kranken- und Unfallversicherung, 1883/84 verabschiedet, sowie jene zur Invaliden- und Altersversorgung von 1889 verfehlten damals jedoch die Wirkung, die mit ihnen nicht zuletzt beabsichtigt wurde, während sie den Weg zum späteren Ausbau des Sozialstaats ebneten.

Die Wahlen zum 6. Deutschen Reichstag im Oktober 1884 bescherten der SAPD einen deutlichen Stimmenzuwachs, sie kam auf 9,7 %. Hieran zeigte sich die Wirkungslosigkeit des obrigkeitsstaatlichen Wechselspiels von »Zuckerbrot und Peitsche« – Gefolgschaft gegen Sozialgesetzgebung. Ein Ende des Sozialistengesetzes wäre nach der Wahlniederlage Bismarcks im Jahr 1881, als das Zentrum mit 100 Mandaten stärkste Fraktion im Reichstag wurde, trotz Konflikts mit dem Freihandelsliberalismus möglich gewesen. Doch das widerstrebte einem Teil der Zentrumspartei und der Freisinnigen aus parteitaktischem Opportunismus. Bei der Lektüre von Beiträgen einfacher Parteigenossen im »Sozialdemokrat« erhält man den Eindruck, dass unter dem Sozialistengesetz antimonarchische, antiklerikale und vor allem gegen Bismarcks Knute gerichtete Ressentiments die vorherrschende Bewusstseinslage der sozialdemokratisch gesinnten Arbeiterschaft kennzeichneten. Auch in Bebel hatte sich angesichts der vielen Schikanen und der permanenten Überwachung seines politischen Lebensalltags ein grimmiger Hass aufgestaut, wie er freimütig einräumte: »Ich kam allmählich in eine Stimmung, wonach es mein sehnlichster Wunsch war, es möchte zu einer inneren Katastrophe kommen, die uns in die Lage setzte, Vergeltung zu üben für all die Frevel, die man von jener Seite sich gegen uns hatte zuschulden kommen lassen.«

Es entbehrt nicht der Ironie, dass sich ausgerechnet der alte Parlamentsverächter Wilhelm Liebknecht immer mehr zu einem ausgleichenden Faktor innerhalb der SAPD-Fraktion entwickelte und nun der Abgeordnetentätigkeit den höchsten Stellenwert beimaß. Die

Unterschriftenaktionen und Initiativen für eine Arbeiterschutzgesetzgebung eingerechnet, darf man feststellen: Die Jahre 1885/86 waren eine Bewährungszeit für das frühe parlamentarische Engagement der Sozialdemokratie. Diese Erfahrungen, dass eine Parteiagitation, die sich auf Themen aus dem Alltag der Arbeitswelt bezieht, die umworbenen Menschen erreicht, beflügelten auch die Gewerkschaften. Unter ihrem Dach versammelte sich während der relativ milden Praxis des Sozialistengesetzes Mitte der 1880er-Jahre wieder ein breiteres Spektrum lokaler Fachvereine.

Bismarck suchte einen Ausweg aus den innenpolitischen Spannungen und fand ihn, wie schon im preußischen Verfassungskonflikt 1862 bis 1866, in der Außenpolitik. Nach einer erneuten Auflösung des Reichstags im Januar 1887 erhob der Reichskanzler den Wahlkampf zu einem Plebiszit über die geplante Heeresverstärkung, die angeblich wegen der Gefahr eines französischen Revanchekrieges nötig sei. Nationaler Enthusiasmus in weiten Kreisen des Bürgertums und Kleinbürgertums ermöglichte ein Wahlkartell aus Konservativen und Nationalliberalen. Es eroberte die Mehrheit der Reichstagsmandate - nach internen Absprachen - und stützte das Aufrüstungsprogramm parlamentarisch. Ungeachtet erheblich höherer Stimmabgaben der staatstragenden Bevölkerungsschichten in dieser Konstellation gelang es der Sozialdemokratie, mit einem Wähleranteil von 10,1 % ihre soziale Basis in der städtischen Arbeiterschaft weiter auszubauen.

Der Wahlkampf der SAPD stand unter dem Motto »Hie Fürstenmacht - hie Volksrecht«, damit stellte sie dem autoritären Machtanspruch Bismarcks demokratische Grundsätze entgegen. Das Wahlergebnis würdigte der »Sozialdemokrat«, trotz Einbuße von mehr als der Hälfte der Reichstagssitze, als gelungenen Beitrag zu einer strategischen Positionsbestimmung: »Der Zuwachs der Stimmen ist wesentlich, weil die Stärke unserer Partei im Volke liegt und unser Sieg nur durch das Volk erkämpft werden kann.« Dennoch, der Parteitag der SAPD musste erneut im Schweizer Exil stattfinden. Erst seit dieser Zeit ist Bebel jene unbestrittene Führungsrolle in Partei und Reichstagsfraktion zugewachsen, die er bis zu seinem Tod innehatte. Die Gesamtbilanz des Ausnahmegesetzes lautete: nahezu

900 Ausweisungen sozialdemokratischer Parteifunktionäre, gestützt auf den »kleinen Belagerungszustand«, schwerpunktmäßig aus Hamburg, Berlin und Leipzig – den Kraftzentren der Bewegung.

Seit den 1880er-Jahren führte der Weg der SAPD von einer Partei, die in regionalen Sozialmilieus verwurzelt war und ihre Stimmen verschiedenen Wählerschichten verdankte, nach und nach zu einer reichsweit organisierten Klassenpartei mit Schwerpunkt in der Industriearbeiterschaft. Die wirtschaftliche Entwicklung des Fabrikwesens förderte diesen Prozess ebenso wie der politische Klassenkampf »von oben«, also durch die Regierung des Reiches und die gesellschaftlich Herrschenden. Denn dieser bedeutete für die Solidargemeinschaft der sozialdemokratischen Arbeiter nichts anderes als Ausgrenzung. Zugleich festigte sich dadurch ihr subkulturelles Identitätsbewusstsein. Der Ausbruch von Bergarbeiterstreiks im Ruhrrevier, Mai 1889, an denen sich über 87.000 der 104.000 Beschäftigten beteiligten, höhere Löhne und kürzere Arbeitszeiten verlangend, kündigte eine organisatorisch durchaus positive Entwicklung an. Im Zeichen eines Konjunkturaufschwungs verdoppelte und verdreifachte sich die Mitgliederzahl der Gewerkschaften binnen kürzester Frist. Im Juli 1889 trat, zum 100. Jahrestag der Französischen Revolution, in Paris die II. Internationale der Sozialdemokratie zusammen, die neben der Völkerverständigung den Achtstundentag zum wichtigsten unmittelbaren Kampfziel erklärte. Ihre kräftigste Säule war längst die deutsche Partei geworden, der es gelang, dem bevorstehenden Entwicklungsabschnitt in wesentlichen Zügen ihren Stempel aufzuprägen.

Bismarcks Absicht, das Sozialistengesetz zu verlängern, scheiterte Anfang 1890. Keiner seiner Vorschläge fand eine parlamentarische Mehrheit. Die Verbots- und Strafbestimmungen liefen zum 1. Oktober ersatzlos aus. Die turnusmäßigen Reichstagswahlen im Februar 1890 besiegelten das Schicksal des »Eisernen Kanzlers«. Dieser hatte bald drei Jahrzehnte die Geschicke der preußischen beziehungsweise deutschen Regierung gelenkt. Die Sozialdemokraten erreichten 19,7 % – die höchste Stimmenzahl aller Parteien –, während die konservativ-nationalliberale Formation über ein Drittel ihrer Mandate verlor und zur Minderheit wurde.

Angesichts einer Wahlkreiseinteilung, die dünn besiedelte ländliche Gebiete begünstigte, und eingedenk der isolierten Position der SAPD in Stichwahlen, waren 35 Mandate ein Achtungserfolg. Bei 397 Reichstagsabgeordneten insgesamt war die Fraktionsstärke der SAPD immerhin so groß, dass sie allmählich für die Mehrheitsbildung in einzelnen Fragen mitentscheidend werden konnte. Von dieser Möglichkeit machte sie sogleich Gebrauch. Um das gegnerische Kartell zu schwächen, hatte die Sozialdemokratie - abweichend von Parteitagsbeschlüssen - in den Stichwahlen linksliberalen Kandidaten zum Erfolg verholfen. Die Kritik jener, die das Dogma von der »reaktionären Masse« aus sämtlichen gegnerischen Parteien beim Worte nahmen, ließ nicht lange auf sich warten.

Außerdem gab das Verhalten am 1. Mai 1890 Anlass zu heftigem innerparteilichem Streit. Die Beschlüsse der Internationale vom Vorjahr hatten die Frage, ob man streiken solle, um den Forderungen nach einem Achtstundentag Nachdruck zu verleihen, offengelassen. Nach einigem Zögern, erst etwa zwei Wochen vor dem Stichtag, gab die Reichstagsfraktion, die auch als Parteileitung fungierte, eine vorsichtige Erklärung ab: »Wo immer man eine Arbeitsruhe am 1. Mai ohne Konflikte erwirken kann, da möge es geschehen.« Gewerkschaftliche Maifeiern fanden an vielen Orten statt, teilweise hatten sie den Charakter von Streikauseinandersetzungen mit den Unternehmern. Besonders im mitgliederstarken Hamburg kam es zu einem schwerwiegenden Konflikt mit Massenaussperrungen streikender Arbeiter. Er lieferte am Ende einen wichtigen Impuls für die Zentralisierung der Gewerkschaften durch eine »Generalkommission«, die sich im November 1890 konstituierte.

Flügelkämpfe, neuer Name und das Erfurter Programm von 1891

Dass eine Periode neuer Flügelkämpfe bevorstand, deutete die sogenannte »Opposition der Jungen« an, von Engels als »Literaten- und Studentenrevolte« bezeichnet. Seine polemische Distanzierung rührte anfänglich an den Kern des Konfliktes, der im Autonomiestreben von Jungakademikern in der Parteipresse seinen Ausgangspunkt hatte. Berlin war eine Hochburg des oppositionellen Radikalismus. Im Sommer 1890 war Bebel bereit, sich einem Rededuell mit dem lokalen Wortführer der »Jungen« zu stellen. Die öffentliche Versammlung war gut besucht und bestätigte in einer Abstimmung am Ende mit 90 % den Parteikurs.

Der nachfolgende Parteitag, der im Herbst 1890 in Halle an der Saale zusammentrat, leitete die Umstellung der Partei auf nunmehr legale Aktionsbedingungen ein. Die inzwischen gefestigte Führungsrolle Bebels fand ihren Niederschlag auch in der Namensgebung der politischen Organisation der deutschen Arbeiterbewegung: Fortan nannte sie sich – seinen Vorstellungen folgend – »Sozialdemokratische Partei Deutschlands« (SPD). Gegen Kritiker verteidigte er die Parteistrategie als realitätsbezogene Interessenvertretung: »Den ungeheuren Anhang und das Vertrauen in den Arbeitermassen haben wir nur, weil diese sehen, dass wir praktisch für sie tätig sind und sie nicht nur auf die Zukunft des sozialistischen Staates verweisen, von dem man nicht weiß, wann er kommen wird.« Diese neue Skepsis gegenüber allzu optimistischen Zukunftserwartungen ließ erkennen, dass die SPD politische Akzente durchaus unterschiedlichen Situationen taktisch anpasste.

Der fortwährende Streit über die Frage, wie die Tagespolitik mit langfristigen Zielen zu verbinden sei, wurde von den versammelten Delegierten des Parteitags durch die einmütige Verabschiedung einer Grundsatzresolution beendet – vorläufig jedenfalls: »Der Parteitag fordert die Fraktion deshalb auf, wie bisher die prinzipiellen Forderungen der Sozialdemokratie gegenüber den bürgerlichen Parteien und dem Klassenstaat rücksichtslos zu vertreten; ebenso aber auch die auf dem Boden der heutigen Gesellschaft möglichen und im Interesse der Arbeiterklasse nötigen Reformen zu erstreben, ohne über die Bedeutung und Tragweite dieser positiven gesetzgeberischen Tätigkeit für die Klassenlage der Arbeiter in politischer wie ökonomischer Hinsicht Zweifel zu lassen oder Illusionen zu erwecken.« Das modifizierte Parteistatut sah mit Rücksicht auf die vereinsgesetzlichen Verbindungsverbote weiterhin keine feste Mitgliedschaft und keine obligatorischen Beitragsleistungen vor, allerdings die Schaffung von Wahlkreisorganisationen. Die SPD blieb in den 1890er-Jahren auf Zeitungen und Agitationsbroschüren als Einnahmequelle angewiesen und konnte so für ihre Ziele werben.

Ein neues Niveau erreichten die innerparteilichen Auseinandersetzungen, als der Führer der bayerischen SPD (ab 1894 Landesvorsitzender) Georg von Vollmar (1850–1922) im Juni 1891 Vorschläge für ein gegenwartsbezogenes Reformprogramm machte. Vordringliche Aufgaben seien der Arbeiterschutz, das Koalitions- und Streikrecht sowie Maßnahmen gegen die Lebensmittelteuerung, die auf politischem Wege durchgesetzt werden sollten. Vollmars Initiative, die mit Bündnisangeboten an liberale Reformer einherging, lag der Leitgedanke zugrunde, »dass man das Ganze wollen und anstreben, aber es in Teilen erobern muss«. Im Unterschied zu den radikalen »Jungen« verfügte der Sprecher der süddeutschen Sozialdemokraten über eine ziemlich verlässliche Massenbasis.

Bebel allerdings gab zu den Gegenwartsforderungen Vollmars zu bedenken, dass eine Beschränkung auf diese »mit Notwendigkeit zur Versumpfung der Partei führen« müsse und sie ihrer Zukunftsvision berauben würde: »Er nimmt der Partei das, ohne das eine Partei wie die unserige nicht bestehen kann, die Begeisterung.« Der Parteitag 1891 in Erfurt verständigte sich denn auch darauf, an den erprobten politischen Leitlinien festzuhalten: »Es liegt kein Grund vor, die bisherige Taktik der Partei zu ändern.« Bei diesem zentristischen Kurs, der reformistische Experimente ebenso abwehrte wie linksradikale (die Anhänger der »Opposition der Jungen« wurden im Laufe des Parteitags ausgeschlossen oder verließen diesen), wurde Bebel von einem sicheren Instinkt geleitet. Die Integration einer Massenorganisation innerhalb der engen Handlungsspielräume, die das Kaiserreich der Sozialdemokratie bot, war nur mithilfe eines stabilen Identitätsbewusstseins zu bewerkstelligen.

Wichtigster Programmpunkt und Ergebnis des Parteitags war der einstimmige Beschluss des Erfurter Programms. Sorgfältig vorbereitet durch eine Kommission, war der Entwurf von den Parteitheoretikern Kautsky und Bernstein zu einer Textfassung umgearbeitet worden, die von den Delegierten ohne weitere Diskussion akzeptiert wurde. Im Vergleich zu seinen Vorläufern ist festzustellen, dass das Erfurter Programm in dem konkreten Forderungskatalog des zweiten Teils große Kontinuität aufwies. Die Vorschläge zu Demokratisierung und sozialen Reformen im Interesse der arbeitenden Bevölkerung waren allerdings detaillierter ausformuliert, gemäß dem Stand der damaligen sozialdemokratischen Vorstellungen. Neu war auch das ausdrückliche Bekenntnis zum Frauenstimmrecht (gleich den Männern ab 20 Jahren) sowie zur »Abschaffung aller Gesetze, welche die Frau in öffentlich- und privatrechtlicher Beziehung gegenüber dem Manne benachteiligen«.

Theorieanleihen beim Marxismus waren im ersten Teil des Erfurter Programms mit skizzenhafter Gesellschaftsanalyse unverkennbar. Die SPD betonte das ökonomische Gesetz der Kapitalkonzentration: Die Produktionsmittel würden zum »Monopol einer verhältnismäßig kleinen Zahl von Kapitalisten und Großgrundbesitzern«. Angesichts solcher Eigentumsverhältnisse mussten »das Proletariat und die versinkenden Mittelschichten« trotz steigender Arbeitsproduktivität die »wachsende Zunahme der Unsicherheit ihrer Existenz, des Elends, des Drucks, der Knechtung, der Erniedrigung, der Ausbeutung« erfahren. Die »immer umfangreicher und verheerender« werdenden Wirtschaftskrisen seien ein weiterer Faktor, der die allgemeine soziale Polarisierung verschärfe: »Immer größer wird die Zahl der Proletarier, immer massenhafter die Armee der überschüssigen Arbeiter, immer schroffer der Gegensatz zwischen Ausbeutern und Ausgebeuteten, immer erbitterter der Klassenkampf zwischen Bourgeoisie und Proletariat.«

Die Möglichkeit, solche Widersprüche der bestehenden Ordnung zu überwinden, sah die klassische Sozialdemokratie allein durch »die Verwandlung des kapitalistischen Privateigentums an Produktionsmitteln ... in gesellschaftliches Eigentum« gegeben. Eine erforderliche Umwälzung der ökonomischen Gesellschaftsbasis konnte die Arbeiterklasse jedoch »nicht bewirken, ohne in den Besitz der politischen Macht gekommen zu sein«. Die internationale Solidarität wurde bekräftigt, sodann gipfelte das Programm in einer politischen Willenserklärung, an welcher Ziele und Profil der SPD sichtbar wurden: »Die Sozialdemokratische Partei Deutschlands kämpft also nicht für neue Klassenprivilegien und Vorrechte, sondern für die Abschaffung der Klassenherrschaft und der Klassen selbst und für gleiche Rechte und gleiche Pflichten aller ohne Unterschied des Geschlechts und der Abstammung. Von diesen Anschauungen ausgehend bekämpft sie in der heutigen Gesellschaft nicht bloß die Ausbeutung und Unterdrückung der Lohnarbeiter, sondern jede Art der Ausbeutung und Unterdrückung, richte sie sich gegen eine Klasse, eine Partei, ein Geschlecht oder eine Rasse« – was damals, wohlgemerkt, Ausdruck antirassistischer Überzeugungen und gegen jedwede Akzeptanz von Rassenlehren gerichtet war.

In seinem Programmkommentar definierte Karl Kautsky den Klassencharakter der Sozialdemokratie dadurch, »immer mehr eine nationale Partei, das heißt eine Volkspartei zu werden in dem Sinne, dass sie die Vertreterin nicht bloß der industriellen Lohnarbeiter, sondern sämtlicher arbeitenden und ausgebeuteten Schichten, also der großen Mehrheit der Gesamtbevölkerung wird, dessen, was man gewöhnlich ›Volk‹ nennt«. Das Vertrauen, welches die Arbeiterbewegung in ihre Entwicklung und Kraft gefasst hatte, dass ihre gerechte Sache einst unvermeidlich den Sieg über Unverstand und Entmündigung davontragen werde, erklärte Kautsky zur historischen Gesetzmäßigkeit: »Wir halten den Zusammenbruch der heutigen Gesellschaft für unvermeidlich, weil wir wissen, dass die ökonomische Entwicklung mit Naturnotwendigkeit Zustände erzeugt, welche die Ausgebeuteten zwingen, gegen das Privateigentum anzukämpfen.«

Friedrich Engels urteilte insgesamt positiv über das Erfurter Programm, gleichwohl vermisste er genaue Hinweise zum Weg, auf dem diese Ziele erlangt werden sollten: »Wenn etwas feststeht, so ist es dies, dass unsere Partei und die Arbeiterklasse nur zur Herrschaft kommen kann unter der Form der demokratischen Republik.« Eine Voraussetzung dafür sei, in praktizierter Volkssouveränität den Partikularismus der Fürstendynastien zu überwinden: »Andererseits muss Preußen aufhören zu existieren, muss in selbstverwaltete Provinzen aufgelöst werden, damit das spezifische Preußentum aufhört, auf Deutschland zu lasten.« Wenn die SPD schon das Streben nach der demokratischen Republik nicht ins Programm aufnehmen wollte, aus Sorge, damit den Staatsanwalt zu munitionieren, der ihre legale Existenz bedrohte, müsse sie aus Engels' Sicht wenigstens sagen, was ihre politische Willensrichtung sei: »Was aber nach meiner Ansicht hinein sollte und hinein kann, das ist die Forderung der Konzentration aller politischen Macht in den Händen der Volksvertretung.« Dass sich bewaffnete Zusammenstöße meist nur dann entwickelten, wenn der Versuch unternommen wird, entfesselte Volksbewegungen zu unterdrücken, war eine These, die Liebknecht auf dem Erfurter Parteitag vertrat: »Das Revolutionäre liegt nicht in den Mitteln, sondern in dem Ziel. Gewalt ist seit Jahrtausenden ein reaktionärer Faktor.«

KAPITEL 4 Orientierungsfragen 1892–1904: Gewerkschaften, Wahlerfolge und Reformismusdebatten

In dem folgenden halben Jahrzehnt wich die kurze Hochkonjunktur der Jahre 1889/90 einem deutlich gebremsten Wachstum. Die Arbeiterbewegung geriet wieder häufiger in die Position, sich verteidigen zu müssen. Nach etlichen Streikniederlagen und ausgebliebenen Lohnerhöhungen, die aufgrund schlechter wirtschaftlicher Bedingungen nicht durchzusetzen waren, lief den Gewerkschaften ein Gutteil der Mitglieder, die zuvor neu gewonnen worden waren, wieder davon. Nicht einmal Bebel, dem die Bedeutung des ökonomischen Kampfes vollkommen bewusst war, konnte sich auf dem Parteitag von 1893 zu einer optimistischen Sicht auf die Zukunft durchringen: »Wir mögen gewerkschaftlich organisiert sein, wie wir wollen, wenn das Kapital einmal allgemein solche Macht erobert hat, wie bei Krupp und Stumm, in der Dortmunder Union, in den Kohlen- und Eisenindustriebezirken Rheinlands und Westfalens, dann ist es mit der gewerkschaftlichen Bewegung aus, dann hilft nur noch der politische Kampf.«

Die relativ größte Mitgliedschaft der Gewerkschaften - und die verlässlichste Basis der SPD - fanden sich damals nicht etwa in den großen Industriefabriken und Bergwerken. Diese wussten sich gegen »rote Agitatoren« zu wehren mit unternehmerischer Sanktionsgewalt, teilweise auch mit besonderen sozialen Vergünstigungen für ihre Belegschaft. Die höchste Organisationsdichte wiesen mittlere Unternehmen auf, wo das persönliche Abhängigkeitsverhältnis zum Unternehmer, wie es für Kleinbetriebe typisch war, fehlte. Selbst bei der Betriebszählung 1907 waren erst 10 % der Arbeiter in Industrie und Handwerk in »Riesenbetrieben« über 1.000 Personen beschäftigt. Mit 25 % bildeten Betriebe von 51 bis 200 Mitarbeiter die stärkste Kategorie. Jeweils 21 % bis 22 % der Beschäftigten verteilten sich auf handwerkliche Kleinbetriebe bis 10 Personen beziehungsweise - die nächste Kategorie - auf 11 bis 50 sowie Großbetriebe von 201 bis 1.000. Unternehmen des Bereichs zwischen 11 und 50 Mitarbeitern, oft in Städten zu finden, waren beispielsweise sehr viele Baufirmen, die ähnlich wie die größeren Mittelbetriebe der Metallbranche gut organisiert waren. Mit jeweils über 20 % der Gesamtmitgliedschaft bildeten die Metall- und die Bauarbeiter 1903 mit großem Abstand die stärksten Einzelgewerkschaften. Abgesehen vom Metallarbeiterverband handelte es sich um Gewerkschaften, die auf ihr jeweiliges, einzelnes Berufsfeld bezogen waren.

Agrarreformismus und Budgetbewilligung im Grundsatzstreit

Nicht nur um politische Strategie und Taktik wurde innerparteilich gestritten. Die Sozialdemokraten zerbrachen sich den Kopf über die Frage, wie man über den bestehenden Kern gewerblicher Lohnarbeiter hinaus denn weitere Bevölkerungsschichten für ihre Ziele gewinnen könne. Nach dem großen Wahlerfolg von 1890 hatte die SPD angefangen, die Landagitation zu verstärken. Der bayerischen Regionalorganisation fiel dabei eine führende Rolle zu, denn obwohl das Erfurter Programm den »Untergang des Kleinbetriebes« prognostizierte, sprach von Vollmar, der populäre Versammlungsredner, auch die Interessen der Bauern offensiv an. Angesichts der überwiegend kleingewerblichen Wirtschaftsstruktur und weil die Sozialdemokratie dort weniger hart ausgegrenzt wurde, entstand der SPD in Süddeutschland ein zweites politisches Kraftzentrum, das mehr den Volkspartei-Charakter der Gründungszeit wahrte und pragmatische Reformen im Blick hatte, sogar im Bündnis mit liberalen Parteigruppierungen.

Die verschiedenen Grundüberzeugungen, welche sich aus unterschiedlichen Erfahrungen speisten, trafen 1894, auf dem Parteitag in Frankfurt am Main, hart aufeinander. Der SPD-Landtagsfraktion in Bayern war es gelungen, in den Etatberatungen einige konkrete soziale und kulturelle Verbesserungen durchzusetzen, weshalb sie dem Gesamtbudget ihre Zustimmung gab. Anders die nord-, ost- und mitteldeutsche Mehrheit der Sozialdemokratie: Sie beharrte darauf, jegliche Haushaltsmittel abzulehnen, um damit ihr grundsätzliches Misstrauen gegenüber der bestehenden Ordnung zu demonstrieren. Bebels Bemühen in Frankfurt war, die Delegierten aus solchen Erwägungen heraus zu einem klaren Nein gegen künftige Budgetbewilligung zu bewegen: »Lasst nicht die Opportunität, nicht die Zweckmäßigkeit, lasst das Prinzip siegen.« Doch weder die süddeutschen Pragmatiker noch der kompromisslose Standpunkt Bebels fanden eine Mehrheit. Den regionalen Gliederungen blieb der Spielraum für eigene Manöver erhalten.

Noch komplizierter als die Budgetfrage waren die in Frankfurt verhandelten Agrarprobleme. Mit einer Resolution für Reformen auf dem Boden der bestehenden Verhältnisse und einer Kommission, die dieser Auffassung Rechnung tragen sollte, setzten sich zunächst jene durch, die eine bauernfreundliche Agrarpolitik verfochten. Die Gegner der Beschlüsse entfesselten jedoch einen Sturm der Entrüstung, der die SPD an den Rand des offenen Bruches mit ihrer süddeutschen Fraktion brachte. Zur Besinnung kam man erst, als der Organisation wieder repressive Maßnahmen drohten: Dem Reichstag wurde eine »Umsturzvorlage« vorgelegt, die neue Ausnahmegesetze ankündigte. Obgleich solche und alle künftigen Vorstöße zur Unterdrückung der Arbeiterbewegung nicht mehr die erforderlichen Parlamentsmehrheiten erhielten, blieben sie als ständige Drohung nicht ohne Wirkung.

Nach Monaten intensiver Studien und Beratungen legte die Agrarkommission einen Beschlussentwurf vor, der den Forderungskatalog des Erfurter Programms ergänzen sollte. Er beinhaltete Hilfsmaßnahmen für die krisenanfällige Landwirtschaft. Die Aufnahme von Elementen eines Bauernschutzes in das Erfurter Programm hätte in der Tat jenen Widerspruch zwischen Gesellschaftstheorie und praktischen Forderungen offen aufbrechen lassen, welcher oft unterstellt wurde. Der vermeintlich »dualistische Charakter« der SPD-Programmatik – marxistische Analyse einerseits, demokratische und sozialpolitische Reformziele andererseits – war auf eine Synthese angelegt: Arbeiterschutz und demokratische Rechte sollten – über ihre unmittelbare Wirkung hinaus – die Aktionsfähigkeit der Oppositionsbewegung stärken, die angesichts einer verschärften sozialen Polarisierung das Ziel, die politische Alleinherrschaft zu erobern, fest im Blick behielt.

Wenn die SPD es nun darauf anlegte, über Existenzhilfen die Bauern für sich zu gewinnen, konnte sie schlechterdings nicht länger die Proletarisierung der Kleineigentümer durch die kapitalistische Besitzkonzentration verkünden. Eduard David (1863–1930), führender reformistischer Agrartheoretiker, sah die Gefahr und zog aus der Diskrepanz zwischen Analyse und Programmaussagen die Konsequenz, dass diese Tendenz zur Monopolisierung nur für den industriellen Sektor gelte: »Ein Auffressen der kleineren Betriebe durch die mittleren, der mittleren durch die großen und der großen durch die Riesenbetriebe ist als Massenerscheinung in der Landwirtschaft nirgends zu konstatieren.« Zwar ließ sich seine Behauptung statistisch belegen, gleichwohl berücksichtigte sie den Unterschied zwischen bloßem Überleben und betriebswirtschaftlicher Rentabilität bei den Kleinbauern nur sehr unzureichend. Diese kamen oft nur über die Runden, weil Familienmitglieder unentgeltlich mitarbeiteten oder weil es noch zusätzlich Nebenverdienste aus gewerblicher Lohnarbeit gab. Die ökonomische Existenz nicht weniger Bauern ruhte auf dem Zwang zur Selbstausbeutung.

Kautsky erfasste diese Besonderheiten richtig, als er den Selbstversorgern auf dem Lande eine relative Unabhängigkeit vom Marktgeschehen zubilligte: »In der Tat ist das verhältnismäßig langsame Vordringen des Großbetriebes in der Landwirtschaft in hohem Grade dem Umstand zuzuschreiben, dass die Kleinbetriebe nur zum Teil auf den Verkauf ihrer Produkte angewiesen sind und daher, auch wenn sie den großen Betrieben an Leistungsfähigkeit erheblich nachstehen, doch von deren Konkurrenz nicht in vollem Maße getroffen werden.« Trotz solcher teilweisen Zugeständnisse an die Kritiker der Konzentrationsthese hielt Kautsky fest, dass Schutzmaßnahmen für die Landwirtschaft lediglich die Eigentümerideologie stabilisierten:

»Nur der hoffnungslose Bauer wird Sozialdemokrat, nur derjenige, der die Überzeugung gewonnen hat, dass ihm im Rahmen der bestehenden Staats- und Gesellschaftsordnung nicht zu helfen ist.« Bernstein wollte die SPD vor den Agrarberatungen einer Strömung innerhalb der Internationale zuführen, die »jedes Zugeständnis an die der modernen Entwicklung feindlichen Vorurteile rückständiger Gesellschaftsklassen zurückweist, lieber wartet, als ihre Ziele kompromittiert«. Zusammen mit Engels, der eine grundsätzliche Stellungnahme verfasste, wurden die gemeinsamen Überzeugungen bekräftigt. Allerdings empfahl dieser der Arbeiterpartei, im Dienste einer Revolutionierung des Landes größere Flexibilität walten zu lassen.

Dieses Votum der Parteitheoretiker, das über die SPD-Presse verbreitet wurde, war eine Breitseite gegen den Agrarreformismus der Kommissionsvorschläge. Eine Vielzahl von Parteiversammlungen, die ganz überwiegend die präsentierten Ergänzungen des Erfurter Programms ablehnten, ließ keinen Zweifel an der Grundstimmung der Basis. Das proletarische Klassenbewusstsein seit dem Sozialistengesetz hatte sich offenbar so sehr gegenüber der feindlichen Umwelt abgekapselt, dass politische »Bauernfängerei« als Verrat an der sozialdemokratischen Identität gesehen wurde. So konnte sich Kautsky auf dem Parteitag 1895 in Breslau mit seinem Standpunkt, jeglichen Bauernschutz abzulehnen, mehrheitlich durchsetzen: 158 zu 63 Stimmen war das Ergebnis. Selbst Bebel, der einen Teil der vorgeschlagenen Hilfsmaßnahmen befürwortete, klagte nach dem Parteitag über den »Doktrinarismus à la Kautsky« und fand an dessen Art der Grundsatztreue wenig Gefallen: »Die Breslauer Beschlüsse verlängern unsere Wartezeit um mindestens 10 Jahre, aber dafür haben wir das ›Prinzip‹ gerettet.«

Mit seiner recht vorsichtig vorgetragenen positiven Haltung zum Agrarprogramm hatte sich Bebel im Parteivorstand isoliert und die schwerste Abstimmungsniederlage seiner politischen Laufbahn hinnehmen müssen. Kautsky hingegen weigerte sich, aus wahlpolitischen Rücksichten von seiner theoretischen Analyse abzurücken. Deshalb ist auch die These, Bebel habe sich nur durch geschickte Integrationstaktik so lange als Parteiführer halten können und Kautsky habe ihm dafür die erforderliche Ideologie geliefert, mit den historischen Tatsachen nicht vereinbar. Beide standen auf einem Fundament politischer Überzeugungen, das für sie nicht verhandelbar war, und bekämpften abweichende Standpunkte kompromisslos, selbst auf die Gefahr hin, dass dadurch innerparteiliche Gegensätze offen aufbrechen. Dennoch steckt in der Annahme, dass Bebel und Kautsky zur Bewahrung der innerparteilichen Solidargemeinschaft beigetragen haben, ein wahrer Kern: Wenn der Parteitheoretiker die Prinzipien des Marxismus hochhielt und der Parteivorsitzende gelegentlich mehr Verständnis für die Erweiterung des taktischen Instrumentariums der SPD zeigte, dann ergänzten sich beide gut. Dennoch fiel im Zusammenhang mit der Agrardebatte erstmals das Wort von der »Revision unserer Vorstellungen«, geschrieben vom Parteijournalisten Bruno Schoenlank (1859–1901).

Als das Agrarprogramm ohne Ausarbeitung einer tragfähigen Alternative zurückgewiesen wurde, zeigte sich, dass die SPD, dem Willen ihrer Mitglieder entsprechend, eine Klassenpartei allein der Arbeiter sein sollte. Dabei hatte sogar Engels kurz vor seinem Tod 1895 in einer Art politischem Testament einen Zeitenwechsel angedeutet: »Die Zeit der Überrumpelungen, der von kleinen bewussten Minoritäten an der Spitze bewusstloser Massen durchgeführten Revolutionen ist vorbei. Wo es sich um eine vollständige Umgestaltung der gesellschaftlichen Organisation handelt, da müssen die Massen selbst mit dabei sein, selbst schon begriffen haben, worum es sich handelt, für was sie mit Leib und Leben eintreten.« Hauptsächlich bezogen auf das wilhelminische Preußen-Deutschland, bezweifelte er die Möglichkeit eines friedlichen Übergangs zum Sozialismus durch Eroberung der parlamentarischen Mehrheit. Denn »die Aussichten stünden zehn zu eins dafür, dass die Herrschenden lange vor diesem Zeitpunkt gegen uns Gewalt anwenden werden; das aber würde uns vom Boden der Stimmenmehrheiten auf den Boden der Revolution führen«.

Revisionsmusdebatten: Bernstein, Kautsky und Rosa Luxemburg

Bernsteins Revisionismus stellte Teile der vorherrschenden Parteitheorie infrage, doch tat er das, als die zweite Hälfte der 1890er-Jahre wieder eine Wachstumsphase von beträchtlicher Dauer und Dynamik zeigte. In London hatte Bernstein Exil gefunden. Weil er es nicht Richtung Deutschland verlassen konnte, da Bernstein eine langjährige Gefängnisstrafe wegen seiner Redakteurstätigkeit zur Zeit des Sozialistengesetzes drohte, musste er seine Gedanken dem Parteitag in Stuttgart 1898 schriftlich darlegen: »Ich bin der Anschauung entgegengetreten, dass wir vor einem in Bälde zu erwartenden Zusammenbruch der bürgerlichen Gesellschaft stehen und dass die Sozialdemokratie ihre Taktik durch die Aussicht auf eine solche bevorstehende große soziale Katastrophe bestimmen, bzw. von ihr abhängig machen soll.« In seinem ein Jahr später erscheinenden theoretischen Hauptwerk prognostizierte er sogar, »dass wenigstens für eine längere Zeit allgemeine Geschäftskrisen nach Art der früheren überhaupt als unwahrscheinlich zu betrachten sind«, da die Aufnahmekapazität des Weltmarktes nationale Absatzprobleme überwinden könne.

Nicht minder wichtig ist Bernsteins Kritik an einem zu einfachen Schema der Klassengegensätze. Er sah diese keineswegs nur auf die beiden Lager Lohnarbeit und Kapital reduziert: »Weit entfernt, dass die Gliederung der Gesellschaft sich gegen früher vereinfacht hätte, hat sie sich vielmehr, sowohl was die Einkommenshöhe, als auch was die Berufstätigkeiten anbetrifft, in hohem Grade abgestuft und differenziert.« Er betrachtete es deshalb als »eine große Verkennung der Tatsachen, zu sagen, dass die sozialistische Umwandlung der Gesellschaft ›nur‹ das Werk der Arbeiterklasse sein kann«; denn trotz ihrer maßgebenden Rolle wirkten »immer mehr Kräfte direkt und bewusst an diesem Werk mit, die keine Proletarier im Sinne der Theorie sind«. Dem Bündnis mit fortschrittlichen Kreisen des Bürgertums wollte Bernstein auch radikale Parolen wie »Diktatur des Proletariats« und »Enteignung« opfern: »Ihr Einfluss würde ein viel größerer sein als er heute ist, wenn die Sozialdemokratie den Mut fände, sich von einer Phraseologie zu emanzipieren, die tatsächlich überlebt ist, und das scheinen zu wollen, was sie heute in Wirklichkeit ist: eine demokratisch-sozialistische Reformpartei.«

Zumal Bernstein im Exil den erzwungenen Rückzug der deutschen Sozialdemokratie in die proletarische Subkultur nicht nachvollzogen hatte, blieb das unteilbare Prinzip der Volkssouveränität für ihn richtunggebend: »Die Demokratie ist Mittel und Zweck zugleich. Sie ist das Mittel der Erkämpfung des Sozialismus, und sie ist die Form der Verwirklichung des Sozialismus.« Zwar prophezeite er optimistisch, dass künftig »die Gesetzgebung der Demokratie die permanente Revolution« auf friedlichem Wege verbürge. Dennoch wusste Bernstein natürlich, wie beharrlich die junkerlichen, bourgeoisen und obrigkeitsstaatlichen Kräfte Deutschlands waren: »So bin ich auch selbstverständlich nicht gegen die Revolution als Mittel. Sie kann unter Umständen sehr notwendig und wünschenswert sein.« Doch müssten dann die gesellschaftlichen Kräfteverhältnisse beachtet werden: »Eine politische Umwälzung im heutigen Deutschland, d. h. ein Sturz der jetzt herrschenden Mächte, ist auf lange hinaus nicht möglich, wenn Arbeiter-Demokratie und bürgerliche Demokratie sich als Todfeinde gegenüber stehen.«

Ärger und Unmut der Parteigenossen zog Bernstein sich zu, als er sich mit einer Bemerkung, die oft falsch verstanden wurde, von spekulativen Entwürfen einer Zukunftsgesellschaft distanzierte: »Ich gestehe es offen, ich habe für das, was man gemeinhin unter ›Endziel des Sozialismus‹ versteht, außerordentlich wenig Sinn und Interesse. Dieses Ziel, was immer es sei, ist mir gar nichts, die Bewegung alles. Und unter Bewegung verstehe ich sowohl die allgemeine Bewegung der Gesellschaft, d. h. den sozialen Fortschritt, wie die politische und wirtschaftliche Agitation und Organisation zur Bewirkung dieses Fortschritts.« Schon Engels hatte 1893 die Frage nach einer in sich ruhenden Zukunftsvision zurückgewiesen. Sie sei falsch, weil sie der Marx'schen Theorie des historischen Wandels widerspreche: »Aber wir haben kein Endziel. Wir sind Evolutionisten, wir haben nicht die Absicht, der Menschheit endgültige Gesetze zu diktieren.« Auch

Kautsky erklärte, mit dem Erfurter Programm sei die Periode »der Utopisterei, des Spintisierens über den Zukunftsstaat« überwunden.

Indem Bernstein die Bedeutung von Bewegung und Entwicklung unterstrich, wollte er klarmachen: Nachdem man sich von der Erwartung verabschiedet hatte, dass der Kapitalismus zusammenbrechen werde, konnte der Sozialismus nicht länger als objektive, gewissermaßen zwangsläufige Notwendigkeit der Geschichte gelten: »Dies Ziel ist jedoch nicht ein bloß von der Theorie vorherbezeichneter Akt, dessen Eintreten mehr oder minder fatalistisch erwartet wird, sondern es ist in hohem Maße ein gewolltes Ziel, für dessen Verwirklichung gekämpft wird.« Die parteioffizielle Position, sowohl Konfrontationen mit der Staatsgewalt als auch Bündnisse mit bürgerlichen Kräften abzulehnen, bot aus seiner Sicht wenig konstruktive Handlungsperspektiven: »Für mich bedeutet die Kautskysche Taktik ein fatalistisches Treiben in eine Sackgasse. Er will keine auf die Katastrophe zugespitzte Taktik, er will aber auch keine Taktik, die den gegnerischen Katastrophenpolitikern den Boden abgräbt.« Bernstein legte den Finger in die Wunde der Sozialdemokratie: Ihre programmatischen Zielprojektionen und die reale Bewegung passten nicht recht zusammen.

Symptomatisch war dabei, dass Bernstein die Wiederherstellung der »Einheit zwischen Theorie und Wirklichkeit« als sein Anliegen bezeichnete. Für ihn war der Maßstab der Revision die Analyse der gesellschaftlichen Entwicklungstendenzen und nicht etwa nur die eingespielte Verhaltenspraxis der SPD. Aufschlussreich in diesem Zusammenhang war die Reaktion von Ignaz Auer (1846–1907) als Parteisekretär der Organisationspraktiker im Parteivorstand. Zwar hielt auch er das Profil einer »sozialdemokratischen Reformpartei« für alternativlos, appellierte aber aus Sorge um die Parteieinheit an Bernstein, er möge die Demontage identitätsstiftender Zukunftshoffnungen doch nicht in aller Öffentlichkeit vornehmen: »Mein lieber Ede, das, was Du verlangst, so etwas beschließt man nicht, so etwas sagt man nicht, so etwas tut man.« Wie bereits das Fiasko des Agrarprogramms manifestiert hatte, durchkreuzte ein offenes Bekenntnis zu »revisionistischen« Absichten die Pläne zu einer Reformstrategie. So wurde ein theorieverdrossen daherkommender Praktizismus zur Verhaltensmaxime weiter Parteikreise. Bernsteins Revisionismus war aber keineswegs nur der Reflex einer reformistischen Praxis. Er zielte darauf, das sozialdemokratische Strategiedefizit in einer Phase wachsender innerparteilicher und gesellschaftlicher Differenzierung zu überwinden.

In seiner Erwiderung wies Kautsky dogmatische Festlegungen auf alle Zusammenbruchserwartungen von sich: »Tatsächlich ist, gerade durch ihre theoretische Basis, nichts anpassungsfähiger, als die Taktik der Sozialdemokratie.« Indem er unzweideutig erklärte, eine künftige soziale Umwälzung werde »weniger dem Typus der französischen Revolution« als vielmehr einem »langdauernden Bürgerkrieg« entsprechen, verzichtete Kautsky auf die Illusion einer Herbeiführung der klassenlosen Gesellschaft im Selbstlauf der Geschichte: »Waren also die letzten Revolutionen Empörungen der Volksmassen gegen die Regierung, so dürfte die kommende Revolution – abgesehen vielleicht von Russland – mehr den Charakter eines Kampfes des einen Teils des Volkes gegen den anderen führen.« Gleichzeitig wies er dem Sozialismus die konstruktive Aufgabe einer effektiveren und bedürfnisgerechteren Arbeitsorganisation zu: »Das siegreiche Proletariat muss die Produktion aufs rascheste erweitern, soll es den enormen Ansprüchen genügen können, die an das neue Regime gestellt werden.« Mit einer wie auch immer gearteten Bürgerkriegssituation war das kaum in Einklang zu bringen.

Im Gegensatz zu jener gleichsam heimlichen Revision – die Quintessenz der Vorstandspolitik in praktischer plus Kautskys Schriften in theoretischer Hinsicht –, formulierte Rosa Luxemburg (1870–1919) eine radikale Gegenposition. Anders als Bernstein, dem sie, nicht zu Unrecht, den Blick durch die »englische Brille« vorhielt, war sie von der polnisch-russischen Arbeiterbewegung geprägt und erst 1898 nach einer Promotion in der Schweiz nach Deutschland übergesiedelt. Sie vertrat eine jüngere Generation von Intellektuellen, die, ohne eigene Erfahrungen in der schwierigen Gründungszeit gesammelt zu haben, in bereits starke Parteien der II. Internationale hineinwuchsen. Sie wehrte Bernstein nicht ab, indem sie auf der Parteitradition beharrte, sondern indem sie darüber hinaus versuchte, »unsere ganze positive Arbeit zu revidieren« und in revolutionärem Aktivismus »neue Wege aufzuzeigen«. Das Niederreißen der Wand zwischen kapitalistischer und sozialistischer Gesellschaft konnte sich Rosa Luxemburg nur durch den »Hammerschlag der Revolution« vorstellen.

Aus diesem Grund stellte sie praktische Verbesserungen auf dem Boden der bürgerlichen Gesellschaft mit dem Argument infrage, sie würden unter Umständen »den Augenblick des Zusammenbruchs der heutigen Wirtschaft, damit auch unseren Sieg hinausschieben«. Konkrete Fortschritte im Interesse der Arbeiter seien gewissermaßen Nebenprodukte des Kampfes um den Sozialismus. »Für die Sozialdemokratie besteht zwischen der Sozialreform und der sozialen Revolution ein unzertrennlicher Zusammenhang, indem ihr der Kampf um die Sozialreform das Mittel, die soziale Umwälzung aber der Zweck ist.« Die Ablehnung positiver Reformarbeit im parlamentarischen Rahmen fiel bei Rosa Luxemburg aber ganz unmissverständlich aus: »In der bürgerlichen Gesellschaft ist der Sozialdemokratie dem Wesen nach die Rolle einer oppositionellen Partei vorgezeichnet, als regierende darf sie nur auf den Trümmern des bürgerlichen Staates auftreten.«

Gewerkschaftsaufschwung und forcierter Stimmenzuwachs der SPD

Nachdem es den Gewerkschaften seit 1895 gelungen war, die Zahl ihrer Mitglieder in wenigen Jahren zu verdoppeln, trat Carl Legien (1861–1920), Vorsitzender der »Generalkommission der Gewerkschaften Deutschlands«, des zentralen Leitungsgremiums der freigewerkschaftlichen Einzelverbände, den Katastrophenpropheten äußerst selbstbewusst entgegen. Auf dem Kongress von 1899 sagte er: »Gerade wir, die gewerkschaftlich organisierten Arbeiter, wünschen nicht, dass es zu dem sogenannten Kladderadatsch kommt. … Wir wünschen den Zustand der ruhigen Entwicklung.« Diese stellte ihnen augenscheinlich eine stetige Kräftigung der Organisationsmacht in Aussicht, auch größere sozialpolitische Einflussmöglichkeiten, vor allem auf kommunaler Ebene und in den Krankenkassen. Wenn Rosa Luxemburg den Lohnkampf als bloße »Sisyphusarbeit« ohne die Chance dauerhafter Verbesserungen des Lebensstandards abqualifizierte und noch im Jahr 1899 behauptete, »dass wir im großen und ganzen nicht Zeiten eines starken Aufschwunges, sondern des Niederganges der gewerkschaftlichen Bewegung entgegengehen«, verfehlte sie die sozioökonomische Realität. Die 1880er- und 1890er-Jahre hatten den Arbeitern einen kontinuierlichen Reallohnzuwachs gebracht. Bernstein feierte die Gewerkschaften als »das demokratische Element in der Industrie« und sprach ihnen über arbeitszeit- und lohnbezogene Ziele hinaus den Auftrag zu, »den Absolutismus des Kapitals zu brechen und dem Arbeiter direkten Einfluss auf die Leitung der Industrie zu verschaffen«. Damit nahm er teilweise spätere wirtschaftsdemokratische Mitbestimmungsideen vorweg.

Die Konfliktpotenziale des imperialistischen Zeitalters waren indessen gewaltig und wurden von revisionistischen Programmatikern und reformistischen Praktikern unterschätzt. Schon die nüchternen Zahlen der Konkurrenz um Weltmarktanteile deuteten auf eine grundlegende Verschiebung in den Kräfteverhältnissen hin: Die USA steigerten ihren Anteil an der Weltindustrieproduktion rasant, von 7 % 1860 auf beeindruckende 32 % bis 1913. Damit übertrafen sie sogar die deutsche Wachstumsdynamik jener Zeitspanne, die von 5 % auf 15 % hochschnellte. Dies ging zulasten der englischen Anteile, die im Weltmaßstab von 20 % auf 14 % zurückfielen, und auch Frankreich büßte ein: von 8 % auf 6 %. Der deutsche Griff nach der Vormacht auf dem Kontinent im Ersten Weltkrieg ruhte insofern auf einer nationalbürgerlichen ökonomischen Basis.

In der Praxis scheiterten sowohl die reformistischen als auch die revolutionären Aktionsperspektiven Bernsteins beziehungsweise Luxemburgs gleichermaßen am bestehenden Herrschaftssystem. Mit Massenaktionen, deren Ziel der Sturz der Hohenzollernmonarchie gewesen wäre, hätte die SPD ihre Anhänger nur vor die Gewehrläufe der schlagkräftigsten Armee auf dem europäischen Kontinent getrieben. Und um den »Liberalismus als weltgeschichtliche Bewegung« zu mehr individueller und kollektiver Freiheit war es doch eher armselig bestellt, wie Bernstein nach seiner Rückkehr aus England 1901 ernüchtert konstatierte. So zeichnete sich der Parteitag in Hannover 1899 vielleicht nicht durch vertiefte theoretische Einsicht und strategischen Weitblick aus, erkannte dafür aber die faktische Übermacht des preußisch-deutschen Systems an, als er den Streit um neue Handlungsperspektiven als vorerst fruchtlos abwies: »Die bisherige Entwicklung der bürgerlichen Gesellschaft gibt der Partei keine Veranlassung, ihre Grundanschauungen über dieselbe aufzugeben oder zu ändern.«

Bei den Reichstagswahlen gewann die SPD kontinuierlich hinzu, von 23,2 % (1893) über 27,2 % (1898) bis auf 31,7 % im Jahr 1903. Das war beachtlich und ermutigte die Reformisten, erneut zu fragen, wie es denn um eine Beteiligung der SPD an der politischen Verantwortung stehe. Mit 81 Mandaten war sie 1903 zur zweitstärksten Fraktion hinter dem katholischen Zentrum aufgerückt. Bernstein fand, dass ihr das Amt des Vizepräsidenten des Reichstags zustünde, dass sie es auch beanspruchen und sich nicht von der damit verbundenen Pflicht zum Antrittsbesuch beim Kaiser abschrecken lassen sollte. Doch dieser Vorschlag verletzte schmerzhaft das Tabu der Kontaktsperre zwischen Herrschaftsträgern und Arbeiteropposition, und wie sehr es dies tat, demonstrierte Bebel mit seiner Kampfansage auf dem Dresdener Parteitag 1903: »Ich will der Todfeind dieser bürgerlichen Gesellschaft und dieser Staatsordnung bleiben, um sie in ihren Existenzbedingungen zu untergraben und sie, wenn ich kann, beseitigen.« Die Delegierten - auch die allermeisten Reformpraktiker - bekundeten ihre Zustimmung mit überwältigender Mehrheit und wollten die »bisherige bewährte und sieggekrönte, auf dem Klassenkampf beruhende Taktik« beibehalten. Der Richtungsstreit, der zunächst eher den sozialdemokratischen Traditionalismus verfestigt als zu neuem Aufbruch ermuntert hatte, sollte beendet werden.

1903 erhielt die SPD einen Wähleranteil von nahezu einem Drittel. Das kündigte eine gewisse Sättigungsgrenze an. Noch mehr Wählerstimmen konnte man nur bekommen, wenn man bereit war, neue Bevölkerungsschichten wie zum Beispiel Industriearbeiter in katholischen Regionen, Landarbeiter und Angestellte gezielt anzusprechen. Die sozialistische Arbeiterschaft war inzwischen eine Macht geworden. Die Gründung eines »Reichsverbandes gegen die Sozialdemokratie« und die Zentralisierung der Unternehmerverbände waren direkte Antworten von Staatsmacht und Kapitalseite darauf. Demgegenüber war der Organisationsgrad von Partei und Gewerkschaften noch immer vergleichsweise niedrig. Diesen Eindruck vermitteln nicht allein die Mitgliederzahlen von etwa 250.000 der SPD und 800.000 bei den Freien Gewerkschaften 1903, sondern auch die relative Schwäche des Funktionärskörpers der Arbeiterbewegung, der häufig überschätzt wurde. Da die Mitgliederfluktuation stets hoch war, Arbeiter oft den Ort wechselten und nur eine geringe Partei- oder Gewerkschaftsbindung aufwiesen, bedurfte es einer stabilen Gruppe von Funktionsträgern, um die Kontinuität der Aktivitäten zu gewährleisten.

Zu den sozialgeschichtlichen Grundlagen der Konsolidierung von Partei und Gewerkschaften als Massenorganisationen zählte auch eine fortschreitende Verstädterung, die mit dem Wachstums- und Zentralisationsprozess der kapitalistischen Produktion einherging. Immer mehr Menschen kamen in gleicher Soziallage und auf engstem Raum zusammen, was die Herausbildung soziokulturell und politisch relativ homogener Arbeiterviertel begünstigte. Dort wurden Zuwanderer rasch sozialdemokratisch beeinflusst, zumal wenn kein eigener Grundbesitz das Proletarierdasein kompensierte, wie es im ländlichen Raum noch recht verbreitet war. Schon bei den Reichstagswahlen 1898 hatte die SPD in den Großstädten mit 53,8 % die absolute Mehrheit erreicht; sie dominierte auch in kleineren und mittleren Städten mit 10.000 bis 100.000 Einwohnern und 45,2 % der Stimmen. Durchschnittliche 32,8 % errang sie in Land- und Kleinstädten von 2.000 bis 10.000 Bewohnern, während der ländliche Teil der Bevölkerung in Orten unter 2.000 Einwohnern nur zu 14,2 % SPD wählte. Dabei begünstigten die städtische Wohnungsnot, halboffene Familienstrukturen, Untervermietung und »Schlafgängertum« sogar die Entwicklung eines Klassenbewusstseins. In den Betrieben führten immer größere Fabrikhallen mit kooperativen Arbeitsprozessen zum Alltagserlebnis des Kollektivs als »Masse«.

KAPITEL 5 Ära der Massenorganisation 1905–1913: Imperialismus und Strategiedifferenzen

Von 1903 bis 1913 erlangten die Freien Gewerkschaften mit schließlich 2,5 Millionen eine verdreifachte, die SPD mit 1,1 Millionen sogar eine vervierfachte Mitgliederzahl. Nunmehr gelang die weitergehende organisationspolitische Erfassung des zuvor lediglich agitatorisch erreichten Anhängerpotenzials. Gemessen an dieser Anziehungskraft der Arbeiterbewegung blieb ihr bürokratischer Aufwand noch gering. Da sich Partei- und Gewerkschaftsfunktionäre, entgegen der Legende vom »Bonzentum«, zumeist mit dem Gehalt einfacher bis mittlerer Angestellter und Beamter zufriedengaben, machten die Personalkosten für den nicht allzu umfangreichen hauptamtlichen Apparat nur einen Bruchteil des Gesamtetats aus. Weil zum Beispiel die Mehrzahl der gewerkschaftlichen Verbandsvorsitzenden bis zu einem Alter von 35 Jahren erstmals in diese Führungsposition gewählt wurde, konnten sie dann freilich über einen längeren Zeitraum amtieren. Ein großer Teil der Tätigkeiten für die Arbeiterbewegung erfolgte zugunsten ihrer Druckerzeugnisse und damit als publizistische Fortführung der Mundpropaganda früherer Jahrzehnte. So betrug am Vorabend des Ersten Weltkriegs die Gesamtauflage der SPD-Tagespresse 1,5 Millionen.

Neuformierung der Parteiorganisation

Nach der reichsgesetzlich verankerten Aufhebung der Verbindungsverbote zwecks Abwehr politischer Vereinigungen zum Jahresende 1899 hatte zwar schon der Mainzer Parteitag 1900 dem Organisationsstatut eine durch Beitragsleistung präzisierte Mitgliederdefinition vorangestellt: »§ 1. Zur Partei gehörig wird jede Person betrachtet, die sich zu den Grundsätzen des Parteiprogramms bekennt und die Partei dauernd durch Geldmittel unterstützt.« Der berichterstattende Organisationsleiter Ignaz Auer ließ keinen Zweifel an den Hintergründen der viele andere Punkte betreffenden Änderungen: »Die bisherige Organisation unserer Partei war veranlasst durch die Lage unserer Vereinsgesetzgebung in Preußen.«

Dennoch erfolgte die grundlegendere Neuorganisation nach mehrjährigen Erörterungen an der Mitgliederbasis erst auf dem Jenaer Parteitag 1905. Die wichtigste Passage des neuen Statuts lautete seither: »§ 4. Die Grundlage der Organisation bildet für jeden Reichstagswahlkreis der Sozialdemokratische Verein, dem jeder im Wahlkreise wohnende Parteigenosse, sofern ihn nicht zwingende Gründe daran hindern, als Mitglied anzugehören hat. Erstreckt sich der Wahlkreis über eine Mehrzahl von Ortschaften, so können in allen Orten, in denen Parteigenossen vorhanden sind und die sonstigen Verhältnisse es zulassen, Ortsvereine des Sozialdemokratischen Vereins gebildet werden.« In § 5 wurden dann auch Zusammenschlüsse der Vereine zu »Bezirksverbänden« und »Landesorganisationen« vorgesehen. § 6 überließ diesen mittleren Ebenen die Festsetzung der Mitgliedsbeiträge unter Zugriff von 20 % für die »Zentralkasse«. Die auch vom Mehrheitswahlrecht veranlasste Fokussierung auf die Reichstagswahlkreise war ebenso unverkennbar wie das Bemühen um den Ausgleich von dezentralen und zentralen Organisationsakzenten.

Bis 1906 gab es keine Diäten für Reichstagsabgeordnete, sodass Organisations- und Redakteursstellen die materielle Grundlage für sozialdemokratische Volksvertreter bildeten. Außerdem mussten öffentlich bekennende Parteimitglieder jederzeit mit Diskriminierungen und Maßregelungen durch staatliche und private Arbeitgeber rechnen. Wenn nicht eine wirtschaftlich selbstständige Existenz zum Beispiel als Parteigastwirt – womit Ortsvereinstreffen geregelt waren – erlangt werden konnte, ließen sich begabte Propagandisten für mehr als nur Freizeitengagement einzig in hauptberuflichen Funktionen an die Partei binden. Dies bedenkend waren im Berichtsjahr 1907/08 die reichsweit 78 hauptamtlichen Parteisekretäre in den Bezirksorganisationen und Wahlkreisen gering bemessen; der Anstieg auf 157 für 1913/14 folgte ungefähr der Mitglieder- und Mandatsentwicklung.

Die Mitgliederbasis bewahrte in der Epoche des forcierten Wachstums ihren geradezu jugendfrischen Charakter. Der Gewerkschafts- und Parteieintritt erfolgte überwiegend kurz vor und nach Vollendung des zweiten Lebensjahrzehnts. So blieben die 20- bis 40-Jährigen der Hauptstamm der Arbeiterbewegung. Diese Bereitschaft zum Engagement für die eigenen Interessen korrespondierte mit der Lebensverdienstkurve, die nach Heirat und Geburt der Kinder ihren Gipfelpunkt erreichen musste und dann jenseits der 40 leistungsbedingt allmählich wieder absank. Eine kontinuierliche Arbeitszeitverkürzung, die statt des zwölfstündigen wie noch zur Reichsgründung den zehnstündigen Arbeitstag zur Regel werden ließ, ermöglichte ein breiter gefächertes Freizeitangebot. Dieses verlieh dem Integrationsmilieu der Sozialdemokratie eine besondere Attraktivität und sollte ein Stück vorgelebten Zukunftsstaats verkörpern. Auch zahlenmäßig eine dritte Säule der Arbeiterbewegung waren aber nur die Konsumgenossenschaften mit bis zu 1,5 Millionen Mitgliedern schon vor dem Ersten Weltkrieg.

Massenstreikdebatte und russische Revolution 1905

Die erste Probe aufs Exempel der sozioökonomischen Veränderungen brachten die Ruhrbergarbeiterstreiks Anfang 1905. Mindestens 200.000 Beschäftigte waren beteiligt und konfrontierten das Zechenkapital mit Forderungen nach Lohnerhöhungen und Arbeitszeitverkürzung. Die Christlichen Gewerkschaften, unter den katholischen Arbeitskräften relativ stark, machten eine offensive Streikführung von vornherein illusorisch. So konnte dieser Arbeitskonflikt nur Teilerfolge zeitigen. Ohne die Ereignisse der ersten russischen Revolution seit Januar 1905 wäre die Frage des politischen Massenstreiks innerhalb der SPD deshalb wohl kaum intensiv debattiert worden.

Die Reaktion des im Frühjahr 1905 tagenden Gewerkschaftskongresses, der jede Erörterung über eine revolutionäre Rolle der Organisationen im Keime ersticken wollte, klang gereizt: »Den Generalstreik, wie er von Anarchisten und Leuten ohne jegliche Erfahrung auf dem Gebiete des wirtschaftlichen Kampfes vertreten wird, hält der Kongress für indiskutabel; er warnt die Arbeiterschaft, sich durch die Aufnahme und Verbreitung solcher Ideen von der täglichen Kleinarbeit zur Stärkung der Arbeiterorganisationen abhalten zu lassen.« Diese Haltung entsprang der Sorge, dass die Berufsverbände nach einem nur wenige Tage finanzierbaren Massenstreik kollabieren könnten. Die stärker programmatisch orientierte Partei befriedigte dies nicht. In einem breit formulierten Konsens zwischen den radikalen Linken um Rosa Luxemburg, dem Zentrum unter Bebel und den Reformisten um Bernstein beschloss der Jenaer Parteitag daraufhin im Herbst 1905, der Massenstreik sei »eines der wirksamsten Kampfmittel«, ein »politisches Verbrechen an der Arbeiterklasse abzuwehren oder um sich ein wichtiges Grundrecht für ihre Befreiung zu erobern«.

Die Motive, warum man nun plötzlich bereit war, über eine politische Strategie für den Ernstfall eines Machtkonflikts mit dem Großkapital oder der Staatsgewalt zu diskutieren, waren höchst unterschiedlich. Das frühzeitige positive Votum Bernsteins ergab sich aus dem Eindruck, dass der SPD trotz ihrer radikalen Parolen eine konkrete Handlungsperspektive jenseits der Organisationsroutine fehlte. »Im allgemeinen wird vielmehr mit einer gewissen Sorglosigkeit nach dem Motto: Unser der Sieg trotz alldem! der Zukunft entgegengewurstelt.« Als Kontrapunkt eines Praktizismus, der sich bequem hinter dem Rücken der »bewährten und sieggekrönten Taktik« Bebels ausbreiten konnte, wurde Bernsteins Ansatz von Gewerkschaftern wie dem Bauarbeiterführer Theodor Bömelburg (1862–1912) unter Verweis auf dessen Grundposition kritisch gesehen: »Es ist eigentümlich, dass bei uns Bernstein und die Revisionisten am meisten den politischen Massenstreik propagieren.« Eine gewerkschaftliche Praxis des Rückzugs auf die unmittelbaren materiellen Interessen der Arbeiterschaft bedeutete auch, sich allmählich von einer Konzeption zu distanzieren, die eine baldige grundlegende Veränderung des politischen Systems anstrebte.

Entsprechend ihrer Herkunft und Neigung verschrieb sich Rosa Luxemburg ganz »der großartigen russischen Revolution, die auf Jahrzehnte hinaus die Lehrmeisterin der revolutionären Bewegungen des Proletariats sein wird«. Den Hinweis der Gewerkschaften, dass bei einem Massenkampf schon bald die Streikkassen leer sein würden, wollte sie bestenfalls für gewöhnliche Arbeitskonflikte gelten lassen: »Aber im Sturm der revolutionären Periode verwandelt sich eben der Proletarier aus einem Unterstützung heischenden vorsorglichen Familienvater in einen ›Revolutionsromantiker‹, für den sogar das höchste Gut, nämlich das Leben, geschweige das materielle Wohlsein im Vergleich mit den Kampfidealen geringen Wert besitzt.« Es sollte sich jedoch rasch und deutlich herausstellen, dass Rosa Luxemburg, die das Leitbild spontaner Massenstreiks aus der russischen Revolution von 1905 aufs Kaiserreich übertragen wollte, die vorherrschende Mentalität deutscher Arbeiter falsch einschätzte. Maßgeblichen Einfluss auf die innerparteiliche Willensbildung konnte sie nicht erlangen.

Der offenkundige Dissens zwischen den Beschlüssen des Gewerkschaftskongresses und denen des Parteitags musste auf jeden Fall prinzipiell geklärt werden. Eine Verständigung auf Vorstandsebene bahnte sich an. Der Mannheimer Parteitag 1906 bekräftigte mit großer Mehrheit die unleugbare Tatsache, dass sozialdemokratische Aktionsparolen ohne gewerkschaftlichen Rückhalt keine Aussicht auf Erfolg hätten. Würden Massenstreiks eingeleitet, sollte deshalb die Generalkommission das letzte Wort haben. Nach der Niederlage der russischen Revolution schien es ohnehin keinen konkreten Grund mehr zu geben, die Entwicklung einer neuen aktivistischen Strategie als konkrete Tagesaufgabe zu betrachten.

Wahlniederlage 1907 und Impulse der Frauenbewegung

Erstmals einen Rückschlag bei ihrem glänzenden Aufstieg musste die Sozialdemokratie in den Reichstagswahlen 1907 hinnehmen. Ähnlich wie in den Kartellwahlen von 1887 war es der Regierung gelungen, durch die »nationale« Thematik ein breites Bündnis zu schmieden, dem sich nun auch der größte Teil der Linksliberalen anschloss. Als der Reichstag aufgelöst wurde, weil SPD und Zentrumspartei sich weigerten, das brutale Vorgehen der deutschen Kolonialtruppen gegen einen Eingeborenenaufstand haushaltsmäßig abzusegnen, machte das zuweilen doppelt abschätzige Wort von der »Hottentotten-Wahl« die Runde. Das sollte offenbar den Blick von den sozialen Spannungen ablenken. Tatsächlich gelang es dem konservativ-gesamtliberalen Block, der einer imperialistischen Außenpolitik zustimmte, bei einer hohen Wahlbeteiligung von fast 85 % eine deutliche Mandatsmehrheit zu erobern.

Die SPD verlor durch die Stichwahlabsprachen ihrer Gegner nahezu die Hälfte ihrer Mandate. Sie fiel von 31,7 % auf 28,9 % zurück, obgleich die Zahl ihrer Wähler sogar von 3 auf 3,25 Millionen gestiegen war. Die reformistische Strömung zog daraus die Schlussfolgerung, es sei notwendig, die soziale Basis der Partei auszuweiten und Bündnisbeziehungen herzustellen. Innerhalb der linkssozialistischen Kreise der SPD versprach man sich von dem enttäuschenden Wahlausgang eine Abkehr von parlamentarischen Illusionen, um den Weg für eine offensive Klassenpolitik zu bahnen. Während sich also Revisionisten und Radikale jeweils in ihrer Kritik am bisherigen Parteikurs bestätigt sahen, geriet der Zentrismus um Kautsky und Bebel allmählich in eine Defensive und sogar in eine Identitätskrise.

Eine nennenswert wirkungsmächtige sozialdemokratische Frauenbewegung konnte sich, nach Anfängen, die viel Mut erforderten, erst seit dem Reichsvereinsgesetz von 1908 entfalten. Endlich war auch Frauen die politische Betätigung nicht mehr verboten - wie bis dahin in Preußen und den meisten Einzelstaaten. Der Frauenbeitrag zum Aufstieg der SPD entwickelte sich eindrucksvoll: Die Gesamtzahl der weiblichen Mitglieder erhöhte sich zwischen 1908 und 1914 von weniger als 30.000 auf knapp 175.000. In der Regionalverteilung wird sichtbar, dass zwar die Parteizentren des Berliner und Hamburger Raums neben sächsischen Hochburgen führend blieben, jedoch die größten Zuwachsraten in bislang weniger erfassten Gebieten erreicht wurden. So verfünf- beziehungsweise versiebenfachte sich zum Beispiel in den SPD-Bezirken Zwickau und Chemnitz allein zwischen 1910 und 1914 die Zahl der weiblichen Parteimitglieder, während es reichsweit immerhin gut eine Verdoppelung war. Ganz ähnlich, wenn auch auf niedrigem Ausgangsniveau, war diese nachholende Dynamik in strukturschwachen Regionen der SPD wie Baden und Württemberg.

Der Schwerpunkt von Kritik lag weiterhin auf der unzureichenden Entlohnung von Frauenarbeit und auf einer Lebensmittelteuerung, die unter anderem aus einer Schutzzollpolitik resultierte, welche den konservativen Agrarsektor seit Abkehr Bismarcks vom Freihandelsliberalismus Ende der 1870er-Jahre begünstigte. Über die Selbsthilfeorganisationen der Konsumgenossenschaften war es den Arbeiterhaushalten teilweise möglich, erschwingliche Produkte zu kaufen. Die dogmatische Linie Clara Zetkins (1857–1933), der politisch mit Rosa Luxemburg verbundenen Chefredakteurin der Frauenzeitschrift »Die Gleichheit«, trug dazu bei, dass die Frauen innerparteilich nur wenig Einfluss ausüben konnten. Immerhin: Seit 1908 gehörte Luise Zietz (1865–1922) dem Parteivorstand an, eine sehr begabte Politikerin, insbesondere als massenwirksame Rednerin.

Wahlrechtskämpfe und ausgeprägtere Flügelbildung

Als programmatischer Exponent des marxistischen Zentrums, der Kautsky war, sah er es als notwendig an, im Jahr 1909 ein strategisches Dilemma der SPD offen zu benennen: »Ich würde es auch nicht wagen, zu einer Massenaktion zu drängen, zu der nicht die Masse selbst drängt; denn nur, wenn die Aktion von dieser ausgeht, kann man auf die nötige Wucht und Leidenschaftlichkeit rechnen. In Deutschland aber sind die Massen darauf gedrillt, immer auf das Kommando von oben zu warten.« Er gestand damit ein, dass die Führung und die Basis der Partei immer auf den jeweils (fehlenden) Impuls der anderen Ebene verwiesen, was ihre Handlungsbereitschaft lähmte, doch sollte der Blick für die historische Situation davon ungetrübt bleiben. Das zu verzeichnende »Wachstum an Kraft der beiden gegensätzlichen Klassen, die einander in unüberbrückbarer Feindschaft gegenüberstehen«, musste für Kautsky letztlich »zu einem Kampfe riesenhafter festgeschlossener Organisationen« führen, »die das ganze gesellschaftliche und staatliche Leben bedingen«. Wenn die weitverzweigte sozialdemokratische Massenpartei tatsächlich die gegebene, alternativlose Größe der Arbeiterbewegung war, stellte sich umso dringlicher die Frage, wie es denn um ihre offensive politische Aktionsfähigkeit bestellt sei.

Im Jahr 1910 war erkennbar, wie die unterschiedlichen Konzeptionen innerhalb der SPD deutlich an Profil gewannen und sich gegeneinander abgrenzten. Massendemonstrationen in mehreren Städten, die sich, von Teilen des linksliberalen Bürgertums unterstützt, gegen das Scheitern einer Reform des preußischen Dreiklassenwahlrechts richteten, gaben den Anstoß zu neuen Überlegungen des linken Flügels. Solche von Massen- oder Generalstreiks begleiteten Wahlrechtskämpfe gab es auch andernorts, so in Belgien und Schweden. Rosa Luxemburg schlug daher vor, die öffentliche Agitation der SPD solle sich nun ganz darauf konzentrieren, die demokratische Republik zu fordern. Das wäre eine klare Kampfansage an das bestehende System gewesen. In der parlamentarischen Praxis hatte sich die SPD jedoch bereits darauf eingestellt, demokratische Rechte schrittweise zu erweitern, ohne die bestehende Ordnung unmittelbar aufbrechen zu können. Selbst Kautsky bekannte sich nunmehr ohne Wenn und Aber zu einem strikten Legalitätskurs: »Nicht auf den Massenstreik haben wir heute unsere Agitation zuzuspitzen, sondern jetzt schon auf die kommenden Reichstagswahlen.«

Unter Bezugnahme auf Engels in dessen politischem Vermächtnis empfahl Kautsky eine »Ermattungsstrategie«, die aber im Gegensatz zur »Niederwerfungsstrategie«, welche die direkte Konfrontation mit der Staatsgewalt sucht, einen längeren Atem erfordere. Die Beurteilung der politischen Lage war der geschichtsphilosophischen Überzeugung des führenden SPD-Theoretikers geschuldet: »Nichts komischer als etwa Erörterungen darüber, ob wir Sozialdemokraten durch das allgemeine Wahlrecht, durch das Parlament oder durch politische Massenaktionen die politische Macht erobern wollen. Als ob das von unserem Belieben abhinge! Ebenso gut könnten wir darüber debattieren, ob es morgen hageln solle oder nicht.« Die Ansicht, die Sozialdemokratie werde sich mit revolutionärem Aktivismus sowieso nur blutige Nasen und Köpfe holen, war verbreitet, und parlamentarische Reformarbeit verspreche lediglich begrenzte Fortschritte. Wenn man dies beides in Rechnung stellt, blieb als letzte realistische Option nur die Hoffnung auf eine baldige innen- oder außenpolitische Krise des bestehenden Systems, auf die sich organisatorisch wie agitatorisch die Parteiorganisation vorbereitete.

Auf dem Parteitag in Magdeburg, im Herbst 1910, wurde wieder einmal heftig gestritten über die Frage, ob die Sozialdemokraten in den süddeutschen Landtagen erneut den Budgetvorschlägen der Regierungen zustimmen sollten oder nicht. Die dortigen Sozialdemokraten waren mit den Liberalen feste Allianzen eingegangen, um die Vorherrschaft katholisch-konservativer Kreise zu brechen. Am weitesten ging die Zusammenarbeit in Baden: Der sogenannte »Großblock« trug mehr und mehr die Züge einer Koalition, welche sich die Stützung der Regierungsarbeit zur Aufgabe machte. Demgemäß und im Interesse ihrer politischen Eigenständigkeit und Handlungsfähigkeit verlangten die süddeutschen Sozialdemokraten eine stärkere »Föderalisierung der Partei«. Doch die Mehrheit der Delegierten wollte solche Lockerungen der Parteidisziplin nicht hinnehmen. Das brachte den Parteitag an den Rand der inneren Spaltung. Die Süddeutschen bekundeten klar und deutlich, dass sie auch künftig nach aktuellen Erfordernissen entscheiden wollten, obwohl ihnen für den Fall wiederholter Budgetbewilligungen angedroht worden war, sie aus der SPD auszuschließen. Auf die Gesamtpartei färbte dieser regional verwurzelte Reformismus jedoch nicht ab. Allein Groß-Berlin hatte fast so viele SPD-Mitglieder wie Bayern, Baden und Württemberg zusammen – und sogar mehr als die parteimäßig organisierten französischen Sozialisten.

Imperialistische Kriegsgefahr und Wahlerfolg 1912

In den zehn Jahren vor Ausbruch des Ersten Weltkriegs war erkennbar, dass Bedeutung und Gewicht des Reichstags wuchsen, obwohl die Verfassungsordnung so beschaffen war, dass sie eine grundlegende Parlamentarisierung kaum zulassen konnte, ohne die Sonderstellung Preußens und seine Führungsrolle im Bundesrat infrage zu stellen. Schon andere Liberalisierungsbemühungen waren an der Hegemonie Preußens und seiner Herrschaftsordnung gescheitert. Da blieb der Durchbruch zur parlamentarischen Monarchie erst recht aus. So waren es unter den Parteien im Reichstag auch nur die Sozialdemokraten und, moderater, die Linksliberalen, die eine Verfassungsreform anstrebten.

Beinahe hätte die Entsendung eines deutschen Kanonenboots an die Küste von Marokko schon im Sommer 1911 einen Krieg zwischen Deutschland und Frankreich provoziert. Da die Legislaturperiode im folgenden halben Jahr endete, war der SPD-Vorstand um Bebel sicher, dass es sich hier um ein wahltaktisches Manöver der Regierung handelte, ähnlich wie 1907. Das Meinungsklima war allgemein nationalistisch aufgeheizt, deshalb mied die SPD einen allzu schroffen Oppositionskurs, der sie womöglich isoliert hätte. Seit den Steuerregelungen von 1909, die Konservative und Zentrumspartei nach einem Bruch mit den Liberalen zugunsten agrarischer Interessen und ohne Rücksicht auf soziale Aspekte durchgesetzt hatten, sah sich die SPD spürbar im Aufwind der Wählergunst. In diesem Trend hatte sich die Zahl der SPD-Mandate bei den Nachwahlen in der laufenden Legislaturperiode bereits von 43 auf 53 erhöht, und das wurde bei den Reichstagswahlen Anfang 1912 bestätigt. Mit 4,25 Millionen Stimmen (das entsprach 34,8 %) konnte die SPD nun sogar 110 Mandate erobern. Damit war sie erstmals stärkste Fraktion in Reichstag. Stichwahlvereinbarungen mit den Linksliberalen, innerparteilich nicht unumstritten, hatten den Weg frei gemacht, um die konservativ-katholische Mehrheitsposition im Reichstag zu beseitigen.

Eine Übersicht der 397 Wahlkreise lässt gleichwohl erkennen, wo der SPD Grenzen gesetzt waren bei der politischen Erreichbarkeit wichtiger Teile des Reichsgebiets: Im preußisch-blauen Nordosten und im katholisch-schwarzen Westen wie Süden konnte die SPD einstweilen auch in Stichwahlen kaum Mehrheiten finden. Doch das mitteldeutsche Kerngebiet bis Berlin im Norden, die (nach heutigen Begriffen) südniedersächsischen Ausläufer im Westen sowie die schlesischen Verzweigungen um Breslau im Osten verhalfen der SPD zu ihrer relativen Mandatsmehrheit. Außerdem waren dabei nicht zu vergessen: die urbanen Zentren von Hanse- und Ostseestädten, Teile des rheinisch-westfälischen Gewerbekerns sowie die süddeutschen Metropolregionen um Frankfurt, Mannheim, Stuttgart, Nürnberg und München.

Nach der raschen Beilegung der Marokkokrise war es der SPD gelungen, im Wahlkampf wirtschafts- und sozialpolitische Themen zu besetzen, die für viele Wähler vorrangig blieben. Dass internationale Spannungen und eine wachsende soziale Polarisierung im Inneren des Reiches parallel auftraten, deutete Kautsky als Signal für eine Ära des Umbruchs: »Wie in dem Jahrzehnt ihres Werdens steht die deutsche Sozialdemokratie mitten in einer Welt, die erfüllt ist von Explosivstoffen, die schwanger ist mit Kriegen und Revolutionen.« Den Wahlsieg, der in dieser Höhe nur von Optimisten erwartet wurde, betrachtete der SPD-Theoretiker als Produkt einer gesetzmäßigen Entwicklung der kapitalistischen Gesellschaft: »Denn die Klasse, deren Interessen unsere Partei verficht, ist die einzige, die stetig wächst … So kann es nicht lange dauern, und die große Mehrheit steht hinter uns.« Wenn man diese Äußerungen bedenkt und den massenhaften Zulauf zur SPD mitrechnet, deutet dies nicht unbedingt auf ein friedliches Hineinwachsen in den Sozialismus, wie von Reformisten erhofft, sondern eher darauf hin, dass die Herrschenden sich zu konfliktverschärfenden Gegenstrategien genötigt sehen würden. So waren zwischen dem Auslaufen des Sozialistengesetzes und dem Beginn des Ersten Weltkriegs immer noch zahlreiche Haftstrafen gegen Repräsentanten der Arbeiterbewegung an der Tagesordnung: insgesamt 1.209 Jahre Gefängnis und 111 Jahre Zuchthaus. Der Grund dafür waren oft Zeitungsartikel, die mit scharfer Feder verfasst wurden. Auch der spätere Präsident des Reichstags in der Weimarer

Republik und Alterspräsident des Deutschen Bundestags, Paul Löbe (1875–1967), musste 1906, damals Redakteur der Breslauer »Volkswacht«, ein volles Jahr im Gefängnis verbringen.

Zwischenbilanz am Vorabend des Epochenwechsels

Die Annahme, die Sozialdemokratie habe sich kontinuierlich in die bestehende Staats- und Gesellschaftsordnung des Kaiserreichs integriert, ist zu einseitig. Die Grenzen dieses Prozesses zeigt schon allein die durch Teuerungen verlangsamte Reallohnentwicklung seit der Jahrhundertwende: Zwischen 1871 und 1900 folgten die Reallöhne annähernd der Wertschöpfung und der Produktivitätsentwicklung, doch zwischen 1900 und 1913 stand einem Zuwachs von 50 % an Wirtschaftskraft eine Reallohnsteigerung von nur knapp 15 % gegenüber. Dieses Defizit fand eine Parallele bei der politischen Teilhabe. Die Diskriminierung durch das preußische Dreiklassenwahlrecht führte dazu, dass mehr als 80 % der Wahlberechtigten über nur ein Drittel der parlamentarischen Mandate im Landtag des mit Abstand größten Einzelstaats entscheiden durften. Und dann zerfiel 1913 in Baden auch noch das Bündnis mit den Liberalen. Vor diesem Hintergrund ist verständlich, dass Ludwig Frank (1874–1914), nun Sprecher der süddeutschen Reformisten, einen politischen Massenstreik ins Auge fasste, um das allgemeine und gleiche Wahlrecht in Preußen durchzusetzen und die innenpolitische Erstarrung des Reichs zu durchbrechen.

Mit dieser Frage befasste sich der Parteitag von 1913 in Jena. Zu einer klaren Entscheidung konnte er sich nicht durchringen, sondern machte es den Genossinnen und Genossen nach bekanntem Muster »zur Pflicht, unermüdlich für den Ausbau der politischen und gewerkschaftlichen Organisation zu wirken«. Der äußere Druck des Obrigkeitsstaats setzte zwar der positiven Integration der Arbeiterbewegung in die Gesellschaft des Kaiserreichs enge Grenzen, doch er bewirkte etwas anderes: eine Art negativer Integration, nämlich ihren Rückzug in eine Subkultur, die der Mehrheitsgesellschaft selbstbewusst gegenüberstand. Auch die Gewerkschaften mussten oft die Schranken konzentrierter Kapitalmacht akzeptieren. Gerade in strukturbestimmenden Wirtschaftssektoren schafften es die Unternehmer, ihre Betriebe von einer wirksamen Kontrolle durch die Interessenvertreter der Lohnabhängigen freizuhalten. Lohnkämpfe ließen sie durch Massenaussperrungen eskalieren. Anders sah es in den dezentralisierten Branchen des Druck- und Baugewerbes sowie mancher Konsumgüterindustrien aus. Hier vermochten tarifvertragliche Vereinbarungen den unternehmerischen Herr-im-Hause-Standpunkt bis 1914 in großem Umfang aufzubrechen. Auch die Maschinenbauindustrie tendierte eher zu Vereinbarungen als die Schwerindustrie.

Technischer Fortschritt, höhere Arbeitsproduktivität und wirtschaftliches Wachstum in den Jahrzehnten der Industrialisierung hatten dazu geführt, dass eine - wenn auch nach wie vor stark untergliederte - Arbeiterklasse entstanden war. Die wachsende Zahl der Ungelernten wurde inzwischen von der der angelernten Arbeitskräfte übertroffen. Um 1900 beschleunigte sich die Mechanisierung der Industrie. Die Facharbeiter mit einer handwerklichen Lehre bildeten weiterhin die Speerspitze, insbesondere als Träger der organisierten Arbeiterbewegung. Aber der hartnäckige Einsatz auf allen Ebenen des Klassenkonflikts war maßgeblich der Grund dafür, dass in den Jahren vor 1914 außer dem materiellen auch das kulturelle Niveau der Lohnabhängigen insgesamt deutlich wuchs. Diese hatten inzwischen oft mehr zu verlieren als nur »ihre Ketten«, wie es Marx und Engels im »Kommunistischen Manifest« mit Blick auf das Elend früherer Generationen formuliert hatten.

Als im August 1913 der »Arbeiterkaiser« August Bebel starb, folgte an der Parteispitze endgültig ein Generationswechsel, dessen Auswirkungen auf das politische Profil der SPD zunächst wenig zu spüren waren. Zuvor hatte Bebel noch selbst versucht, das Feld zu bestellen und nach dem Tod Paul Singers (1844–1911), des innerparteilich einflussreichen zweiten Parteivorsitzenden, die Wahl seines »Kronprinzen« Hugo Haase (1863–1919) gegen den Gewerkschaftsflügel und den Parteiapparat durchgesetzt. Die beiden Letzteren favorisierten damals bereits Friedrich Ebert (1871–1925). Der gelernte Sattler und bewährte Organisator Ebert rückte nach dem Ende der Ära Bebel neben Haase in das Amt des Vorsitzenden auf, ohne dass seine Wahl auf nennenswerten Widerstand traf. Eine Verbindung zwischen dem linken Zentristen Haase und dem rechten Zentristen Ebert durfte als ausbalancierte Integrationslösung gelten.

KAPITEL 6
Umbruchsperiode 1914–1919: Erster Weltkrieg, Parteispaltung und Revolution

Die Ermordung des österreichischen Thronfolgers am 28. Juni 1914 durch serbische Nationalisten entfachte zwischen den europäischen Großmächten eine Konfliktsituation und eine Kriegsstimmung, die innerhalb weniger Wochen in die bewaffnete Auseinandersetzung führten. In einem Ultimatum an Serbien verlangte Österreich am 23. Juli 1914 dessen Unterwerfung. Zugleich forderte es Russland heraus, das sich dort als Schutzmacht in Südosteuropa verstand. Die deutsche Sozialdemokratie sah sich daher am 25. Juli zu einer Protesterklärung veranlasst: »Kein Tropfen Blut eines deutschen Soldaten darf dem Machtkitzel der österreichischen Gewalthaber, den imperialistischen Profitinteressen geopfert werden.« Doch in krassem Gegensatz dazu hatte die politische und militärische Führung des Kaiserreichs ihren österreichischen Bundesgenossen praktisch eine Blankovollmacht für offensive Maßnahmen, inklusive militärischer Gewalt, ausgestellt.

In zahlreichen Städten rief die SPD zu Massendemonstrationen für den Frieden auf. Doch es zeigte sich, wie schwer Zielgruppen außerhalb der eigenen Anhängerschaft zu erreichen waren. Am 31. Juli wurde zudem die Pressefreiheit eingeschränkt, womit der Partei das wichtigste und wirkungsmächtigste ihrer Instrumente, wenn nicht genommen, so doch stark beschnitten worden ist. Als die russischen Truppen zur Generalmobilmachung übergingen, entstand eine neue Konstellation: Kaiser und Regierung strichen heraus, es sei notwendig, das Vaterland gegen den Zarismus zu verteidigen. Nun übertrugen viele Sozialdemokraten, die Russland von jeher als »Hort der Reaktion« angesehen hatten, ihre Loyalität, die sie sonst der Partei und den Interessen ihrer gesellschaftlichen Klientel erwiesen, auf den bestehenden Nationalstaat.

Hintergründe der Kriegskreditbewilligung vom 4. August 1914

Für den 4. August war im Reichstag eine Abstimmung über die Bewilligung von Kriegskrediten angesetzt. Der Entscheidungsspielraum der SPD-Reichstagsfraktion, stimmungsbedingt ohnehin nicht sehr groß, verengte sich dadurch noch weiter, dass ihr rechter Flügel bereits zur Bewilligung entschlossen war, allen voran die Vertreter der Gewerkschaften. Mit ihrem Bekenntnis zum »Burgfrieden« hatten diese zwei Tage zuvor, am 2. August, dokumentiert, wie sich ihre Funktionsträger entscheiden würden - immerhin ein Drittel aller SPD-Abgeordneten im Reichstag. Einzelne besonders patriotisch gesinnte Mandatsträger hatten die Regierung darüber hinaus informiert, dass die SPD keinerlei Aktionspläne besaß, um Weigerung oder Widerstand zu organisieren. Dazu kam, dass die französischen Sozialisten nicht bereit waren, sich gemeinsam mit den deutschen Genossen bei den Abstimmungen zu enthalten.

Innerhalb der SPD-Reichstagsfraktion war die Verhandlungsposition der Kriegskreditgegner nicht stark. Sie wurde weiter dadurch geschwächt, dass die Parteilinke in früheren Jahren auf einer verpflichtend einheitlichen Linie gerade in den Artikulationen im Parlament bestanden hatte, um mögliche Brüche der Disziplin durch die süddeutschen Reformisten abzuwehren. Das Drohpotenzial der prinzipienfesten Antimilitaristen war also gering, ein abweichendes Votum hätte der Tradition widersprochen, im Parlament als Fraktion einheitlich abzustimmen. So änderte sich die Meinung der ausschlaggebenden Zentristen. Hatten sie zunächst noch die Stimmenthaltung favorisiert, neigten sie nun der Bewilligung von Kriegskrediten zu. Eine interne Abstimmung, am Tag vor der entscheidenden Reichstagssitzung durchgeführt, ergab mit 78 zu 14 eine komfortable Mehrheit für dieses Votum.

Obgleich grundsätzlich gegen die Kriegskredite, ließ sich der Parteivorsitzende Hugo Haase überzeugen, im Reichstag die Begründung für die einmütige Bewilligung persönlich zu verlesen. Jene Erklärung vom 4. August 1914 betonte zunächst die Kontinuitätslinien zur SPD-Vorkriegspolitik. Haase wandte sich ausdrücklich gegen imperialistische Kriegstreiberei und erwähnte, dass die Friedenskundgebungen erfolglos geblieben waren. Doch änderten diese Schuldzuweisungen wenig an dem Dilemma der Sozialdemokraten: Entweder sie trugen den Kriegshaushalt mit oder standen als »vaterlandslose Gesellen« da, die die Bevölkerung wehrlos dem Feind preisgeben: »Jetzt stehen wir vor der ehernen Tatsache des Krieges. Uns drohen die Schrecknisse feindlicher Invasionen. Nicht für oder gegen den Krieg haben wir heute zu entscheiden, sondern über die Frage der für die Verteidigung des Landes erforderlichen Mittel.« Sich auf die Eigendynamik der Handlungsbedingungen zu berufen, war eine typisch zentristische Argumentationsfigur. Doch die meistzitierte Wendung in der sozialdemokratischen Stellungnahme war und blieb ihr patriotisches Bekenntnis: »Wir lassen in der Stunde der Gefahr das eigene Vaterland nicht im Stich.«

In der Analyse des Abstimmungsverhaltens der SPD in diesen Tagen des Kriegsausbruchs sowie des parteiinternen Hintergrunds verdient ein Vorschlag von Kautsky Beachtung, der als Kompromiss konzipiert war. Ihm lagen Erfahrungen von 1870/71 zugrunde, Kautsky folgte damaliger Linie Bebels in modifizierter Form. Die Fraktion sollte den Kriegskrediten nur unter dem Vorbehalt zustimmen, dass ihre Verwendung allein Verteidigungszwecken dient, und zugleich ankündigen: Für den Fall einer missbräuchlichen Verwendung im Rahmen einer Eroberungspolitik sei mit dem Widerstand der Sozialdemokratie zu rechnen. Kautskys Vorschlag fand aber keinen Widerhall, denn die Regierung hatte in Vorgesprächen energisch darauf gedrungen, eine Bloßstellung potenzieller Annexionsziele zu unterbinden.

Eine Eduard Bernstein zugeschriebene Sicht auf die Ursachen des Krieges, vom unmittelbaren Entscheidungsdruck befreit, wurde nach wenigen Wochen hörbar, blieb aber eine Minderheitsmeinung: »Die deutsche Regierung ist die Hauptschuldige am Krieg; wir sind eingeseift worden; die Bewilligung der Kredite war ein Fehler.« Mit dem Abstand von heute erscheint weit problematischer als die erste Kriegskreditbewilligung die ihr folgende anhaltende Hinnahme des »Burgfriedens«. Denn für die Parteimehrheit, die beides zu tragen hatte, bedeutete sie: auf die Erarbeitung eigener innen- und außenpolitischer Ziele, die im Konflikt mit anderen Parteien und der kaiserlichen Regierung propagiert werden konnten, zunächst verzichten zu müssen.

Einstellungsunterschiede zu Krieg und Regierungspolitik bis zur Parteispaltung

Anfang Dezember 1914 wurde eine zweite Kriegskreditvorlage in den Reichstag eingebracht. Diesmal stimmte Karl Liebknecht (1871–1919) mit nein und brach damit die geradewegs heilige Fraktionsdisziplin. Ein Damm war gebrochen, nach und nach wuchs die Zahl innerparteilicher Kritiker. Allerdings entschieden sich die meisten von ihnen - Liebknecht und Otto Rühle ausgenommen, die wenig später aus der Fraktion ausgeschlossen wurden - für eine mildere Variante des Protests: Sie enthielten sich der Stimme oder blieben der jeweiligen Reichstagssitzung fern.

Eine neue Qualität erreichte der Widerstand gegen die Politik des 4. August 1914 im Frühjahr 1915. Imperialistische Kreise traten inzwischen in der Öffentlichkeit mit maßlosen Annexionszielen hervor. Unter der Überschrift »Das Gebot der Stunde« appellierten Bernstein, Kautsky und Haase, damals noch Co-Parteivorsitzender, in einem programmatischen Manifest der SPD-Opposition vom Juni 1915, aus der entstandenen Situation neue friedenspolitische Schlussfolgerungen zu ziehen: »Nachdem die Eroberungspläne vor aller Welt offenkundig sind, hat die Sozialdemokratie die volle Freiheit, ihren gegensätzlichen Standpunkt in nachdrücklichster Weise geltend zu machen.«

Doch blieb für die meisten Sozialdemokraten die Loyalität zur eigenen Nation das Hauptmotiv. Stolz verwies man immer wieder auf die international führende Position der deutschen Arbeiterbewegung. Eduard David, ein Vertreter des rechten Flügels, plädierte sogar dafür, die innerparteilichen Kritiker des Kriegskurses auszuschalten: »Bleiben diese Leute in der Partei, so werden sie die ganze

Position des 4. August versauen.« Unter den Gegnern der Kriegskredite existierte ein weites ideologisches Spektrum, es reichte von ehemaligen Revisionisten bis zu Linksradikalen. Ihnen stand die rechtszentristische Strömung um Parteichef Ebert gegenüber, die im Unterschied zu den nationalen Eiferern zunächst auf dem Postulat der Parteieinheit beharrte.

Doch immer deutlicher war die politische Bruchlinie quer durch die Reihen der 110 SPD-Abgeordneten zu erkennen. Im Dezember 1915 neigte nur noch eine Mehrheit von 66 zu 44 Stimmen weiteren Kriegskrediten zu. Die Spaltung der Reichstagsfraktion deutete sich an. Vollzogen wurde sie im März 1916 und kam mit dem Streit über die Frage, inwieweit es der Fraktionsminderheit erlaubt sein sollte, ihren abweichenden Standpunkt im Reichstagsplenum offen darzulegen. Die Mehrheitsgruppe beantwortete den offenen Bruch der Fraktionsdisziplin, die den Schein politischer Geschlossenheit desavouiert hatte, indem sie Dissidenten die Rechte als Fraktionsmitglieder entzog. Die Herausgedrängten schlossen sich zur »Sozialdemokratischen Arbeitsgemeinschaft« (SAG) zusammen, strebten aber noch keine Parteineugründung an, jedenfalls die Mehrzahl.

Während einer sozialdemokratischen Reichskonferenz im September 1916 prallten die Richtungen heftig aufeinander: »Zur Lähmung, zum Zusammenbruch der Partei muss es führen, wenn Disziplin und Vertrauen vernichtet und alle Grundlagen der Organisation zermürbt werden«, unterstrich Ebert das Verlangen der Mehrheit nach Durchsetzung ihrer Beschlüsse. Demgegenüber forderte Haase Gewissensfreiheit für Mitglieder und Abgeordnete: »Einen einheitlichen Organisationsrahmen der Partei zu bewahren, ist nur möglich, wenn Toleranz geübt wird.« Ein Blick hinüber zu den deutschsprachigen Nachbarn genügte, um solchen Forderungen Nachdruck zu verleihen: Neben der schweizerischen Sozialdemokratie, geschützt von der Neutralität ihres Landes, nahm auch die österreichische, die Kriegspartei war, eine allmählich kritischere Haltung zum Krieg ein und konnte so eine größere Linksabspaltung vermeiden. Ähnliches galt etwa für Frankreich, wo kriegsgegnerische Minderheiten innerhalb der Partei aktiv wurden.

Wie zuvor in der Fraktion, so erreichten die SPD-Oppositionellen auch auf der von den Wahlkreisorganisationen beschickten Reichskonferenz etwa 40 % der Stimmen. Aber trotz dieses beachtlichen Widerstands war die Mehrheit zu wesentlichen Zugeständnissen nicht bereit, um den innerparteilichen Konflikt zu entschärfen. Im Gegenteil, er wurde sogar noch befeuert: Im Herbst 1916 entließ der SPD-Vorstand um Ebert (Haase war im März 1916 gezwungen worden, als Vorsitzender zurückzutreten) die kriegsgegnerische Redaktion des »Vorwärts«, während das Zentralorgan von den staatlichen Zensurbehörden wegen offen regimefeindlicher Artikel verboten war. Es waren solche Praktiken, die oppositionelle Sozialdemokraten gegen ihre ursprünglichen Absichten dazu trieben, eine eigene Partei zu gründen, um ihre Vorstellungen überhaupt wieder offen artikulieren zu können.

Die russische Februarrevolution von 1917 hatte unterdessen die Zarenherrschaft beseitigt, womit der Mehrheits-SPD ein zentrales Motiv abhandenkam, die Politik des 4. August weiter zu rechtfertigen. Mit den Worten »In Wahrheit sind wir die Partei« reklamierte Wilhelm Dittmann (1874–1954) auf dem Gründungsparteitag der »Unabhängigen Sozialdemokratischen Partei Deutschlands« im April 1917 den Anspruch, das Erbe der klassischen Sozialdemokratie anzutreten, für die USPD. Nicht nur er ließ erkennen, dass man fest mit einem Meinungsumschwung in der breiten SPD-Mitgliedschaft rechnete.

Seit der Jahreswende 1916/17 zeigte die deutsche Bevölkerung deutliche Symptome wachsender Kriegsverdrossenheit. Der Kohlenmangel und die Lebensmittelknappheit im »Steckrübenwinter« taten ein Übriges. Bei großen Unterschieden zwischen Kriegs- und Friedensindustrien verzeichnete das Reich im Vergleich zum Vorkriegsstand einen Reallohnverlust von durchschnittlich über 30 %. Das soziale Elend der Arbeiter- und Soldatenfamilien bildete einen immer schärferen Kontrast zu jenen führenden Sozialdemokraten und Gewerkschaftern, die weiter mit der Regierung verhandelten. In den bereits auch politisch motivierten Streiks vom April 1917, an denen sich vor allem linke Hochburgen wie Berlin und Leipzig mit gut einer halben Million Lohnabhängiger beteiligten, forderte die linksorientierte Arbeiterschaft nicht nur »Brot, Frieden und Freiheit«. Sie protestierte auch gegen die in ihren Augen beklagenswerte Zurückhaltung ihrer traditionellen Interessenvertreter angesichts deutlich schlechterer Lebensverhältnisse.

Die außen- und innenpolitischen Umstände trugen dazu bei, dass die (Mehrheits-)SPD, die immer noch an ihren Grundsätzen der Landesverteidigung festhielt, energischer auf einen raschen Friedensschluss drängte. Sollten sich die Herrschenden dieser Einsicht widersetzen, so warnte der zum führenden Reichstagsredner aufgestiegene Philipp Scheidemann (1865–1939) im Mai 1917, »dann haben Sie die Revolution im Lande«. Hier kam zum Ausdruck, wie groß tatsächlich der Handlungsdruck war. Ihm ist zuzuschreiben, dass zwei Monate später im Reichstag eine Friedensresolution verabschiedet wurde mit den Stimmen von SPD, Zentrumspartei und der linksliberalen Fortschrittlichen Volkspartei (FVP). Darin forderte man eine Verhandlungslösung ohne Gebietseroberungen.

Die russische Oktoberrevolution unter Führung von Lenins Bolschewiki fand zunächst ein positives Echo in der SPD. Sie könne, wie Ebert im Reichstag Ende November 1917 ausführte, »den ersten Schritt zum Frieden« bedeuten. Doch ein diktatorischer Akt markierte für alle den unrettbaren Bruch mit dem sozialdemokratischen Erbe: Mit Gewalt ließen die Bolschewiki Anfang 1918 die vom gesamten Volk gewählte Nationalversammlung auflösen, weil sie – bei überwältigender Mehrheit sozialistischer Parteien – nicht so zusammengesetzt war, wie sie sich das vorstellten. Außer Versorgungsengpässen löste die Empörung über den Gewaltfrieden von Brest-Litowsk mit umfangreichen Gebietsabtretungen, welcher der russischen Revolutionsregierung von den deutschen Machthabern aufgezwungen worden war, im Januar 1918 weitere politische Demonstrationsstreiks aus. Fast eine Million Arbeiter nahmen teil und forderten neben einem Verständigungsfrieden und sozialen Verbesserungen die Veränderung des politischen Systems.

In der Streikleitung waren maßgebende Persönlichkeiten beider sozialdemokratischer Parteien vertreten: Ebert, Scheidemann und Otto Braun (1872–1955) für die SPD, Haase, Dittmann und Georg

Ledebour (1850–1947) für die USPD. Der Druck der Basis, eine gemeinsame Aktion durchzuführen, veranlasste die Mehrheitssozialdemokraten, sich mit an die Spitze der Bewegung zu setzen, um deren Radikalisierung bis hin zur Konfrontation mit der Staatsgewalt zu verhindern. Gleichzeitig dem Vorwurf des Arbeiterverrats wie des Landesverrats ausgesetzt, waren die SPD-Politiker an einen Kompromisskurs gefesselt auf der Linie zwischen Klasseninteressen und Staatsraison. Als im Herbst 1918 die militärische Niederlage unabwendbar geworden war und das Kaiserreich zusammenbrach, konnte die »revolutionäre, aber nicht Revolutionen machende Partei« (Kautsky) nahezu kampflos die Macht übernehmen.

SPD und USPD in der Revolution 1918/19

Den Forderungen der Kriegsgegner gemäß wurde im Oktober 1918 eine neue Regierung gebildet und eine Verfassungsänderung eingeleitet. Bindeglied zwischen alter und neuer Ordnung war Prinz Max von Baden, letzter Reichskanzler der Monarchie. Im Namen der SPD-Reichstagsfraktion verlangte Friedrich Ebert am 22. Oktober grundlegende politische und gesellschaftliche Reformen und setzte eine deutliche Warnung hinzu: »Wenn die Völker fortschreiten und die Verfassungen stillstehen, kommen die Revolutionen.« Diese akute Gefahr radikaler Volksbewegungen führte letztendlich dazu, dass der Reichstag wenige Tage später die gesetzlichen Grundlagen für eine parlamentarische Monarchie schuf, in der jedoch die Militärgewalt weiterhin dem Kaiser unterstehen sollte. Erstmals waren Sozialdemokraten in der Reichsregierung vertreten – als Koalitionspartner der Linksliberalen und der katholischen Zentrumspartei.

Doch der linke Flügel der Arbeiterbewegung war mit einer Reform von oben nicht zufrieden. Daran ließ ein führendes Publikationsorgan der USPD keinen Zweifel: »Der Reichstag und die jetzige Regierung darf nur vorübergehend die Geschäfte des Landes führen. Es ist sofort eine Nationalversammlung einzuberufen, die auf Grund des allgemeinen, gleichen, geheimen und direkten Wahlrechts durch

Männer und Frauen zu wählen ist. Diese Nationalversammlung hat eine Regierung des Volkes zu wählen, die allein und unumschränkt die Macht ausübt.« Zunächst also ohne diktatorische Anmaßung von Minderheiten konzipiert, verlangten die linken Sozialdemokraten den Neuaufbau des zerbrochenen Herrschaftssystems von unten – gestützt auf den Willen der Volksmehrheit, der sich in Wahlen manifestieren sollte.

Auch die SPD drängte auf den Thronverzicht Wilhelms II. wegen des Zusammenhangs mit der Friedensfrage sowie der Massenstimmung. Insoweit maß sie der Staatsform kein wesentliches Eigengewicht bei. Doch der konkrete Auslöser für den Beginn der Volkserhebung war ein Befehl der Seekriegsleitung zu einer letzten Schlacht, der gegen den Willen der Regierung erteilt worden war. Matrosen weigerten sich, für das Prestigebedürfnis ihrer Vorgesetzten in den Tod zu gehen, und so entwickelte sich von Kiel aus Anfang November 1918 eine Militärrevolte. Gestützt auf ein großes soziales Protestpotenzial sowie Zeitungsmeldungen, erfasste sie in wenigen Tagen alle städtischen Zentren der Arbeiterbewegung.

Der Erfolg dieser weithin unblutigen Erhebung von Arbeitern und Soldaten gegen ein marodes Herrschaftsgefüge überraschte sogar die linke Sozialdemokratie: »Es ist wie ein Wunder. Ein Volk, durch Jahrhunderte hindurch von den harten Händen des Militarismus und der Bürokratie niedergehalten, zu Knechtseligkeit und dumpfem Gehorsam erzogen, steht auf und handelt.« Die revolutionären Massen organisierten sich in örtlichen Arbeiter- und Soldatenräten, wo meist Sozialdemokraten beider Richtungen und Gewerkschafter die politische Führung übernahmen. Am 9. November erreichte die Protestbewegung Berlin. In einem letzten Akt der Verzweiflung verkündete Prinz Max von Baden eigenmächtig die Abdankung des Kaisers und »ernannte« Ebert zum Reichskanzler. Mit dem Rat der Volksbeauftragten – paritätisch besetzt aus Ebert, Scheidemann und Otto Landsberg für die SPD, Haase, Dittmann und Emil Barth (1879–1941) für die USPD – wurde schon am nächsten Tag eine von den Berliner Arbeiter- und Soldatenräten legitimierte Revolutionsregierung gebildet.

Um die USPD für die Mitarbeit im Kabinett zu gewinnen, hatte die SPD in der Koalitionsvereinbarung als Basis der revolutionären Neuordnung anerkannt: »Die politische Gewalt liegt in den Händen der Arbeiter- und Soldatenräte, die zu einer Vollversammlung aus dem ganzen Reiche alsbald zusammen zu berufen sind.« Entgegen einem verbreiteten Bild vollzog auch die Mehrheitssozialdemokratie selbstbewusst die Trennung vom überlieferten Verfassungsrecht. »Trotz aller Buchstabenjuristen ist die Revolution Rechtsquelle, d. h. der Ursprung neuen Rechtes, das sich auf sie gründet und von ihr seinen Anspruch auf Geltung nimmt.« Mit diesem Satz erklärte der von Friedrich Stampfer (1874–1957) geleitete »Vorwärts« den vor nahezu sieben Jahren gewählten Reichstag für überlebt. Die Notwendigkeit eines verfassunggebenden Revolutionsparlaments war unabweisbar.

Die Sorge der SPD-Volksbeauftragten, »dass die Regierungsmaschine glatt läuft«, führte sie allerdings in eine dominierende Logik sachlicher Zwänge, die häufig bedeutete, mit bürokratischen und militärischen Herrschaftsträgern des bisherigen Obrigkeitsstaats Kompromisse zu schließen. Infolge solcher »Fachmannsideologie« behielten sogar erklärte Gegner der Sozialdemokratie Minister- und Staatssekretärspositionen. Verantwortlich waren diese nur dem »sechsköpfigen Reichskanzler« (Scheidemann), den Volksbeauftragten. Auf dieser Stufe eines organisationsbedingten Verhaltensmusters ist das viel zitierte angebliche »Bündnis« zwischen Ebert und General Groener, dem Nachfolger Ludendorffs als Generalquartiermeister und Stellvertreter Hindenburgs in der Obersten Heeresleitung, politisch anzusiedeln. Die Rückversicherung, sich gegen linksradikale Umsturzpläne abzuschirmen, spielte dabei eine geringere Rolle als gemeinhin vermutet. Denn anfänglich war die Regierung von dieser Seite gar nicht gefährdet. Viel wichtiger war die zuverlässige Mitwirkung des Offizierskorps, um einen geschlossenen und von Ausschreitungen freien Rückmarsch der millionenstarken Fronttruppen zu garantieren.

Der USPD, organisatorisch viel schwächer und mehr bewegungsorientiert aufgebaut, fehlte es an politischer Durchsetzungsfähigkeit, obgleich ihre leitenden Köpfe das Defizit des Koalitionspartners klar erfassten. Haase bekundete ausdrücklich seine Überzeugung, »dass das Proletariat die Aufgabe hat, jede Regierung, auch eine sozialistische Regierung, vorwärts und immer wieder vorwärts zu treiben. Jeder Regierung haftet es an, dass sie durch den Apparat etwas aufgehalten wird.« Die USPD-Volksbeauftragten, um den Zusammenhalt ihrer heterogenen Partei besorgt, waren jedoch nicht in der Lage zu verhindern, dass Äußerungen vom linken Flügel ein schlechtes Licht auf das Demokratieverständnis der Arbeiterbewegung insgesamt fallen ließen. Zwar gab das USPD-Zentralorgan »Die Freiheit« unter Leitung des späteren Reichsfinanzministers Rudolf Hilferding (1877–1941) mit Blick auf die Mehrheitsverhältnisse in den Räteorganen zu bedenken, »dass eine Diktatur gegen den Willen der Diktatoren eine Unmöglichkeit ist«. Doch die Revolution der russischen Bolschewiki übte große politische Anziehungskraft auf eine erhebliche Zahl von USPD-Mitgliedern aus, auch über den radikal-linken Spartakusbund hinaus, und bewirkte teilweise einen Bruch mit sozialdemokratischen Traditionen.

Zwischen den Vorstellungen einer konsequenten Demokratie einerseits, wo Räteorgane den Parlamentarismus auf kommunaler und betrieblicher Ebene ergänzen, und einer »proletarischen Diktatur« andererseits, die mit Gewalt herrscht, gab es keinen Kompromiss. Deshalb fand die USPD auf die aktuelle Frage einer Nationalversammlung nur ausweichende Antworten. Sie wollte einen möglichst späten Wahltermin, um in der verbleibenden Zeit die Grundlagen einer sozialistischen Neuordnung zu schaffen. Außerdem sollte die Partei selbst hinreichende Agitationschancen erhalten, um ihren Bekanntheitsgrad gegenüber der SPD zu erhöhen. Inzwischen brachten sich jedoch bürgerliche Kräfte als Anwälte der Volksrechte in Position und machten Front gegen »bolschewistische« Neigungen der Unabhängigen.

Mit der Aussage, »eine Sozialisierung unserer Industrie so weit und so bald als möglich zur Durchführung zu bringen«, wollte Ebert zwar seinerseits das Erbe des Erfurter Programms von 1891 bewahren. Die Volksbeauftragten, denen konzeptionelle Kraft und Mut zum Risiko fehlten, überwiesen unter seiner Leitung aber die Frage der Sozialisierung an eine Expertenkommission. So blieben nötige richtungsweisende Entscheidungen und ihre aktuell-politischen Wirkungen aus. Manchen Sozialdemokraten schwebten recht bürokratische Modelle staatlicher Planung vor, wogegen Kautsky von USPD-Seite die Vorstellung einer Produzentendemokratie favorisierte: »Nicht einen Staatssozialismus streben wir an, der von oben herab den Massen durch obrigkeitliche Dekrete geschenkt wird, sondern einen Sozialismus selbstdenkender und sich selbst verwaltender Arbeiter.« Mitte Dezember 1918 tagte der Reichskongress der Arbeiter- und Soldatenräte. Dort wurde die Regierung nahezu einstimmig beauftragt, »mit der Sozialisierung aller hierzu reifen Industrien, insbesondere des Bergbaus, unverzüglich zu beginnen«. Daneben fassten die Delegierten – gegen Eberts Bedenken – den Beschluss, für ein Militärprogramm zu optieren, das die Errichtung einer Volkswehr, sogar mit Wahl von Truppenführern durch die Soldaten, vorsah.

Dass die gewählten Vertreter aus allen Teilen des Reiches die Kompetenz besaßen, weitreichende Beschlüsse zu fassen, wollte anfangs auch der »Vorwärts« nicht bestreiten: »Der Kongress der Arbeiter- und Soldatenräte hat heute die ganze Macht, denn er ist das Parlament der Revolution.« Mit ihrer sicheren Mehrheit konnte die SPD durchsetzen, dass die Rätedelegierten den Wahltermin zu einer Nationalversammlung recht früh auf den 19. Januar 1919 festlegten, was auch etwa die Hälfte der USPD-Delegierten unterstützte. In einer Atmosphäre aus Rivalität und Misstrauen setzten die Gegner der SPD-USPD-Koalition innerhalb der Unabhängigen jedoch durch, den Zentralrat der Deutschen Sozialistischen Republik – ein Gremium, das zur Kontrolle des Rats der Volksbeauftragten eingerichtet wurde – zu boykottieren, und überließen ihn damit allein der SPD.

Weihnachten 1918 wurde von einem Blutbad in Berlin überschattet, dessen Hintergründe und Verlauf das Grundmuster vieler folgender Geschehnisse bilden sollten: Einen Übergriff radikaler beziehungsweise ausschließlich ihre Sonderinteressen verfolgender Soldateneinheiten beantworteten die SPD-Volksbeauftragten ohne hinreichend geduldiges Ringen um Verhandlungslösungen mit dem

Einsatz von Militärgewalt. Die USPD-Vertreter waren bei dieser Entscheidung übergangen worden, angeblich aus Zeitnot. Deshalb und weil sie generell den Einsatz von oft revolutions- und republikfeindlichen Truppenteilen grundsätzlich unhaltbar fanden, verließen Haase, Dittmann und Barth Ende Dezember 1918 aus Protest das Kabinett.

Die »autoritär-bürokratische Psychologie«, die Hilferding rechten Sozialdemokraten in ungewohnten Machtstellungen attestierte, trieb mit dem Eintritt Gustav Noskes (1868–1946) in den Rat der Volksbeauftragten eine besondere Blüte. Als es Anfang Januar 1919 nach der Absetzung des Berliner Polizeipräsidenten Emil Eichhorn (1863–1925), eines regierungsilloyalen Linkssozialisten, zu großen Protestdemonstrationen und einem dilettantischen Aufstandsversuch gegen die SPD-Regierung kam, nahm Noske den Auftrag zur militärischen Niederwerfung mit den von ihm selbst überlieferten Worten an: »Einer muss der Bluthund werden, ich scheue die Verantwortung nicht!« Trotz republiktreuer Schutztruppen, die bei rechtzeitiger Formierung zur Verfügung gestanden hätten, griff Noske auf Freikorps zurück, die unter dem Kommando rechtsgerichteter Offiziere den Aufstand niederschlugen und sich teilweise in einen regelrechten Blutrausch hineinsteigerten. Dieser erreichte einen ersten Höhepunkt in der Ermordung von Rosa Luxemburg und Karl Liebknecht am 15. Januar 1919. Bei den nur vier Tage später stattfindenden Wahlen zur Nationalversammlung verfehlten die Sozialdemokraten mit 45,5 % (37,9 % SPD, 7,6 % USPD) die absolute Mehrheit.

Der Wahrnehmung jener Regierungsmitglieder, die an die Koalition mit der Deutschen Demokratischen Partei (DDP), Nachfolgerin der liberalen FVP, und der katholischen Zentrumspartei gebunden waren, entging weitgehend: In den Unruhen und Gewalttätigkeiten, wenig später im Frühjahr 1919, artikulierten sich nicht zuletzt auch soziale Protestbewegungen. Nach viereinhalb bedrückenden Jahren materieller und psychischer Entbehrungen wollten große Teile der Arbeiterschaft »hier und jetzt« wieder ein menschenwürdiges Dasein führen und dafür kämpfen. Der nahezu widerstandslos errungene Erfolg der Novemberrevolution hatte den Erwartungshorizont über den Rahmen rein wirtschaftlicher Möglichkeiten hinaus gesteigert.

Die frühzeitig ausgesprochene Mahnung, die Revolution nicht auf das Niveau einer bloßen Lohnbewegung herabzudrücken, unter anderem vom USPD-Volksbeauftragten Emil Barth vorgebracht, unterschätzte und verkannte die Bedürfnis- und Bewusstseinslage der eigenen Anhängerschaft.

Mit Schwerpunkten in den Industriegebieten und linkssozialistischen Hochburgen des mitteldeutschen Raumes, Berlins und des Ruhrreviers entwickelte sich im Frühjahr 1919 eine mächtige Streikwelle. Es ging neben Lohnerhöhungen auch darum, einen unmittelbaren Einfluss der Arbeiter auf den Produktionsprozess durchzusetzen. Unter »Sozialisierung«, ein damals viel bemühtes Schlagwort, verstanden die äußerst mobilisierbaren Arbeiterschichten dieser Regionen meist keine bürokratischen Planungskonzepte, sondern betriebliche Selbstverwaltung. Diesen quasi-syndikalistischen Einschlag der Streikaktionen, ein eher ungewohntes Phänomen in der Geschichte der deutschen Arbeiterbewegung, deuteten führende SPD-Politiker vorschnell als Produkt spartakistischer Aufwiegelungsversuche. Tatsächlich manifestierte sich in den neuartigen Protestformen, wie stark nun diejenigen Arbeitergruppen politisiert waren, die vor dem Krieg nur eine geringe gewerkschaftliche und sozialdemokratische Organisationsbindung aufgewiesen oder angesichts der Burgfriedenspolitik das Vertrauen zu traditionellen Interessenvertretern verloren hatten.

Dem Bedürfnis der radikalisierten Arbeiter, ihre Interessen möglichst unmittelbar artikulieren zu können, trug ein betriebsnahes Rätesystem organisationspolitisch Rechnung. Die These des linken USPD-Theoretikers Ernst Däumig (1866–1922), »dass die Parteien mit dem Rätegedanken nicht vereinbart werden können«, reflektierte die unverkennbare Distanz dieses Protestpotenzials gegenüber den herkömmlichen Formen politischer Arbeit. Der USPD gelang es vor allem deshalb, wachsende Teile des Proletariats der Industriemetropolen und Streikzentren für sich einzunehmen, weil sie nicht nur eine Partei war, sondern zugleich deutlichen Bewegungscharakter aufwies. Konstruktive und erreichbare Ziele konnten die Unabhängigen der Protestbewegung gleichwohl nicht setzen.

Bis zum blutigen Ende der Münchener Räterepublik im Mai 1919 eskalierte der Bürgerkrieg. Er zerstörte die Hoffnungen auf eine sozialistische Erneuerung und überschattete selbst die großen demokratischen und sozialpolitischen Fortschritte der Revolutionsmonate. Mit der Einführung des allgemeinen und gleichen Stimmrechts von der Gemeinde bis zur Reichsebene für Frauen und Männer ab 20 Jahren sowie mit dem Achtstundentag gingen langersehnte Forderungen der Sozialdemokratie in Erfüllung. Doch wie sollten die Errungenschaften der jungen demokratischen Republik regierungskritischen Arbeitern vermittelt werden, wenn Noske von »juristischen Tüfteleien« sprach, als Befehle zur Verhängung des Belagerungszustandes und damit verbundene willkürliche Erschießungen im Parlament einmal nachdrücklich angeprangert wurden? Die Empörung des USPD-Zentralorgans war groß: »Noch nie hat eine Regierung so offen und brutal erklärt, dass sie auf das Gesetz pfeift.« Nach der Ermordung Rosa Luxemburgs und Karl Liebknechts fielen im Verlauf des Jahres 1919 auch zwei der einflussreichsten USPD-Politiker, der Münchener Revolutionsführer Kurt Eisner (1867–1919) und der Parteivorsitzende Haase, unterschiedlich motivierten Mordanschlägen zum Opfer.

Versailler Friedensvertrag und Weimarer Verfassung

In den Sommermonaten des Jahres 1919 ist die Dynamik der revolutionären Periode abgerissen, und es sind zweischneidige, aber grundsätzliche Entscheidungen für das weitere Schicksal der jungen Republik von Weimar gefallen. Die Friedensbedingungen der Siegermächte waren für die Verständigungspolitiker der deutschen Seite eine schwere Enttäuschung. Trotz des auch von Sozialdemokraten oft bemühten Schlagworts vom »Entente-Imperialismus« hatten diese sich bis zuletzt an die Hoffnung geklammert, dass der Lohn für ihren Mut, politische Verantwortung in einer Lage zu übernehmen, die andere politische Kräfte verursacht hatten, ein milder Frieden sein würde. Die Bestimmungen des Versailler Vertrags – Gebietsabtretungen, unbestimmt hohe Reparationslasten und die Feststellung der deutschen Alleinschuld am Weltkrieg – waren bedrückend und mussten die Republik schwer belasten. Als sich die Unterzeichnung anbahnte, zerfiel das Regierungslager in zwei Gruppen, die nicht ideologisch abgrenzbar waren: Die Mehrheit der DDP und Teile der SPD um Reichskanzler Scheidemann hielten die Friedensbedingungen für unannehmbar. Matthias Erzbergers Position, die bald von der Zentrumspartei geteilt wurde – dass nämlich eine Fortsetzung des Krieges nur durch die Unterzeichnung verhindert und eine spätere Korrektur mancher Härten offengehalten werden könnte –, fand dagegen die Unterstützung sozialdemokratischer Kabinettsmitglieder wie David und Noske. Schließlich stimmte die Reichstagsmehrheit unter Protest der Unterzeichnung zu.

Die neue Verfassung wurde am 31. Juli 1919 mit einer Mehrheit aus SPD, DDP und Zentrumspartei (der sogenannten »Weimarer Koalition«) von der Nationalversammlung verabschiedet. Sie konnte der Republik, die von innen- und außenpolitischen Krisen erschüttert wurde, noch keine stabile Grundlage verschaffen. Der Verfassungsentwurf, vom DDP-Mitbegründer und Verfassungsrechtler Hugo Preuß ausgearbeitet, trug die Züge eines Kompromisses zwischen SPD, liberaler DDP und katholischer Zentrumspartei. Das unversöhnliche Etikett »Verfassung der Gegenrevolution«, das die USPD ihr gegeben hatte, brachte deren Verbitterung über die stagnierende Umgestaltung im Zusammenwirken mit dem Einsatz militärischer Gewalt zum Ausdruck. Nach Ansicht der Linkssozialisten war »keine demokratische Republik geschaffen worden, sondern ein neuer Obrigkeitsstaat, in dem der Reichspräsident im Verein mit der alten Bürokratie und der alten Klassenjustiz eine so beträchtliche Macht darstellt, dass von einer reinen Parlamentsherrschaft nicht gesprochen werden kann«.

Tatsächlich stellte die Weimarer Reichsverfassung einen großen historischen Fortschritt gegenüber dem Kaiserreich dar. Sie knüpfte an den Grundrechtekatalog von 1848/49 an und zeigte einen großen Spielraum für soziale Umgestaltungen. Die Schwäche der klassischen Arbeiterbewegung bestand darin, allzu sehr auf das eigene Lager fixiert zu sein und politischen Entwicklungen in anderen Klassen und Parteien zu wenig Aufmerksamkeit zu widmen. Das hat beide sozialistischen Parteien, SPD und USPD, dazu verleitet, die Kräfteverhältnisse falsch einzuschätzen: Die Linkssozialisten ließen nicht von ihrer Agitation für eine zweite Revolution ab, auch dann nicht, als die demokratische Republik sich bereits gegen Restaurationstendenzen zur Wehr setzen musste. Provokante Aktionen und Parolen dienten nun vor allem als Vorwand, Repressionsmaßnahmen durchzusetzen. Die führenden SPD-Politiker waren hingegen außerstande, rechtzeitig zu erkennen, dass ihr einseitiger Kampf gegen militante Linksradikale und rebellierende Teile der Arbeiterschaft die bewaffnete Konterrevolution kontinuierlich stärkte. Als Scheidemann im November 1919 verkündete »Der Feind steht rechts!«, konnte diese Einsicht nicht mehr verhindern, dass die reaktionären Militärs zum ersten Staatsstreich gegen die Weimarer Demokratie ausholten.

KAPITEL 7 Weimarer Demokratie 1920–1929: Erschütterungen und Erfolge

Der Impuls zum Kapp-Lüttwitz-Putsch im März 1920 erwuchs aus dem Versailler Vertrag. Dieser sah vor, Heeres- und Freikorpstruppen zu reduzieren, wogegen diese Widerstand leisteten. Rechtsgerichtete politische Kräfte versuchten, sich diesen Unmut des Militärs für ihre konterrevolutionären Pläne dienstbar zu machen. Während manche Regierungsmitglieder anfänglich noch bereit waren, mit den Putschisten zu verhandeln, entschlossen sich die Führungsgremien von SPD und Freien Gewerkschaften zu energischen Abwehraktionen. Mithilfe eines Generalstreiks von zwölf Millionen Beschäftigten sollten die illegalen Gewalthaber niedergeworfen werden. Der Vorschlag der Gewerkschaften, eine reine »Arbeiterregierung« zu bilden, war chancenlos. Zu tief saß bereits das Misstrauen zwischen SPD und USPD. Stattdessen wurden Zehntausende radikalisierter linkssozialistischer und kommunistischer Arbeiter des Ruhrgebiets in einen bewaffneten Kampf hineingetrieben. Dabei griff die verfassungsmäßige Regierung der Weimarer Koalition auch auf solche Truppenverbände zurück, die am Kapp-Lüttwitz-Putsch beteiligt gewesen waren. Dass Noske zurücktreten musste, weil er gegenüber den reaktionären Kräften gravierende Fehler gemacht hatte, war politisch kein Fortschritt mehr, weil am Ende eine Militärreform ausblieb und die Reichswehr seither Ministern aus dem bürgerlichen Mitte-rechts-Lager unterstellt wurde.

Gefährdungen der demokratischen Republik

Die Reichstagswahl vom Juni 1920 zeigte noch einmal, wie sehr die Republik an Legitimation beim Wahlvolk verloren hatte. Die USPD, inzwischen weit nach links gerückt, erreichte bei dieser Wahl mit 18 % den Höhepunkt ihres Masseneinflusses. Die KPD erzielte 2 %, und magere 21,7 % für die SPD hießen bei etwas geringerer Wahlbeteiligung: Sie hatte knapp die Hälfte ihrer Stimmen von 1919 verloren. In Städten ab 10.000 Einwohnern war die USPD sogar geringfügig stärker als die SPD. Diese hatte 1920 nur einen einzigen Rekord vorzuweisen: 20 % der SPD-Fraktion waren weiblich, ein Wert, der erst 1990 übertroffen wurde. Sämtliche anderen Fraktionen inklusive der USPD kamen insgesamt nur auf einen Frauenanteil von 6,5 %.

Der politische Schwerpunkt des bürgerlichen Spektrums verlagerte sich infolge der Polarisierung nach rechts. Die Weimarer Koalition verlor ihre parlamentarische Mehrheit. Der Rückzug der SPD-Politiker aus der unpopulären Regierung wurde auf dem Parteitag im selben Jahr ausdrücklich begrüßt: »Ein Wiedereintritt der Sozialdemokratischen Partei in die Reichsregierung kann nur in Frage kommen, wenn die Interessen des Proletariats, die vor allem die Demokratisierung der Verwaltung, die Republikanisierung der Reichswehr, die Sozialisierung der dafür reifen Wirtschaftszweige erheischen, ihn zwingend erfordern.«

Wie sehr das Jahr 1920 eine Zäsur darstellt, kam auch darin zum Ausdruck, dass die USPD auf ihrem Parteitag im Herbst nach einer Urabstimmung zur kommunistischen III. Internationale, einer Art Weltpartei mit Sitz in Moskau, übertrat und sich damit endgültig aus der sozialdemokratischen Tradition verabschiedete. Diesen Bruch hatte die aus dem Spartakusbund und kleineren linksradikalen Gruppierungen hervorgegangene KPD schon bei ihrer Gründung zum Jahreswechsel 1918/19 vollzogen. Doch blieb der Einfluss der Kommunisten bis zur Vereinigung mit der viel stärkeren USPD-Linken recht begrenzt. Erst jetzt, seit dem Herbst 1920, konnte die KPD zur Massenpartei aufsteigen mit zunächst rund 400.000 Mitgliedern. Diese neue Stärke verleitete sie im März 1921 zu einem Putsch-Abenteuer in Mitteldeutschland, das kläglich scheiterte und ihre Mitgliederzahl halbierte. Die SPD trat im Mai 1921 wieder in die Regierung ein. Durch die Bereitschaft, unter dem Druck eines Ultimatums der Siegermächte hohe Reparationslasten zu übernehmen, sollte die Besetzung deutschen Territoriums abgewendet werden. In der Regierung von Reichskanzler Joseph Wirth, einem demokratisch-sozialen Repräsentanten der Zentrumspartei, fand die SPD zu ihrer Rolle als Staatsgründungspartei zurück. Auf dem Parteitag in Görlitz im September 1921 verabschiedete sie den Leitsatz, dass die Gestaltung der Politik »am wirksamsten durch Teilnahme an der Regierung geschehen kann«, und bekannte sich damit zur besonderen Verantwortung für die Republik.

Das Görlitzer Programm trug der veränderten Stellung der SPD zur Staats- und Verfassungsordnung Rechnung. Als »Partei des arbeitenden Volkes in Stadt und Land« wollte sie weiterhin gegen das Großkapital »am Klassenkampf für die Befreiung des Proletariats« festhalten und bekräftigte die Forderung, »das kapitalistische System zu überwinden«. Der Forderungskatalog des zweiten Programmteils, auf eine reformerische Strategie zugeschnitten, zog jedoch die Konsequenz, dass die SPD seit der Revolution den erreichten Rahmen der Legalität zu respektieren und aktiv zu verteidigen hätte: »Sie betrachtet die demokratische Republik als die durch die geschichtliche Entwicklung unwiderruflich gegebene Staatsform, jeden Angriff auf sie als ein Attentat auf die Lebensrechte des Volkes.«

Die Ermordung des Zentrumspolitikers Erzberger trug 1921 zur Wiederannäherung der Parteien der Weimarer Koalition bei. Noch enger rückten die Republikaner nach den Todesschüssen rechtsradikaler Attentäter auf Außenminister Walther Rathenau (DDP) im Juni 1922 zusammen. Dieser Mord löste eine enorme außerparlamentarische Massenbewegung zur Verteidigung der Republik aus, der sich auch die Kommunisten nicht verweigern wollten.

SPD-Reichsjustizminister Gustav Radbruch (1878–1949) bekannte sich offensiv zu einem Verfassungspatriotismus: »Die Verfassung ist uns ein unsichtbares Vaterland, der 11. August [Datum ihrer Unterzeichnung durch den Reichspräsidenten] der Feiertag des Volkes, wie der 1. Mai der Feiertag der Menschheit ist.« Der verheerende Eindruck, den die Mordanschläge hinterließen, war mit ein Grund dafür, dass sich die stagnierende und finanziell ausgezehrte Rest-USPD wieder mit den Mehrheitssozialdemokraten zusammenschloss. Ende 1922 war die nunmehr wiedervereinigte SPD mit über 1,2 Millionen Mitgliedern und 37,5 % der Reichstagssitze stärker als vor dem Krieg.

Gleichzeitig stützte die Inflation zunächst die Konjunktur und stabilisierte die Freien Gewerkschaften mit acht Millionen Mitgliedern, die sie seit der Mobilisierungsaktion gegen den Kapp-Lüttwitz-Putsch erreicht hatten. Nach der Spaltung der USPD kehrte die große Mehrheit der Abgeordneten, Funktionäre und Redakteure zur vereinigten Sozialdemokratie zurück. Die Mitglieder hingegen gingen zunächst, soweit sie sich nicht völlig aus der Parteipolitik zurückzogen, mehrheitlich zur KPD.

Der Bruch zwischen Reichspräsident Ebert und Kanzler Wirth über außenpolitische Fragen beendete im Herbst 1922 jäh die Weimarer Koalition. Wirths Nachfolger war der parteilose und wirtschaftsnahe Cuno. Eberts Hoffnung, dieser könne den Siegermächten Zugeständnisse abringen, erwies sich als Illusion. Stattdessen wurde das Ruhrgebiet nach einem Streit um die Erfüllung der Reparationspflichten im Januar 1923 von primär französischen und daneben belgischen Truppen besetzt. Dadurch wurde schon Anfang 1923 eine patriotische Abwehrstimmung in der deutschen Bevölkerung geweckt, auch nationalistische Ressentiments nahmen zu. Der Ruhrbesetzung wurde ein passiver Widerstand entgegengesetzt, dessen Folge jedoch ein nicht mehr kontrollierbarer Geldwertschwund war. Dieser machte nicht nur alle Lohn- und Gehaltsempfänger zu bettelarmen »Milliardären« und am Ende gar zu »Billionären«, sondern entwertete auch die Streikkassen der Gewerkschaften. Teile der Mittelschichten, die nur Geld- und keinen Realbesitz hatten, verarmten. Schon das soziale Elend der Kriegsjahre war nach einer Phase des wirtschaftlichen Aufstiegs als drastisch erlebt worden. Jetzt wurde die im Sommer und Herbst 1923 eskalierende Krise von einer Hyperinflation und der Enttäuschung getrieben, dass sich die Lebensbedingungen nach der Revolution nicht wie erwartet verbessert, sondern verschlechtert hatten.

Mehr Arbeiter als zuvor tendierten nun zu den Kommunisten. Ihr dadurch wachsendes Selbstbewusstsein als Massenorganisation beförderte eine Tendenz zur Gewaltbereitschaft, die den Plänen erstarkender rechter Zirkel, die eine Notstandsdiktatur anstrebten, in die Hände spielte. Dadurch wurde außerdem die Zusammenarbeit von SPD und KPD in Sachsen und Thüringen diskreditiert. Per Notverordnung ging Reichspräsident Ebert 1923 gegen die sächsische SPD-KPD-Regierung vor und ließ eine verfassungsrechtlich wie politisch fragwürdige Reichsexekution vollstrecken. Das republikfeindliche Bayern profitierte davon und erfreute sich selbst nach dem Warnschuss des fehlgeschlagenen Hitler-Putsches am 9. November 1923 einer verfassungsfremden Sonderrolle. Missverhältnisse solcher Art sowie die Kompromisslosigkeit, mit der das Unternehmerlager sozialstaatliche Errungenschaften attackierte, veranlassten die SPD, ihre Minister aus dem vorübergehend gebildeten Kabinett der Großen Koalition zurückzuziehen.

Zum Jahreswechsel 1923/24 wurde auf eine harte Währung umgestellt. In diesen Monaten der Stabilisierung wurden die Krisenlasten vor allem auf die breite Masse der Bevölkerung abgewälzt. Eine hohe Arbeitslosenquote ging einher mit Reallöhnen, die nun zwar über eine stabile Kaufkraft verfügten, aber zunächst etwa ein Viertel unter dem Niveau der Vorkriegsjahre lagen. Die seit November 1918 bestehende »Zentrale Arbeitsgemeinschaft« der Gewerkschaften und Unternehmerverbände zerbrach an der Offensive der Kapitalseite gegen den Achtstundentag. Besorgniserregend war der Rechtsruck bei der Landtagswahl in Bayern, wo der NSDAP-nahe »Völkische Block« im April 1924 mit 17 % zur dort schwachen SPD aufschloss und die KPD mit 9 % klar abhängte. Die reichsweite Wahlbilanz der Inflationsperiode im Mai 1924 fiel verheerend aus für die Sozialdemokraten. Ihre erreichten 20,5 % der Stimmen kamen, nach dem Zwischenhoch bei Landtagswahlen aufgrund der Vereinigung mit der USPD, einem Desaster gleich. Da auch die potenziellen Bündnispartner der bürgerlichen Mitte stark dezimiert worden waren, sah sich die SPD fast wieder auf die Situation jener Minderheit zurückgeworfen, die sie vor dem Krieg war. Als Wahlgewinner dürfen die Deutschnationalen gelten, die einschließlich des Landbundes auf 21,5 % kamen, und mit 12,6 % aller Stimmen in zweiter Linie auch die Kommunisten.

Relative Stabilisierung der ökonomischen und politischen Verhältnisse

Die Streitigkeiten um den Dawes-Plan, der die Reparationszahlungen für das Reich mit begrenzter Souveränität vertraglich neu regelte, verbesserten die Lage der Sozialdemokraten. Aufgrund der erforderlichen Zweidrittelmehrheit des Reichstags war ihre Zustimmung unverzichtbar. Umgekehrt gerieten nun die Deutschnationalen in eine innere Zerreißprobe; denn auch sie verfügten mit den deutschvölkischen Rechtsradikalen, die grundsätzlich gegen den Plan stimmten, sowie den Kommunisten über eine Sperrminorität. Ungefähr die Hälfte der DNVP-Fraktionsmitglieder votierte, Wirtschaftsinteressen verpflichtet, gegen die ablehnende Stimmung der eigenen Mitgliedsbasis. Da die bürgerlichen Parteien es zunächst nicht schafften, eine tragfähige Regierung zu bilden, erhielten die Sozialdemokraten im Dezember 1924 die Chance, verlorene Wählergruppen teilweise zurückzugewinnen. Mit einem Stimmenanteil von 26 %, der auch zulasten der KPD ging, die nur noch 9 % erhielt, konnte die SPD ihren Einfluss in der Arbeiterschaft festigen. Doch etliche Angestellte und Landarbeiter, die während der Revolutionsperiode vorübergehend für die SPD votiert hatten, waren seit Ausbruch der Inflation nach rechts abgewandert.

Mit ihrer Parole »Der Feind steht rechts!« hatte die Sozialdemokratie bereits im Wahlkampf sowie im Vorgriff auf den erwarteten »Bürgerblock« die Fronten markiert. In der nun anbrechenden Ära bürgerlicher Koalitionsregierungen wollte die SPD ihre Rolle als »eigentliche Staatspartei der Republik« dennoch nicht aufgeben und sich im Wächteramt der verfassungstragenden Opposition bewähren. Allerdings verlor sie Ende Februar 1925 durch den frühen Tod von Reichspräsident Ebert, der indirekt den gegen ihn betriebenen Verleumdungskampagnen der Rechtskräfte zu Opfer fiel, ihre letzte wirkliche Machtposition auf gesamtstaatlicher Ebene. Die Möglichkeiten Paul Löbes, der als Reichstagspräsident zwischen 1920 und 1932 für eine gewisse parlamentarische Kontinuität sorgte, beschränkten sich im Wesentlichen auf repräsentative Fragen.

Die nach Eberts Ableben erforderliche Neuwahl des Staatsoberhaupts durch das Volk ergab im ersten Wahlgang eine Beteiligung von unter 70 % und eine Stärkung der republikanischen Parteien. Otto Braun, der Kandidat der SPD, brachte es auf respektable 29 % der Stimmen, die Bewerber von Zentrumspartei und DDP zusammen auf weitere 20 %. Die Kandidaten der Rechten, mehr oder minder in Gegnerschaft zur Republik, vereinigten knapp 44 % der Stimmen auf sich, und die KPD verbuchte für ihren Vorsitzenden Ernst Thälmann magere 7 %. Als Gegenleistung für die Wiederwahl Otto Brauns zum preußischen Ministerpräsidenten, die mithilfe der Zentrumsabgeordneten gelang, mobilisierte die SPD im zweiten Wahlgang ihre Wählerinnen und Wähler für den Katholiken Wilhelm Marx als Reichspräsident. Die Weimarer Koalition durfte sich nach den Ergebnissen des ersten Wahlgangs guter Chancen freuen.

Doch den Rechtsparteien gelang es, den 77-jährigen Paul von Hindenburg, einen lebenden Kriegsmythos, aus dem Ruhestand heraus als Kandidaten zu reaktivieren. Hindenburg, verklärte Symbolfigur einstiger deutscher Größe und vermeintlicher nationaler Einigkeit, sprach viele weitere Wählerschichten an. Die katholische Bayerische Volkspartei, restaurativ-partikularistisch gesinnt, zog den preußisch-protestantischen Generalfeldmarschall a. D. dem republiktreuen Zentrumspolitiker vor. Die KPD hielt an ihrem völlig aussichtslosen Zählkandidaten Thälmann fest. So gab am Ende wohl die höhere Wahlbeteiligung der parteipolitisch weniger gebundenen oder auch unpolitischen Wählerinnen und Wähler den Ausschlag dafür, dass Hindenburg neuer Reichspräsident wurde.

Von der Regierungsverantwortung auf Reichsebene entbunden und mit einer verbesserten Wirtschaftslage im Rücken, konnte die SPD sich auf ihre alte Tradition einer milieuverdichteten Solidargemeinschaft zurückbesinnen. Die 1920er-Jahre waren eine Hochphase der Milieuorganisationen der Arbeiterbewegung. Zum Beispiel verfügten die Konsumgenossenschaften 1924 über 3,5 Millionen Mitglieder, vor 1922 und nach 1926 waren es weniger als 3 Millionen. Der Republikschutzverband »Reichsbanner Schwarz-Rot-Gold«, 1924 entstanden und bis zu 90 % SPD-nah, organisierte bald mehr als eine

Million. Über 200.000 Frauen waren nach einem Beteiligungsschub um 1920 Mitglied der SPD, dann erst wieder ab 1929. Die sozialdemokratischen Frauen fanden ein Hauptarbeitsfeld in den Konsumgenossenschaften und vor allem in der AWO. Sie wurde Ende 1919 zunächst als »Hauptausschuss für Arbeiterwohlfahrt in der SPD« gegründet und bis zu ihrem Verbot 1933 von Marie Juchacz (1879–1956) geleitet.

In den Großstädten war die politische Linke traditionell stärker. Dass aber die SPD nicht schon damals kommunalpolitisch in deutschen Städten führend war – anders als im »roten Wien« und dann auch im weniger bekannten »roten Zürich« –, dürfte im Wesentlichen der Existenz und Stärke der KPD zuzuschreiben sein. Die bekannteren Oberbürgermeister der Weimarer Republik gehörten meist der liberalen DDP oder der national-bürgerlichen, rechtsliberalen Deutschen Volkspartei (DVP) an, sofern sie sich nicht als parteilos und überparteilich ausgaben. Immerhin konnte die SPD in Mitte-links-Bündnissen oft gute Fortschritte in Fragen der Bildungs-, Infrastruktur- und Sozialpolitik durchsetzen, zumindest dort, wo die betreffenden Maßnahmen auch der Klientel von gemäßigten bürgerlichen Parteien zugutekamen. Ernst Reuter (1889–1953), prominenter Berliner Bürgermeister nach dem Zweiten Weltkrieg, ist ein Beispiel für die Entwicklungen in der Weimarer Republik: Von 1926 bis 1931 war er Berliner Verkehrsstadtrat in einer »Etatsmehrheit« von der SPD bis zur DVP; dann wurde er Oberbürgermeister in Magdeburg, wo die SPD immer besonders stark und die KPD schwächer geblieben war.

In ihrem Heidelberger Programm von 1925 knüpfte die SPD theoriebezogen wieder an die sozialen Erfahrungen der Vorkriegsära an, was nicht zuletzt als Ausdruck der vorausgegangenen Krisenjahre zu deuten ist. Eine Rolle dürfte sicher auch gespielt haben, dass die Wiedervereinigung mit der USPD den Anlass gab, sich programmatisch wieder stärker auf das marxistische Erbe zu beziehen. Der Entwurf zum Programm stammte von Kautsky und Hilferding als führenden Vertretern dieser Tradition. Es unterstrich zwar auch die »wachsende Bedeutung der Angestellten und Intellektuellen jeder

Art«. Doch im Hinweis, die sozialen Bedürfnisse dieser neuen Mittelschichten stimmten »in steigendem Maße mit denen der übrigen Arbeiterschaft überein«, wurde vernachlässigt, dass die Interessensolidarität dieser Gruppen durch erhebliche Bewusstseinsschranken gebremst wurde.

Am deutlichsten war die Orientierung am theoretischen Erbe des Erfurter Programms von 1891. Das wird sichtbar in der Forderung, »die Verwandlung des kapitalistischen Privateigentums an den Produktionsmitteln in gesellschaftliches Eigentum« als sozialistisches Endziel zu definieren. Dabei sollte die Arbeiterschaft den »Klassenkampf zwischen den kapitalistischen Beherrschern der Wirtschaft und den Beherrschten« auf dem Boden der bestehenden Verfassungsordnung führen: »In der demokratischen Republik besitzt sie die Staatsform, deren Erhaltung und Ausbau für ihren Befreiungskampf eine unerlässliche Notwendigkeit ist.« Das angefügte Aktionsprogramm listet die bislang ausführlichsten Vorschläge zu einer ökonomischen, sozialen und kulturellen Neuordnung auf. Dies geschah für die einzelnen gesellschaftlichen und staatlichen Handlungsfelder spezifiziert, bis hin zur »Bildung der Vereinigten Staaten von Europa«.

In den Jahren einer relativen Stabilisierung der ökonomischen und politischen Verhältnisse seit 1924 erlebte die sozialdemokratische Arbeiterbewegung eine spürbare Phase der Regeneration. Die Reallöhne lagen bald wieder auf dem Vorkriegsniveau, das sogar übertroffen wurde, wenn man berücksichtigt, dass es kürzere Arbeitszeiten gab. Allerdings drückte schon damals die als »Rationalisierung« diskutierte Technisierung und Standardisierung von Produktionsprozessen auf das Arbeitstempo und senkte den Bedarf an Arbeitskräften. Selbst auf dem Höhepunkt des Wirtschaftsaufschwungs waren meist ein bis zwei Millionen Lohnabhängige ohne Beschäftigung. Immerhin gelang es den Gewerkschaften und der SPD, zusammen mit den Arbeitnehmerflügeln der Regierungsparteien 1927 eine gesetzliche Arbeitslosenversicherung einzuführen.

Die neue Bewegungsfreiheit der SPD zeigte sich auch bei der Beteiligung am Volksentscheid zur Fürstenenteignung im Juni 1926. Entgegen der Stimmung unter den eigenen Mitgliedern und Wählern stand die Parteiführung ihm zunächst skeptisch gegenüber, nachdem die KPD eine Kampagne eingeleitet hatte. Doch auch viele linksbürgerliche Republikaner lehnten es ab, die 1918 entmachteten Landesfürsten finanziell zu entschädigen, welche vielfach bemüht waren, ihnen vermeintlich zustehende Gelder einzuklagen. Begleitet von der breiten Mobilisierung der eigenen Anhängerschaft trat die SPD dafür ein, die Vermögen in die Hände des neuen Staates zu überführen. Die Volksabstimmung verlief allerdings nur formell geheim, da alle Parteien der Rechten, der rechten Mitte sowie die Kirchen zu einem Boykott aufgerufen hatten. Trotzdem lag das Ergebnis des Volksentscheids mit 14,5 Millionen Ja-Stimmen weit über den zusammengerechnet 10,5 Millionen Wählerinnen und Wählern, die SPD und KPD Ende 1924 auf sich hatten vereinigen können. Etliche bürgerlich-republikanische Tageszeitungen hatten den Volksentscheid unterstützt. Zwar war die absolute Mehrheit aller Wahlberechtigten (etwa 20 Millionen Stimmen) eine unerreichbare Schwelle, dennoch bedeutete dieser Zuwachs an Bündnispartnern einen Prestigeerfolg für die gespaltene Arbeiterbewegung. Zustimmungsraten von 52 bis 53 % in den Wahlkreisen Hamburg und Leipzig und sogar 63 % in (Alt-)Berlin - gegenüber 36 % reichsweit - weisen darauf hin, dass auch jenseits von Proteststimmen ein sozialrepublikanisches Potenzial über die mobilisierbare Arbeiterschaft hinaus existierte.

Auf dem Parteitag in Kiel 1927 bestimmte Hilferding in einem Grundsatzreferat den aktuellen Standort sozialdemokratischer Politik. Der führende Theoretiker des zeitgenössischen Marxismus sozialdemokratischer Prägung konnte sich auf die Analysen seines Hauptwerks »Das Finanzkapital« (1910) berufen und mit Recht behaupten, er habe »immer zu denen gehört, die jede ökonomische Zusammenbruchstheorie ablehnten«. Schon im Hinblick auf die Kriegsproduktion hatte er aufgezeigt, dass aufgrund der Konzentration des Kapitals und des technisch-wissenschaftlichen Fortschritts ein Entwicklungstrend »von der Wirtschaft des freien Spiels der Kräfte zur organisierten Wirtschaft« zu verzeichnen sei. Hilferdings Konzeption, »mit Hilfe der bewussten gesellschaftlichen Regelung diese von den Kapitalisten organisierte und geleitete Wirtschaft in eine durch den demokratischen Staat geleitete Wirtschaft umzuwandeln«, führte seine Theorie des Organisierten Kapitalismus mit einer reformsozialistischen Strategie der SPD zusammen.

Darüber hinaus bekräftigte Hilferding, dass »die Demokratie stets die Sache des Proletariats« gewesen sei und es deshalb »falsch und irreführend ist, von ›bürgerlicher Demokratie‹ zu reden«. Dabei sah er klar, dass es im Bürgertum einen deutlichen politischen Trend nach rechts gab und die Alternative »Faschismus gegen Demokratie« bedrückend aktuell war. Von einer damals nicht selbstverständlichen Erkenntnis ausgehend, »dass das wesentliche Element jedes modernen Staates die Parteien sind«, gelangte Hilferding zur These, dass »der Parteienkampf also der Ausdruck der Klassengegensätze ist«. So ermutigte er die Parteigenossen unter Berufung auf Gedanken des österreichischen Parteitheoretikers Otto Bauer zu einer kämpferischen Abwehrbereitschaft dergestalt, »dass kein Opfer gerade auch im Interesse der Arbeiterklasse zu groß wäre, um die Republik, die Demokratie zu erhalten«. In seinem Appell unterstrich Hilferding die Bedeutung des Schutzbundes »Reichsbanner«, und er lenkte die Aufmerksamkeit im Plädoyer für die Entfaltung einer »Betriebsdemokratie« und »Wirtschaftsdemokratie« auf gewerkschaftliche Initiativen. Anstatt sich in die Defensive drängen zu lassen, sollte die SPD das von 1920 bis 1932 fast kontinuierlich von Otto Braun regierte Preußen als »eine stolze Feste im Lager der Republik« im Kontrast zu restaurativen Tendenzen auf Reichsebene positiv herausstellen.

Am Ende beschloss der Kieler Parteitag eine Resolution, die den Weg zu politischen Kompromissen offenhielt: »Die Entscheidung über die Teilnahme an der Regierung ist eine taktische Frage, deren Beantwortung nicht durch bestimmte Formeln ein für allemal festgelegt werden kann.« In dem Aufruf zu den Reichstagswahlen vom Mai 1928 mobilisierte die SPD ihre Wählerschaft »gegen Militarismus und Kriegsgefahr« und stellte die Alternative »Fortführung oder Stillstand der Sozialpolitik« in den Mittelpunkt der Kampagne. Mit 29,8 % der Stimmen verzeichnete sie einen großen Zuwachs, wobei die Kommunisten ebenfalls Gewinne verbuchten auf 10,6 %. Der parallele Stimmenzuwachs der SPD bei den Wahlen zum Preußischen

Landtag darf als Indiz dafür gelten, dass sie sowohl in der Regierung als auch in der Opposition politisches Terrain zurückerobern konnte.

Konflikte um Parlamentarismus und Sozialstaat

Für die SPD war es mühselig, nach ihrem Wahlerfolg 1928 eine Regierung zu bilden. Im Reichstag besaß die Weimarer Koalition, die Preußen weiterhin stabile Verhältnisse bescherte, keine regierungsfähige Mehrheit. Dass etliche katholische Arbeiter dieses Mal für die SPD gestimmt hatten, bewirkte bei der Zentrumspartei einen Rechtsruck. Die für eine Koalition benötigte DVP des langjährigen Außenministers Stresemann ging zum Sozialstaat immer stärker auf Distanz. Im Ergebnis wurden lediglich Vertrauensleute der einzelnen Parteien in das Kabinett von SPD-Kanzler Hermann Müller (1876–1931) entsendet, denn auf eine regelrechte Koalitionsregierung konnte man sich nicht verständigen.

Wie bei den politischen Kräften des katholischen und rechtsliberalen Spektrums war auch bei großen Teilen des linken SPD-Flügels zu spüren, dass die Reserve gegenüber einer Zusammenarbeit mit den Vertretern des jeweils anderen Lagers in der gegebenen Situation zunahm. Paul Levi (1883–1930), KPD-Gründungsmitglied und nunmehr Wortführer der SPD-Linken, wollte die Koalitionsproblematik zwar als »taktische Frage« behandelt wissen. Doch hielt er von dem wesentlichen Argument für eine Regierungsbeteiligung seiner Partei nichts: »Sicherung der Republik im allgemeinen? Die Frage ist gelöst.« Die Oppositionsstrategie der sozialdemokratischen Linken wurzelte in der Ansicht, bis zu einer neuerlichen revolutionären Chance könne die Staatsmacht getrost den bürgerlichen Parteien überlassen bleiben, ohne dass der Arbeiterbewegung daraus eine Gefahr erwachsen würde.

Auf solche Grundhaltungen stieß das Kabinett Müller unmittelbar nach Übernahme der Amtsgeschäfte. Die Finanzierungsbewilligung für den Bau des Panzerkreuzers A, der noch unter der Bürgerblock-

Regierung beschlossen worden war, stürzte die sozialdemokratischen Minister in ein Dilemma. In den Wahlkampf war die SPD mit der populären Forderung gezogen, diese Rüstungsgelder zugunsten von Schulspeisungen für unterernährte Kinder zu verwenden (»Kinderspeisung statt Panzerkreuzer«). Nun konnte sie in der Regierung nicht plötzlich das Gegenteil beschließen, ohne politische Glaubwürdigkeit einzubüßen. Auch die DDP war skeptisch gegenüber dem Panzerkreuzerbau; andererseits wollte sie es den SPD-Ministern nicht so einfach machen, sich im Kabinett von den bürgerlichen Parteien überstimmen zu lassen und deren Entscheidung unter Vorbehalt hinzunehmen. Die Sozialdemokraten in der Regierung wählten die Staatsraison und brachen ihr Wahlversprechen. Der Proteststurm unter den Parteimitgliedern, der daraufhin folgte, führte lediglich dazu, dass die SPD-Minister bei der Abstimmung im Reichstag, vom Fraktionszwang gebunden, gegen die Regierungsvorlage votieren mussten, die sie kurz zuvor noch akzeptiert hatten. Angesichts der parlamentarischen Mehrheitsverhältnisse blieb dies eine folgenlose und eher kuriose Symbolhandlung.

Inzwischen wandte sich die Großindustrie radikal von der früheren Politik der Klassenkompromisse ab. Ein untrügliches Zeichen dafür war die Ruhreisen-Aussperrung im Spätherbst 1928. Durch sie sollte nicht nur verhindert werden, dass mit Mitteln des Arbeitskampfes das Lohnniveau in der Stahl verarbeitenden Industrie verbessert wurde, sondern das staatliche Schlichtungswesen insgesamt untergraben werden. Die Möglichkeiten der Arbeiterbewegung, sich gegen solche Strategien geschlossen zu wehren, litten entscheidend durch die Hinwendung der Moskau-orientierten KPD zu einem seit 1928/29 international verbindlichen ultralinken Kurs, im Zuge dessen die SPD als »sozialfaschistisch« bekämpft wurde. Weitere negative Folgen waren die Spaltung der Gewerkschaften sowie der Kulturorganisationen der Arbeiterschaft. Anstatt jedoch die sektiererische Strategie der Kommunisten zu nutzen, um ihre Anhängerschaft für die Sozialdemokratie zu gewinnen, griffen manche SPD-Politiker zu bürokratischen Methoden, um die Agitation der KPD zu unterbinden. Ähnlich wie in den Bürgerkriegsaktionen der Revolutionszeit kam es am 1. Mai 1929 zu einem Blutbad in Berlin. Anlass war der Zusammenprall gewaltbereiter Kommunisten mit der Ordnungsmacht. Aus Sorge um den inneren Frieden hatte Polizeipräsident Karl Zörgiebel (1878–1961) ausgerechnet die Demonstrationen zum 1. Mai untersagt, was wie eine gezielte Provokation wirkte. Zwei Dutzend Todesopfer waren bei diesem sinnlosen Machtkampf auf den Straßen der Reichshauptstadt zu beklagen, der eine Frucht der beiderseitigen Unfähigkeit war, Konflikte gewaltfrei auszutragen.

Hohe Arbeitslosigkeit hatte schon im Sommer 1929 zu Finanzierungsengpässen in der Arbeitslosenversicherung geführt. Über die Frage, wie sie auszugleichen seien, brachen Differenzen zwischen der industriefreundlichen DVP und den Gewerkschaftspositionen der SPD offen aus. Zwar gelang es, die Kontroverse im Herbst 1929 noch mit einem Kompromiss beizulegen. Doch zeichnete sich bereits ab, dass er nicht von Dauer sein würde. Nur bis zur Annahme des Young-Plans über die endgültige Regelung der Reparationszahlungen, von der nationalistischen Rechten erbittert bekämpft, war die Zusammenarbeit noch gesichert. Das staatspolitische Motiv, den Bruch des Kabinetts zu vermeiden, um die Funktionsfähigkeit des parlamentarischen Systems in dieser Lage nicht zu gefährden, galt lediglich für die SPD, nicht aber für die DVP, die nach Stresemanns Tod im Oktober 1929 ein immer schwierigerer Regierungspartner wurde. Schließlich verblieben die Rechtsliberalen in der Regierung, doch nur um den Preis, dass Finanzminister Hilferding zurücktrat.

KAPITEL 8 Katastrophenepoche 1930–1945: Weltwirtschaftskrise, NS-Regime und Krieg

Ein Kurssturz der New Yorker Börse leitete 1929 die Weltwirtschaftskrise ein. Im ersten Krisenwinter 1929/30 wurde erbittert darum gestritten, ob für die Sanierung der Finanzen nun die Beiträge zur Arbeitslosenversicherung erhöht oder ihre Leistungen gekürzt werden sollten. Ein letzter Versuch der Zentrumspartei, eine Übergangslösung zu erreichen und so den Bruch der Koalition um einige Monate hinauszuschieben, scheiterte am Gewerkschaftsflügel der SPD. Auch der nun dominierende rechte Flügel der DVP - sowie schon länger restaurative Kreise um Reichspräsident Hindenburg - drängten auf ein Ende der amtierenden Regierung. Wollten die Sozialdemokraten den Weg in die Opposition nicht mit gebrochenem Selbstbewusstsein antreten, durfte es keine Neuauflage des Panzerkreuzer-Konflikts geben. Selbst wenn sich im März 1930 einiges taktische Ungeschick in den Rücktritt des Kabinetts Müller mischte, so hatten Gewerkschaften und SPD die Krisensignale letztlich doch richtig erkannt: 1930 stieg der Beitrag zur Arbeitslosenversicherung unter dem konservativen Zentrumskanzler Brüning von 3,5 % auf 6,5 %. Die Verweigerung der unternehmernahen und weiter der Reichsregierung angehörenden DVP im Frühjahr, einer Erhöhung von auch nur 0,5 % zuzustimmen, hatte also eindeutig das Ziel gehabt, mit der SPD als Koalitionspartei zu brechen.

Von der wirtschaftlichen und politischen Krise zur Diktatur

Die verhängnisvolle Deflations- und Sparpolitik, die bis heute mit dem Namen Brüning verbunden ist, bekämpfte die Reichstagsfraktion der SPD von Anfang an. Sie und die anderen Oppositionsparteien erzwangen eine Aufhebung der finanzpolitischen Notverordnungen. Daraufhin lösten Brüning und Hindenburg den Reichstag auf - ein Kampfmittel, das das widerstrebende Parlament gefügig machen sollte. Die SPD sah aber weiterhin allein »in der parlamentarischen Demokratie den Boden, auf dem sich der Ausgleich der miteinander ringenden Kräfte ohne Schädigung des Volksganzen vollziehen kann«. Brünings Hoffnung, dass sich die Kräfte im Reichstag bei Neuwahlen zugunsten der Regierungsparteien verschieben würden, war vollkommen unrealistisch. Denn anders als zu Kaisers Zeiten gab es Anfang der 1930er-Jahre keine patriotisch-nationale Parole mehr, die vermocht hätte, die enormen sozialen Spannungen politisch zu überdecken. Die Agitationsfeldzüge der nationalistischen Rechten im Volksentscheid gegen den Young-Plan, der zwar erst ein halbes Jahr zurücklag und mit 14 % Zustimmung kläglich gescheitert war, sowie einige Regionalwahlen belegten: Die NSDAP, radikalste Kraft der rechten Opposition, war auf dem Weg zur führenden Massenpartei der republikfeindlichen Kräfte.

Bei der Reichstagswahl vom 14. September 1930 schnellte der NSDAP-Stimmenanteil von 2,6 % auf 18,3 % empor. Auch die KPD verbesserte sich von 10,8 % auf 13,3 %. Wie die traditionellen bürgerlichen Parteien ging auch die SPD erheblich geschwächt aus dieser Krisenwahl hervor und verlor 5,3 % (nun 24,5 %). Die Kräfteverhältnisse im Reichstag waren bedrückend: Es gab nur die Alternative, entweder Brünings Präsidialkabinett zu tolerieren oder zu riskieren, dass er sich der NSDAP nähert oder außerhalb der Verfassung regiert. Die SPD entschied sich für die erstgenannte Variante und folgte der zwiespältigen Annahme, »dass diese Tolerierungspolitik eine scharf ausgeprägte Politik des kleineren Übels ist«, wie es im Theorieorgan »Die Gesellschaft« hieß. Die Sozialdemokraten konnten die krisenbedrängten Mittelschichten nicht von ihrer Politik überzeugen. Unter der einen Million an SPD-Mitgliedern waren 1930 weiterhin 59 % Arbeiter gegenüber 10 % Angestellten und 3 % Beamten (17 % Hausfrauen, 5 % Rentner und 6 % Sonstige konnten nicht genauer zugerechnet werden). Obwohl der Anspruch bestand, die »Partei der Jugend« zu sein, fehlte der SPD im Unterschied zur Aufstiegsperiode bis 1914 gerade jetzt der Nachwuchs in der Altersgruppe bis 30 Jahre.

Während die Wirtschaftskrise sich weiter verschärfte und die NSDAP sich als republikfeindliche Sammlungsbewegung nach und nach durchsetzte, beschlossen SPD und Gewerkschaften Ende 1931, dem um sich greifenden Straßenterror der SA etwas Konkretes entgegenzusetzen. Die um »Reichsbanner« und ADGB gruppierte »Eiserne Front« der sozialdemokratisch beeinflussten Arbeiterorganisationen war ein Bündnis, das durch Massenaufmärsche eindrucksvoll hervortrat. Das »Reichsbanner« stellte militante »Schutzformationen« auf, ohne jedoch das Gewaltniveau seiner paramilitärischen Konkurrenz zu erreichen oder gar zu erstreben. »Vorwärts«-Chef Stampfer kündigte Anfang 1932 eine »wirtschaftspolitische Offensive« an: sozialistische Transformationsziele in Verbindung mit kurzfristig wirksamen Maßnahmen der »Arbeitsbeschaffung«. Doch ohne Regierungsmacht auf Reichsebene und mit durch Arbeitslosigkeit geschwächten Gewerkschaften blieb diese Ankündigung wirkungslos.

Die wirtschaftlichen Lasten des Deflationsregimes waren sehr ungleich verteilt unter den abhängig Beschäftigten: Die Beamten erlitten zwischen 1929 und 1932 kaum Einbußen am Realeinkommen, während Angestellte schmerzliche und Arbeiter schwerwiegende Verluste im Gefolge der Massenerwerbslosigkeit hinnehmen mussten. Wie wenig eigenständigen Aktionsspielraum die SPD 1932 noch sah, zeigte sich anlässlich der Reichspräsidentenwahl im Frühjahr. Aus Furcht vor einem Reichspräsidenten Hitler, der für die NSDAP kandidierte, votierte sie abermals für das kleinere Übel: die erneute Kandidatur des inzwischen 84-jährigen Hindenburg. Nicht mehr die Rettung der Demokratie, sondern nur noch verschiedene Modelle autoritärer Regimes deuteten sich an.

Die verhängnisvollen Ereignisse nach der Wiederwahl Hindenburgs bestätigten, dass alle politischen Weichen auf Diktatur gestellt waren. Zwei Wochen danach verlor die SPD-geführte demokratische Preußenkoalition bei der turnusmäßigen Landtagswahl ihre parlamentarische Mehrheit und konnte nur noch geschäftsführend amtieren. Durch Hindenburgs Empfänglichkeit für Einflüsterungen der Reichswehrführung und Großagrarier wurde Kanzler Brüning Anfang Juni 1932 durch den reaktionären Adelsspross Franz von Papen ersetzt. Binnen Kurzem war die Situation für einen Staatsstreich gegen die letzte Bastion der Republik gegeben. Seit den Anfängen des Kabinetts Papen kursierten Gerüchte, dass die Regierung in Preußen durch einen Staatskommissar mit diktatorischen Vollmachten ersetzt werden könnte. Diese Gerüchte wurden am 20. Juli 1932 bittere Realität.

Ohne grundlegende Kurskorrektur war es kaum möglich, jenen Hindenburg, den man noch vor wenigen Monaten als Garanten des Rechtsfriedens gegen die Gesetzlosigkeit der NSDAP angesehen und im höchsten Staatsamt bestätigt hatte, nun als Zerstörer der demokratischen Verfassungsordnung zu bekämpfen. Der Parteivorsitzende Otto Wels (1873–1939) gestand freimütig, angesichts der Provokation des »Preußenschlags« vom 20. Juli sei der fatale Eindruck entstanden, »dass man allgemein ratlos war, was zu tun sei«. Berichte aus den Hochburgen der Arbeiterbewegung legen zwar nahe, dass in weiten Kreisen der Eisernen Front erwartet wurde, den Kampf gegen die Reaktion mit allen verfügbaren Mitteln führen zu müssen. Doch hätten selbst bewaffnete republikanische Schutzformationen und die preußische Polizei (von zweifelhafter Loyalität) kaum ausgereicht, Hitlers gewaltbereite SA-Banden und gleichzeitig die von Hindenburg befehligte Reichswehr, deren Einsatz wahrscheinlich war, zu bekämpfen.

In einer ökonomischen Krise mit inzwischen sechs Millionen registrierten Arbeitslosen musste man ferner davon ausgehen, dass der Generalstreik als Kampfmittel versagen würde. Nationalsozialistische Streikbrecher standen massenhaft zur Verfügung. Dass eine defensive etwaige Einheitsfront von SPD und KPD samt ihren Nebenorganisationen und den Gewerkschaften einen Ausweg hätte eröffnen können, ist keineswegs sicher. Die »Sozialistische Arbeiterpartei Deutschlands« (SAPD), die im Oktober 1931 von einem Teil der SPD-Linken gegründet worden war, sowie die KPD-Opposition und weitere Splittergruppen versuchten als Vermittler eines Aktionsbündnisses der großen Arbeiterparteien aufzutreten; sie fanden aber kaum politische Resonanz, wenngleich es in einzelnen Wohnbezirken Beispiele für gemeinsame Aktionen an der Basis gab. Das Misstrauen gegenüber den Kommunisten, die auf Geheiß Stalins im Jahr 1931 sogar einen Volksentscheid der Deutschnationalen und Nationalsozialisten zur Abwahl der preußischen Regierung unterstützt hatten, saß bei den Sozialdemokraten ebenso tief wie bei der KPD der Hass auf die »Sozialfaschisten« und die Polizei – beides keineswegs nur an den Parteispitzen.

Die SPD rechtfertigte ihr passives Verhalten vor allem mit den Reichstagswahlen, die am 31. Juli bevorstanden. Die Parteiführung fürchtete den Ausbruch von außerparlamentarischen Machtkämpfen. Die Eiserne Front hatte in den Betrieben sogenannte »Hammerschaften« gebildet. Aber diesen dürfte nicht verborgen geblieben sein, welche Ratlosigkeit die von der »Reichskampfleitung« ausgegebene Parole »Der Stimmzettel ist jetzt der Hammer in eurer Hand« widerspiegelte. Solcher lagebedingter Aktionsunfähigkeit folgte eine erneute Wahlniederlage. Mit 21,6 % fiel die SPD bei den Juliwahlen 1932 hoffnungslos hinter die NSDAP zurück, die 37,3 % erhielt – eine ähnliche Prozentzahl wie bei der preußischen Landtagswahl und für Hitler bei der Reichspräsidentenwahl.

Dem autoritären Kabinett von Papen fehlten die parlamentarische Mehrheit und der Wille zum verfassungsgemäßen Regieren. So fanden im November 1932 erneut Reichstagswahlen statt. Zwar fiel die von inneren Konflikten erschütterte NSDAP auf 33,1 % zurück. Doch auch die SPD erhielt nur noch 20,4 %, während die KPD aufgrund der Verelendung weiter Kreise der Arbeitslosen mit 16,9 % stark aufholte. Die NSDAP profitierte bei ihren Wahlerfolgen seit 1930 nur relativ wenig von der vormaligen Wählerschaft von SPD, KPD und Zentrum/BVP. Allerdings liefen der NSDAP neue Anhänger aus milieufernen, insbesondere ländlichen und kleinstädtischen Arbeiterkreisen zu, die zuvor andere Parteien gewählt hatten oder gar nicht. Entgegen früheren Vermutungen schnitt die NSDAP weder bei Arbeitslosen noch bei Angestellten überdurchschnittlich ab (beide lebten häufiger in Städten), sondern außer im alten ländlich-kleinstädtischen Mittelstand bei verarmten und von der Kaiserzeit geprägten Rentnern. Die Mitglieder der NSDAP selbst und besonders die (gewaltbereiten) Aktivisten der Nazis waren deutlich jünger und prägten auch zunehmend das Straßenbild jener Partei.

Die Regierung des Reichswehrgenerals Kurt von Schleicher, eines Hauptintriganten bei der Zerstörung der Republik seit 1930, löste das inzwischen isolierte Kabinett Papens Anfang Dezember 1932 ab. Sie bot der Öffentlichkeit gewissermaßen nach Burgfriedensmanier das Bild eines Politikansatzes, die zwischen autoritärer Staatsführung und lagerübergreifender »Querfront« beziehungsweise »Gewerkschaftsachse« stand. Dieser erteilten sowohl die Nationalsozialisten als auch die SPD zur Jahreswende 1932 eine Absage. Schließlich gab Hindenburg, lange widerstrebend, den Weg für die Ernennung Hitlers zum Reichskanzler frei – gedrängt von Großgrundbesitzern, Repräsentanten des Großkapitals, insbesondere aus der Schwerindustrie, und einer reaktionären Clique um den früheren Reichskanzler von Papen. So wurde der Weltkriegsmythos einer »Volksgemeinschaft« bedient und die NSDAP in diese nationale Front eingereiht. Die legale Fassade von Hitlers Nominierung war die Stärke der größten Reichstagsfraktion. Doch die NSDAP hatte im Reichstag bisher nur Krawall und Obstruktion betrieben und selbst mit den Deutschnationalen um Pressekonzernchef Hugenberg bei Weitem keine Mehrheit zustande gebracht.

Als Minister des Papen- und des Schleicher-Kabinetts in die Regierung der »nationalen Konzentration« zurückkehrten, verschleierte dies zwar die Tragweite der Machtverschiebung zugunsten Hitlers, doch die diktatorische »Machtergreifung« stand noch bevor. Ansatzpunkte zur entschiedenen Gegenwehr demokratischer Kräfte blieben aus. Was noch blieb, war eine Legalitätsillusion. Die Ratlosigkeit in Führungskreisen ließ schnell in Vergessenheit geraten, was dem

30. Januar 1933 folgte: Die organisierte Arbeiterschaft brachte in zahlreichen Demonstrationen, mancherorts die größten seit 1918, ihre Ablehnung des Hitler-Regimes zum Ausdruck.

Sozialdemokratie im Widerstand und Exil

Die Zuversicht der Sozialdemokratie, der »braune Spuk« könne bald vorbei sein, sah sich mit der harten Wirklichkeit des entschlossenen Repressionskurses der neuen Machthaber konfrontiert. Nach dem Reichstagsbrand, dessen Hintergründe bis heute nicht geklärt sind, setzte die Regierung Hitler Ende Februar 1933 grundlegende Verfassungsrechte außer Kraft. Neuwahlen zum Reichstag am 5. März 1933 wurden als Plebiszit für das Kabinett Hitler inszeniert. Ein Ausdruck freien Volkswillens waren sie nicht mehr. Gleichwohl verfehlte die NSDAP mit 43,9 % die angestrebte absolute Mehrheit, während die katholischen Parteien und die SPD (18,3 %) bei einer Wahlbeteiligung von fast 89 % nur leicht an Boden verloren. Die KPD, vielfach schon in die Illegalität gegangen, büßte aber 4,6 % ein und kam auf 12,3 % der Stimmen. NSDAP und DNVP (8 %) verfügten als Bündnis somit über eine parlamentarische Mehrheit, die dem Kabinett der Diktatur und des Verfassungsbruchs eine scheinlegale Fassade verschaffte.

Um nach der schon seit 1930 erodierten Demokratie auch den viel älteren Rechtsstaat endgültig zerstören zu können, benötigte Hitler freilich eine verfassungsändernde Zweidrittelmehrheit der Reichstagsabgeordneten. Bevor nun das Ermächtigungsgesetz am 23. März 1933 beschlossen wurde, das eine fast uneingeschränkte Regierungsdiktatur installierte, waren kommunistische und etliche sozialdemokratische Parlamentarier geflohen oder verhaftet worden. Während die kommunistischen Mandate bereits annulliert waren und die bürgerlichen Parteien allesamt dem Ermächtigungsgesetz zugestimmt und somit vor der NS-Diktatur kapituliert haben, bekräftigte der SPD-Vorsitzende Wels die ablehnende Haltung seiner Fraktion mit den denkwürdigen Worten: »Wir deutschen Sozialdemokraten bekennen uns in dieser geschichtlichen Stunde feierlich zu den Grundsätzen der Menschlichkeit und der Gerechtigkeit, der Freiheit und des Sozialismus. Kein Ermächtigungsgesetz gibt Ihnen die Macht, Ideen, die ewig und unzerstörbar sind, zu vernichten.«

Bedenkt man den beginnenden Terror nicht nur gegen Kommunisten, sondern auch gegen prominente und viele einfache Sozialdemokraten, war das klare Nein zu Hitlers Versuch, den politischen Ausnahmezustand zu legalisieren, sehr bemerkenswert. Doch dieser gesinnungsfesten Abwehrbereitschaft wohnte nur so lange Leben inne, wie Hoffnungen bestanden, dass es eine maßvolle Form der Illegalisierung geben könne wie unter dem Sozialistengesetz von 1878. Je schärfer aber die Unterdrückungs- und Verfolgungsmaßnahmen wurden und je mehr sich der SPD-Vorstand auf den noch verbleibenden außerparlamentarischen Bereich beschränken musste, desto mehr verfiel er in Resignation. Ende April 1933 erklärte Wels den Austritt der SPD aus der Sozialistischen Arbeiter-Internationale – um Rücksicht zu nehmen auf das Schicksal der im Lande verbliebenen aktiven Parteimitglieder.

Diese Politik der Konzessionen als Mittel zum Überleben erreichte ihren Tiefpunkt im April/Mai 1933. Nach Wochen schwerer Übergriffe glaubten die Freien Gewerkschaften, ihre legale Existenz dadurch absichern zu können, dass sie sich von der SPD distanzierten und bereit erklärten, am 1. Mai an einem staatlich inszenierten »Feiertag der nationalen Arbeit« teilzunehmen. Wie vergeblich dieser Akt der Anbiederung war, erfuhren sie schon am nächsten Tag: Der erste Akt ihrer Gleichschaltung, seit Längerem vorbereitet, wurde planmäßig begonnen. SA-Schergen besetzten die Gewerkschaftshäuser, verhafteten zahlreiche Funktionäre. Die personell zusammengeschmolzene SPD-Reichstagsfraktion gab sich am 17. Mai dazu her, in einer Mischung aus Resignation und Festklammern an der Legalitätsillusion einer »Friedensresolution« Hitlers zuzustimmen. Das offizielle Verbot der SPD am 22. Juni beendete diese quälende Phase.

Dennoch wahrte ein großer Teil der Parteimitglieder die Verbindungen zum sozialen Milieu ihrer Subkultur, die gerade unter den Repressionen dem Bedürfnis nach Zusammenhalt entgegenkam.

Sozialdemokratische Diskussionszirkel, zum Beispiel als Gesangverein getarnt, überdauerten längere Zeit unentdeckt. Der aktive Widerstand im Untergrund stellte die Massenpartei jedoch vor erhebliche Probleme, war sie doch auf ein funktionierendes Kommunikationsnetz angewiesen. Das war der Grund dafür, dass kleine linkssozialistische Gruppierungen seit 1933 deutlich an politisch-moralischer Bedeutung gewannen. Unter ihnen besaß die Gruppe »Neu Beginnen« trotz einer ideologisch dominierenden Stellung früherer KPD-Oppositioneller in sozialdemokratischen Kreisen den relativ stärksten Einfluss. Es war ihr schon 1932 gelungen, die Berliner Jugendorganisation der SPD konspirativ zu erobern. Eine Programmschrift vom September 1933 zeigte, dass nach der Niederlage gegen die NSDAP ein Bruch mit sozialdemokratischen Gedanken die beabsichtigte Folge war. Der SPD wurde die »Bejahung der bürgerlich-demokratischen Republik« als der »erste entscheidende Fehler« zum Vorwurf gemacht und die »Alleinherrschaft der sozialistischen Partei« als Ziel angestrebt, um »damit alle Klassenherrschaft sowie auch alle Parteien und Parteienherrschaft absterben zu lassen«.

Neben der SAPD profitierte auch der »Internationale Sozialistische Kampfbund« (ISK) von der Stärke einer in sich fest geschlossenen Gemeinschaft von Gleichgesinnten im Widerstand gegen die mächtige staatliche Unterdrückungsmaschinerie. Anders als die übrigen linkssozialistischen Gruppen verstand sich der ISK nicht als marxistisch, sondern knüpfte an die neukantische Philosophie eines Leonard Nelson (1882–1927) an. Dieser geistigen Grundhaltung des ethischen Sozialismus mit revolutionärer Stoßrichtung entsprang das Bewusstsein der ISKler, einer moralischen Elite anzugehören, die eine träge Masse wachrütteln und durch einen Lebensstil, der zu persönlichen Opfern bereit war, überzeugen wollte. Der Bedeutungsgewinn von »Neu Beginnen«, SAPD und ISK fand historisch letztlich darin seinen Niederschlag, dass nach 1945 ehemalige Widerstandskämpfer aus diesen Gruppierungen weit überproportional in Führungspositionen der SPD aufrücken sollten.

Zwischen den in Deutschland verbliebenen und den verabredungsgemäß ins Exil gegangenen Vorstandsmitgliedern der SPD gab es zunehmend Konflikte. Mit einer Erklärung, die sich von dem Verhalten der Inlandsfraktion distanzierte, zeigte sich die Exilgruppe der SPD in Prag »nicht bereit, den letzten Schein einer öffentlichen Betätigungsmöglichkeit in Deutschland für die Wirklichkeit zu nehmen und damit dem Gegner die Gelegenheit zu schaffen, zu der organisatorischen Vernichtung der Partei auch noch ihre politische und moralische Diffamierung vor den Augen der Arbeiter und der Welt hinzuzufügen«. Diese von beiden Seiten polemisch geführte Auseinandersetzung blieb jedoch nur eine bittere Episode, da die NS-Diktatur die Verfechter der Legalstrategie kompromittierte. Die meist aus jüngeren aktivistischen Mitgliedern gebildeten sozialdemokratischen Widerstandsorganisationen wie die »Sozialistische Front« und der »Rote Stoßtrupp« positionierten sich deutlich links von der Parteilinie bis 1932/33.

Im Prager Exil erschien seit dem 18. Juni 1933 wieder ein von Stampfer geleiteter »Neuer Vorwärts«, der bereits mit seiner ersten Ausgabe das Stichwort der politischen Ziele des sozialdemokratischen Widerstands unter der NS-Herrschaft gab: »Wir erheben uns gegen die Tyrannei und rufen zum Kampf für die Freiheit.« Aus der scheinlegalen Zerstörung der Weimarer Republik wurden aber nunmehr auch politisch-gesellschaftstheoretische Schlüsse gezogen, die eine Radikalisierung ankündigten: »Es gibt keine wahre Demokratie ohne die Herrschaft der Arbeiterklasse! Es gibt keine wahre Demokratie ohne den Sozialismus!« Nach dem unwiderruflichen Scheitern der Bemühungen um minimale Bewegungsfreiheit im Reichsgebiet entschloss sich die Sozialdemokratie, deren Namenskürzel zur äußeren Kennzeichnung der neuen Exil-Situation zeitweise »Sopade« lautete, zur systematischen illegalen Arbeit. Als Koordinationsstellen für Nachrichten und Agitationsmaterial auf deutschem Boden wurden Grenzsekretariate in mehreren Nachbarländern geschaffen, die die Verbindung zu den Widerstandsgruppen im Reichsgebiet aufrechterhielten.

Mit der Veröffentlichung des Prager Manifests im Januar 1934 zeigte der sozialdemokratische Exilvorstand neue Führungskraft. Der Text des Aufrufs unter dem Stichwort »Kampf und Ziel des revolutionären Sozialismus« ging auf einen Entwurf Hilferdings zurück. Wenn er »eine Elite von Revolutionären« sowie eine »Dezentralisation der illegalen Arbeit« für erforderlich erklärte, war unverkennbar, dass er sich damit dem Konzept linkssozialistischer Aktivisten des Widerstands annäherte. Als ehemaliger USPD-Politiker konnte Hilferding vorbehaltlos einräumen, dass nach dem November 1918 »schwere historische Fehler« eine restaurative Entwicklung ermöglicht hatten. Das Programm einer »dauernden völligen Entmachtung des besiegten Gegners« enthielt deshalb eine Reihe »einschneidender politischer und sozialer Maßnahmen«. Unter ihnen beanspruchten die »Aburteilung der Staatsverbrecher«, »Aufhebung der Unabsetzbarkeit der Richter«, »Reinigung der Bürokratie« und »Unterbindung jeder konterrevolutionären Agitation« höchste Dringlichkeit.

Darüber hinaus sollte die »entschädigungslose Enteignung« der Großgrundbesitzer und der Schwerindustrie umgehend in Angriff genommen und die Vergesellschaftung der Großbanken durchgeführt werden. »Erst nach der Sicherung der revolutionären Macht und nach restloser Zerstörung der kapitalistisch-feudalen und politischen Machtpositionen der Gegenrevolution beginnt der Aufbau des freien Staatswesens mit der Einberufung einer Volksvertretung.« Um allen Versuchungen eines diktatorischen Zentralismus zu widerstehen, wurde die »Herstellung einer echten, freiheitlichen Selbstverwaltung innerhalb des gegliederten Einheitsstaates« angestrebt. Das Plädoyer zugunsten einer »Front aller antifaschistischen Schichten« vermied bewusst die Erwähnung der noch in ultralinker Propaganda befangenen KPD und zielte auf linksbürgerliche Regimegegner sowie die »Anhänger der zahllosen Splittergruppen« von Linkssozialisten. Mit der abschließenden Kampfparole »Durch Freiheit zum Sozialismus, durch Sozialismus zur Freiheit!« entwarf die »deutsche revolutionäre Sozialdemokratie« ein Kontrastbild zur NS-Tyrannei.

Die Zahlen der Reichstagsabgeordneten, die Opfer der NS-Diktatur geworden sind, dürften unter Sozialdemokraten und Kommunisten ähnlich hoch sein. An der Basis war auch die Dunkelziffer sozialdemokratischer und linkssozialistischer illegaler Aktionen sehr hoch. Doch trotz dieser Relativierungen besteht kaum ein Zweifel daran, dass die KPD, in der auch das NS-Regime einen besonders gefährlichen Gegner sah, und ihre Sympathisanten eine besondere eigene Rolle im Inlandswiderstand einnahmen. Dieser war in den Vorkriegsjahren sozial wie politisch vor allem ein Widerstand aus der Arbeiterbewegung und nicht zuletzt von früheren aktiven Gewerkschaftern. Insgesamt waren Zehntausende beteiligt, bevor seit Mitte der 1930er-Jahre unter dem Zugriff immer effektiverer Verfolgungsmaßnahmen dieser Widerstand zerschlagen wurde. Individueller und kollektiver sozialer Protest, bis hin zu kleineren Streiks, konnte im »Dritten Reich« zeitweise beachtliche Ausmaße annehmen. Er hatte aber mit der organisierten politischen Opposition der alten Arbeiterbewegung immer weniger zu tun und ging meist von Gruppen aus, die mit ihrer Tradition kaum noch verbunden waren.

Die betrieblichen »Vertrauensräte«-Wahlen der Jahre 1934 und 1935 hatten dem NS-Regime deutliche Schlappen zugefügt. Sie wurden deshalb 1936 mitten in der Durchführung abgebrochen und nie mehr durchgeführt. Nach der Zertrümmerung und »Gleichschaltung« der parteipolitischen, gewerkschaftlichen und betrieblichen Vertretungskörperschaften wurden die Durchschnittslöhne zunächst auf dem Niveau der Wirtschaftskrise fixiert. Bald aber stiegen sie wieder, hauptsächlich wegen der Erhöhung der Wochenarbeitszeit. Dass die Arbeitslosigkeit bis 1937 beseitigt werden konnte – auch wenn dies anfangs mit eher infrastruktureller Arbeitsbeschaffung und später immer stärker durch Aufrüstung erfolgte –, verfehlte seinen Eindruck bei der arbeitenden Bevölkerung nicht. Zudem war im Zweiten Weltkrieg die Versorgungslage, verglichen mit dem Ersten, relativ günstig durch die Ausplünderung des halben Kontinents. So hielt sich der Unmut der Beschäftigten im Reich über die Arbeits- und Lebensbedingungen in Grenzen.

Internationale Beziehungen und Planungen für die Zeit nach Hitler

Der Kriegsgefahr, die von Hitler-Deutschland ausging, widmete die SPD-Führung besondere Aufmerksamkeit. Sie versuchte, den sozialdemokratischen Parteien der Nachbarländer einen wirklichkeitsgetreuen Eindruck der innerdeutschen Vorgänge zu vermitteln. Nachdem die Kommunistische Internationale die Sozialfaschismustheorie zurückgenommen und durch eine Einheits- und Volksfrontstrategie ersetzt hatte, fanden im Herbst 1935 erstmals Gespräche zwischen den Exilvorständen beider deutscher Arbeiterparteien statt. So betonte der SPD-Mitvorsitzende Johann (bekannt als: Hans) Vogel (1881–1945), »dass die Einheit der sozialdemokratischen und kommunistischen Arbeiter eine der wichtigsten Voraussetzungen zum Sturz des Faschismus ist«. Auf der anderen Seite zeigte sich Franz Dahlem für das Zentralkomitee der KPD zu selbstkritischen Äußerungen ermächtigt: »Es war ein Fehler von uns, dass wir nicht ab 1932 Verbindung mit der Sozialdemokratie gesucht haben. Sie war die Hauptmacht.« Die tiefe Skepsis der Sopade blieb jedoch bestehen und fand neue Nahrung, als die Euphorie über die Einheit der Linken in Frankreich und Spanien angesichts der scheiternden Volksfront verflog. Die »Großen Säuberungen« in der Sowjetunion, mit Schauprozessen gegen einst führende Kommunisten, zerstörten restlos alle Illusionen über eine Zivilisierung des stalinistischen Regimes. Der Hitler-Stalin-Pakt vom August 1939 erschien führenden Sozialdemokraten vor diesem Hintergrund als letzter Beweis der Wesensverwandtschaft zweier totalitärer Systeme und trug danach auch wesentlich zur Annäherung der verschiedenen linkssozialistischen Gruppen an die Sopade bei.

Die Verbindungen der Sopade ins Reich kamen mit Kriegsbeginn weitgehend zum Erliegen. Der Exil-Vorstand musste seinen Sitz in Prag räumen, wo er bis 1938 residierte, und über Paris nach London verlegen. Dort wurde im März 1941 die Union deutscher sozialistischer Organisationen in Großbritannien gegründet, ein entscheidender Schritt zur Einheit der nicht kommunistischen Arbeiterbewegung.

Mitglieder der Union waren die SPD, Neu Beginnen, die SAPD und der ISK. Parallel dazu vollzog sich eine Annäherung im schwedischen Exil. Zwar schwanden im Laufe des Krieges die Hoffnungen, dass die deutschen Arbeiter sich erheben würden. Dennoch ging man bis kurz vor Ende davon aus, dass die deutschen Antifaschisten in einer von den Alliierten geduldeten »Dependent Revolution« wenigstens eine kleine eigene Rolle in der weltweiten Anti-Hitler-Koalition spielen könnten. Die Notwendigkeit einer radikalen demokratischen Umwälzung in Deutschland lag auf der Hand. Die Macht der alten Eliten musste gebrochen - sei es mit dem Mittel ausgedehnter Teilenteignungen - und die Grundlage für eine neue, kämpferische, sozial akzentuierte Demokratie mit sozialistischer Entwicklungsperspektive gelegt werden. Ein modifizierter Parlamentarismus im Zeichen von Selbstverwaltung und Masseninitiative sollte allerdings erst nach einer revolutionären Übergangsphase umgesetzt werden. Auch der frühere »Vorwärts«-Chefredakteur Stampfer hoffte noch 1943 aus der Ferne seines New Yorker Exils auf eine Revolution, »die bis an die Wurzeln geht«.

Aus anfänglicher Solidarität wurde ab 1942 jedoch eine immer unfreundlichere Haltung der britischen Labour Party und anderer Bruderparteien, bis hin zu offener Diskriminierung, obwohl ihre Kriegsziele mit denen der SPD großenteils identisch waren. Das sozialdemokratische und linkssozialistische Exil fürchtete dreierlei: einen alliierten »Karthago«-Frieden, die Verhinderung erforderlicher Eingriffe in die Sozialordnung durch konservative Kräfte der Westalliierten sowie eine sowjetische Machtpolitik, die ohne Rücksicht auf die deutsche Arbeiterbewegung durchgesetzt wird. Deutsche Wiedergutmachungsleistungen und strikte alliierte Kontrollen standen angesichts der horrenden NS-Verbrechen nicht infrage. Vor allem sozialdemokratische Exilgruppen in den USA entwickelten unter dem Eindruck des »New Deal« und Präsident Roosevelts Führungsrolle in der Anti-Hitler-Koalition nun auch Hoffnungen auf diesen mächtigen Teil »des Westens«; dies unbeschadet französischer und englischer Freiheitsleitbilder, die immer schon eine hohe Wertschätzung genossen.

Oft unterschätzt wurde der Anteil, den Sozialdemokraten und Gewerkschafter am Umsturzversuch des 20. Juli 1944 hatten. An ihm haben Angehörige sämtlicher regimegegnerischer Grundströmungen und Sozialgruppen mitgewirkt. Julius Leber (1891–1945), ein Freund Graf Stauffenbergs, war eine der Schlüsselfiguren der Erhebung außerhalb des engen Kreises beteiligter Militärs. Carlo Mierendorff (1897–1943) hatte im Frühjahr 1943 für den Kreisauer Kreis einen Aufruf an eine »Volksbewegung« verfasst, die »für die Befreiung des deutschen Volkes von der Hitler-Diktatur, für die Wiederherstellung seiner durch die Verbrechen des Nazismus niedergetretenen Ehre und für seine Freiheit in der sozialistischen Ordnung« kämpfen sollte.

KAPITEL 9 Neubeginn 1945–1957: Wiederaufbau und Opposition – die SPD in den frühen Jahren der Bundesrepublik

Die Kapitulation des Deutschen Reichs und das Ende der NS-Diktatur am 8. Mai 1945 war eine der tiefsten Zäsuren der deutschen Geschichte. Mit der Übernahme der Staatsgewalt durch die Besatzungsmächte in politischer Hinsicht änderte sich auch der Lebensalltag der Bevölkerung. Das »Manifest der demokratischen Sozialisten des ehemaligen Konzentrationslagers Buchenwald« ist ein Dokument, das wesentliche Elemente dieses politischen Bewusstseins der ersten Stunde programmatisch in Worte fasst: Sämtliche Überbleibsel der NS-Herrschaft müssten beseitigt und eine sozialistische Neuordnung der Gesellschaft angestrebt werden, um die Erblasten der deutschen Geschichte abzutragen und den Weg in eine bessere Zukunft zu ebnen. Durch ein »Bündnis aller antifaschistischen Kräfte« wollte man »einen neuen Typ der Demokratie« ermöglichen, »die sich nicht in einem leeren, formelhaften Parlamentarismus erschöpft«. Überdies sollte ein künftiges »europäisches Gesamtbewusstsein« zu einem friedlichen Zusammenwirken mit den Siegermächten und einstigen Kriegsgegnern in Ost und West führen.

Wiederaufbaujahre und Probleme der Neuordnung in Ost und West

Der Erfahrungs- und Bewusstseinshorizont ehemaliger sozialdemokratischer KZ-Häftlinge und Mitglieder der Widerstands- und Exilgruppen, die ins normale politische Leben zurückkehrten, unterschied sich allerdings großenteils von dem, was die große Mehrheit der Bevölkerung erlebt hatte: Millionen Kriegs- und Kriegsfolgetote, weitere Millionen Flüchtlinge und Vertriebene aus den jetzt »amputierten« Gebieten östlich von Oder und Neiße, enorme Zerstörungen durch die alliierten Bombenangriffe und die Bodenkämpfe in der Endphase des Krieges, vor allem in den inneren Bereichen der großen Städte. Die »Zusammenbruchsgesellschaft« brachte einen akuten Problemdruck mit sich. Die elementarsten Lebensbedingungen mussten reorganisiert werden: Flüchtlinge waren unterzubringen, die Versorgung mit Nahrungsmitteln auf Mindestniveau sicherzustellen, Wohnungen notdürftig zu reparieren, Trümmer zu beseitigen und die Versorgungsbetriebe in Gang zu bringen. Anders als 1918/19 nach dem Ersten Weltkrieg fehlten 1945 die gesellschaftlichen Voraussetzungen für eine revolutionäre Bewegung. Zwar entstand auf lokaler Ebene eine Vielzahl von spontanen »Antifaschistischen Ausschüssen« und provisorischen Betriebsräten, die die genannten Probleme solidarisch angingen. Diese Initiativen waren jedoch sehr bald mit der Verbotspraxis der Besatzungsmächte konfrontiert sowie auch mit dem Misstrauen der sich etablierenden Führungsorgane von SPD und KPD. Sie waren auch nicht Ausdruck einer Massenbewegung, sondern getragen von den unteren Kadern im »Dritten Reich« verbotener Organisationen der Arbeiterbewegung, insbesondere des linken Flügels.

Der Wiederaufbau der politischen Parteien blieb mehrere Jahre lang an die Genehmigungspraxis der Besatzungsmächte geknüpft, und damit an deren Zielsetzungen. Schon am 11. Juni 1945 konnten die Kommunisten der Sowjetischen Zone ihren Gründungsaufruf veröffentlichen. Er hatte eine gemäßigte »antifaschistisch-demokratische« Richtung und so ein Bündnis mit der SPD sowie den christlichen und liberalen Strömungen des Bürgertums im Blick. Immerhin durfte sich nur wenige Tage später, quasi als Antwort auf die KPD-Gründung, dort auch die SPD als Partei neu konstituieren. Eine Gruppe um Otto Grotewohl (1894–1964), den späteren DDR-Ministerpräsidenten, erhob als Berliner »Zentralausschuss« einen Führungsanspruch.

Nicht ohne Probleme gestalteten sich die Anfänge der Sozialdemokratie in den Westzonen. Auf dem Territorium der späteren Bundesrepublik ließen die Westalliierten nur ganz allmählich wieder parteipolitische Aktivitäten zu. Während ein von Kommunisten kontrolliertes Regime im Osten den Sowjets Garantie genug war für die Sicherung ihrer Machtinteressen, misstrauten die Westmächte den Deutschen insgesamt. Nur nach und nach und in kleinen Schritten wollten sie deutschen Politikern wieder eigenständige Entscheidungen gestatten.

Die Ära Kurt Schumachers und das Verhältnis zu KPD und SED

Kurt Schumacher (1895–1952) war die unbestrittene neue Führungsfigur der West-SPD in der Nachkriegsära. Schon 1932, als junger Reichstagsabgeordneter, hatte er in einer der schärfsten Reden, die je in deutschen Parlamenten gehalten wurden, dem Nationalsozialismus voller Hohn vorgehalten, »dass ihm zum ersten Mal in der deutschen Politik die restlose Mobilisierung der menschlichen Dummheit gelungen« sei; er überschüttete die Fraktion der lärmenden Braunhemden mit Worten abgrundtiefer Verachtung: »Die ganze nationalsozialistische Agitation ist ein dauernder Appell an den inneren Schweinehund im Menschen.« Diesen persönlichen Mut musste Schumacher mit zehn Jahren KZ-Haft bezahlen, die zweifellos mitverantwortlich für seinen frühen Tod waren. Sein Lebensweg und sein scharf konturiertes politisches Profil prädestinierten ihn für die Rolle einer Symbolfigur des antifaschistischen Deutschlands.

Grotewohls Berliner »Zentralausschuss« war für Schumacher ein entscheidender Antrieb seiner Arbeit. Beide standen in einem Konkurrenzverhältnis, auch wenn die programmatischen Erklärungen im Osten zunächst nicht weit ab von Schumachers Vorstellungen lagen und die Haltungen zur KPD sich im Spätsommer und Herbst sogar anzunähern schienen. Bereits im Mai 1945 bekräftigte Schumacher den schon im Exil eingeleiteten Integrationskurs mit dem Hinweis, die SPD solle als »Magnet auf alle Splitter« anziehend wirken. Er war der Typ eines Volkstribuns, anders als die allermeisten Funktionäre der Weimarer SPD. Dieser Umstand übte auf frühere Linkssozialisten und auch ehemalige Kommunisten wie Herbert Wehner (1906–1990) nach dessen Bekunden eine große Anziehungskraft aus und hat »geholfen, Sozialdemokrat sein zu können, weil er so großartig kämpferisch war«. Von Hannover aus organisierte das »Büro Dr. Schumacher« im Oktober 1945 die »Konferenz von Wennigsen«, ein Treffen, dem konstitutive Bedeutung für den Wiederaufbau der Partei beizumessen ist. Zwar war nur in der Britischen Zone (Nord- und Westdeutschland) eine reguläre Delegiertenwahl möglich. Dennoch erhielt Schumacher auch von den SPD-Vertretern des amerikanischen und französischen Besatzungsgebiets, die formell nur als Gäste anwesend waren, ein Führungsmandat für die Westzonen insgesamt. Dabei konnte er sich auf die Unterstützung der Londoner Exilgruppe des alten SPD-Vorstands um den ehemaligen Jugendsekretär Erich Ollenhauer (1901–1963) stützen. Denn sie war noch am ehesten legitimiert, für die Kontinuitätslinie seit der Weimarer SPD zu stehen.

Nach Schumachers Willen sollte die Sozialdemokratische Partei eine klare Alternative im Kampf gegen Restaurationstendenzen formulieren und erklären, »ob wir in Deutschland einen Neubau oder einen Wiederaufbau vornehmen wollen«. Ausgehend von der Überzeugung, dass die Demokratie »erst in einem sozialistischen Deutschland gesichert« sein könne, forderte Schumacher noch im Oktober 1945 eine radikale Neuordnungsinitiative: »Auf der Tagesordnung steht heute als der entscheidende Punkt die Abschaffung der kapitalistischen Ausbeutung und die Überführung der Produktionsmittel aus der Hand der großen Besitzenden in gesellschaftliches Eigentum.« Wie viele Sozialdemokraten und Gewerkschafter war auch er davon überzeugt, dass ein kapitalistischer Wiederaufbau schon aus ökonomischen und sozialen Gründen nicht durchführbar sei. Gleichzeitig wollte er die SPD für zusätzliche Wählerschichten öffnen: »Es ist gleichgültig, ob jemand durch die Methoden marxistischer Wirtschaftsanalyse, ob er aus philosophischen oder ethischen Gründen oder ob er aus dem Geist der Bergpredigt Sozialdemokrat geworden ist.« Entgegen dem engherzigen Nationalismus hoffte Schumacher, dass seine beharrliche Forderung nach Souveränität und territorialer

Unversehrtheit des eigenen Landes in der Staatengemeinschaft Gehör finden werde: »Es gibt keine deutsche Frage, die nicht zugleich eine europäische Frage wäre.«

Seine persönliche Kampf- und Leidensgeschichte verlieh Schumacher ein unbeugsames Selbstbewusstsein, mit dem er nicht nur innenpolitischen Gegnern entgegentrat, sondern auch den Besatzungsmächten. Kollektivschuld-Unterstellungen wies er pauschal zurück. Doch es fehlte ihm, anders als Sozialdemokraten, die lange im Ausland waren, an dem Vermögen, sich in die Mentalität seiner europäischen Nachbarn einzufühlen. Diese waren über sein oft schroffes Pochen auf die nationale Integrität Deutschlands irritiert. Erst Ende 1947 wurde die SPD in das internationale Komitee der sozialistischen Parteien (COSIMO) aufgenommen. Aber 1951 durfte sie den Gründungskongress der daraus hervorgegangenen Sozialistischen Internationale in Frankfurt am Main ausrichten. Die Frankfurter Resolution der europäischen Sozialisten bekräftigte Schumachers Position gegenüber den osteuropäischen Machthabern und ihren Gefolgsleuten ausdrücklich: »Die Kommunisten berufen sich zu Unrecht auf sozialistische Traditionen. In Wirklichkeit haben sie diese Traditionen bis zur Unkenntlichkeit verzerrt. Der Kommunismus ist zu einem Dogmatismus erstarrt, der in unvereinbarem Gegensatz zum kritischen Geist des Marxismus steht.«. Die Parteien der Internationale wollten das »kapitalistische System überwinden« und die staatsbürgerlichen Freiheitsrechte durch soziale und wirtschaftliche ergänzen: »Der Sozialismus kann nur durch die Demokratie verwirklicht, die Demokratie nur durch den Sozialismus vollendet werden.«

Mit Erlaubnis und Unterstützung der sowjetischen Besatzungsmacht startete die KPD ab September 1945 ihre Einheitskampagne. Die verheerende Niederlage der Kommunisten bei den österreichischen Parlamentswahlen im November 1945 (nur 5,4 % gegenüber 44,6 % für die SPÖ) beschleunigte diese Kampagne. In der Viermächtestadt Berlin, wo westlicher und östlicher Einflussbereich aufeinandertrafen, fand Ende März 1946 eine von den unteren SPD-Funktionären erzwungene Urabstimmung über die Einheitsfrage statt, blieb aber wegen der ablehnenden Haltung der Sowjetischen Militär-Administration auf die Westsektoren der Stadt beschränkt. Rund 73 % der Parteimitglieder nahmen teil, von ihnen sprachen sich 82 % gegen eine sofortige Verschmelzung mit der KPD aus, 62 % befürworteten jedoch ein Bündnis beider Arbeiterparteien. Unmittelbar nach Kriegsende hatte es durchaus eine breite Strömung für die Wiederherstellung der organisatorischen Einheit der Arbeiterbewegung gegeben.

Den radikalen und endgültigen Bruch zwischen der SPD in den westlichen Besatzungszonen und der in der sowjetischen Zone markierte die Verschmelzung von KPD und dortiger SPD zur SED im April 1946. Sie trug Züge einer Zwangsvereinigung, denn auf die Sozialdemokraten wurde erheblicher Druck ausgeübt. Die verbliebenen SPD-Anhänger im sowjetischen Machtbereich wurden mit Versammlungsverboten belegt, nicht wenige verhaftet. Ihre Ausschaltung verschärfte den Abgrenzungskurs der SPD in den Westzonen. Für Schumacher war die KPD des Jahres 1946 »nicht eine deutsche Klassen-, sondern eine fremde Staatspartei«.

Der erste reguläre SPD-Nachkriegsparteitag fand im Mai 1946 in einer Hannoveraner Fabrikhalle statt. Mit einem überwältigenden Votum (244 von 245 Stimmen) wurde Schumacher zum Parteivorsitzenden gewählt. Die Resultate der Kommunal- und Regionalwahlen, welche die westlichen Besatzungsmächte 1946/47 wieder zuließen, zeigten jedoch, dass Schumachers Führungsanspruch nur in der eigenen Partei solche Zustimmung fand. Im Durchschnitt der Landtagswahlen in den Westzonen gewann die CDU/CSU 37,7 % aller Stimmen und konnte die SPD (35 %) bereits überrunden. Weitere 9,4 % entfielen auf die KPD, ähnlich die Ergebnisse der Liberalen. Auch in Nordrhein-Westfalen, dem bevölkerungsstärksten Land mit einer starken industriellen, aber mehrheitlich katholischen Bevölkerung, lag die CDU (37,5 %) im April 1947 vor der SPD (32 %). Dort erzielte die KPD, gestützt auf ihre Hochburgen im Ruhrgebiet und befördert von Hungerdemonstrationen, auf denen auch Sozialisierungsforderungen gestellt wurden, mit 14 % ihr weitaus bestes Nachkriegsergebnis im Westen.

Gemessen an dem, was Schumacher und die SPD erwartet hatten, war das enttäuschend. Vergleicht man die Westzonen insgesamt aber einmal mit dem guten Ergebnis von 1928, so hatte sich die SPD um 8 bis 9 % verbessert. Die Resultate der CDU/CSU lagen zu diesem Zeitpunkt trotz der erweiterten konfessionellen Basis nur geringfügig höher: Der feste Wählerstamm der katholischen Parteien Zentrum/BVP, die als Vorläufer von CDU und CSU gelten dürfen, machte für das Gebiet der späteren Westzonen schon zu Weimarer Zeiten nahezu 25 % aus. Beide großen demokratischen Integrationsparteien haben also ungefähr zu gleichen Teilen von der Konkursmasse der Splittergruppen profitiert sowie von der Tatsache, dass viele ehemalige NSDAP-Anhänger anfänglich nicht wählen wollten oder aufgrund alliierter Bestimmungen nicht wählen durften. Würde man ihre alten Hochburgen östlich der Elbe einbeziehen, hätte die SPD wohl die Führungsrolle einer gesamtdeutschen Staatsgründung erobern können, wie ihr Gesamt-Berliner Wahlergebnis vom Oktober 1946 mit 48,7 % nahelegen mag (CDU 22,2 %, SED 19,8 %).

Es gab zunächst eine kapitalismuskritische Haltung bis weit in die Mitglieder- und Anhängerschaft der CDU hinein. Diese schlug sich nieder in einer Reihe von Sozialisierungs- und Mitbestimmungsgesetzen auf Landesebene, die von den Besatzungsmächten allesamt suspendiert wurden. Spätestens mit der Währungsreform in den Westzonen im Juni 1948, welche die Besitzer von Sachwerten begünstigte, zeigte sich, dass die alten Eigentumsverhältnisse und die soziale Hierarchie während der Besatzungsherrschaft und der von Mangel bestimmten »währungslosen Wirtschaft« nur überlagert, aber nicht aufgehoben waren.

Festzuhalten ist gleichwohl, dass trotz der beschworenen »Restauration« der bürgerlich-kapitalistischen Gesellschaft auf etlichen Politikfeldern ein demokratischer Neubeginn zu verzeichnen war, auch nach dem Verständnis der SPD. Das galt nicht zuletzt für die Sozialdemokratie und die Gewerkschaftsbewegung selbst. In bemerkenswertem Tempo liefen ihr neue Anhänger zu: Mit 875.000 zum Ende des Jahres 1947 (1946: 711.000) hatte die SPD auf betreffendem Territorium weit mehr Mitglieder als noch vor 1933. In der Sowjetzone gewann sie bis zur SED-Gründung rund 700.000 Mitglieder, von denen in den folgenden acht Jahren 280.000 aus der

Einheitspartei »hinausgesäubert« wurden. Der DGB, der sich als einheitsgewerkschaftlicher Dachverband sah, wies zu seinem bundesweiten Gründungskongress im Oktober 1949 knapp fünf Millionen Mitglieder auf. Der SED-gelenkte FDGB kam in einem viel kleineren und bevölkerungsschwächeren Gebiet im Dezember 1946 auf 3,2 Millionen.

Grundgesetz und erste Bundestagswahl 1949

Alle lizenzierten Parteien arbeiteten zunächst auf Länderebene zusammen, meist stellte die SPD den Wirtschaftsminister. In der Verwaltung der nun vereinigten Amerikanischen und Britischen Zone war sie seit Anfang 1947 mit Victor Agartz (1897–1964) vertreten, einem profilierten marxistischen Ökonomen. Als jedoch der von den Länderparlamenten beschickte Wirtschaftsrat im Frühsommer 1947 seine Arbeit aufnahm, musste Agartz, der von einer bürgerlichen Mehrheit als untragbar angesehen wurde, seinen Platz für Ludwig Erhard räumen. Zwar hatte die CDU/CSU zuvor angeboten, dass Agartz sein Amt in der Bizone weiterführen könne, wenn die Bereitschaft bestünde, im Gegenzug wirtschaftspolitischen Einfluss abzutreten, aber dagegen verwahrte sich die SPD. Diese erste grundsätzliche Entscheidung, in die Opposition zu gehen, war auch dem Kalkül geschuldet, dass die desolaten ökonomischen Verhältnisse unter den gegebenen Bedingungen nur begrenzt zu beeinflussen seien und dass ein Scheitern den jeweils regierenden Parteien angelastet würde. Tatsächlich gab es in der ersten Jahreshälfte 1947 und noch 1948 vielerorts Hungerunruhen. Als nun mit der im Sommer 1948 durchgeführten Währungsreform die Preise spürbar stiegen, die Löhne aber eingefroren blieben, initiierten die Gewerkschaften der Bizone im November 1948 einen kurzen Generalstreik. Er war auf einen Tag befristet und hatte keine erhebliche Änderung der Wirtschaftspolitik zur Folge.

Die Westalliierten empfahlen auf Konferenzen in London die Gründung eines westdeutschen Staates, und um die Ausgestaltung des künftigen »Grundgesetzes« kümmerte sich der aus den Länderparlamenten gebildete Parlamentarische Rat. Von SPD-Seite nahm an erster Stelle Carlo Schmid (1896–1979) an diesem Willensbildungsprozess teil. Einerseits war es auch Schumachers unbeugsamer Haltung geschuldet, dass den Westmächten mehr Kompetenzen für Bundesregierung und Bundestag abgetrotzt werden konnten als ursprünglich vorgesehen. Andererseits wollte die SPD gemäß ihrer »Provisoriumsideologie« die Verfassung auf einen traditionellen Grundrechtekatalog und ein »Organisationsstatut« des neuen Staates beschränken. Die sozioökonomischen Neuordnungsziele, über die es keine Einigung gab, wurden auf die Zeit vertagt, da sich wieder ein souveräner deutscher Nationalstaat gegründet haben würde, der – so die Vermutung – von der Sozialdemokratie dominiert sein werde. Dem Text des Grundgesetzes der Bundesrepublik Deutschland stimmten im Mai 1949 nur SPD, CDU und FDP als politische Erben der Weimarer Staatsgründungskoalition geschlossen zu. Die CSU und die verbliebene separate Zentrumspartei votierten mehrheitlich, die KPD und die rechtsgerichtete Deutsche Partei einmütig dagegen.

Die Wahl zum ersten Deutschen Bundestag im August 1949 spiegelte ungefähr die Kräfteverhältnisse in den Länderparlamenten wider. Allerdings mussten damals die Millionen Flüchtlinge und Vertriebene aus den Gebieten jenseits von Oder und Neiße sowie einstige NSDAP-Mitglieder ins öffentliche Leben wieder eingegliedert werden, was eine höhere Parteienzersplitterung mit sich brachte. Infolgedessen verbuchten CDU und CSU nur noch 31,0 % der Stimmen und die SPD enttäuschende 29,2 %. Die KPD schnitt mit 5,7 % deutlich schwächer ab als zuvor. Die Skepsis, ob Bonn nicht doch ein zweites »Weimar« werden könnte, war nicht ganz von der Hand zu weisen, auch deshalb, weil Konrad Adenauer sich nur im Bündnis mit mehreren kleineren Parteien als Kanzler gegen die SPD durchsetzen konnte.

Oppositionsrolle und Mitgestaltung in der Ära Adenauer

Die europäische Blockbildung im Ost-West-Konflikt wurde durch den Ausbruch des Koreakriegs im Juni 1950 weiter vorangetrieben. Mit ihm kam die bis dahin rein hypothetische Frage, ob Deutschland sich an einer militärischen Verteidigung des Westens beteiligen sollte, auf die politische Agenda. Wirtschaftlich befeuerte der Krieg im Fernen Osten den Aufschwung in der Bundesrepublik (»Korea-Boom«). Doch bald wurde auch klar, dass die Erwartung der Sozialdemokraten, Ludwig Erhards marktwirtschaftlicher Kurs würde scheitern, eine Fehleinschätzung war. Das Gegenteil traf recht bald erkennbar zu.

Arbeiter und untere Angestellte, die Masse der Kriegsopfer, Flüchtlinge und Vertriebenen sowie Rentner lebten bis Mitte der 1950er-Jahre noch in recht kümmerlichen Verhältnissen. Doch seither nahmen in den hoch entwickelten westlichen Staaten erstmals breite Schichten am Wirtschaftswachstum zunehmend teil, auch durch den Konsum langlebigerer Güter wie Radio-, später Fernsehapparate, Staubsauger und Waschmaschinen, Krafträder, verzögert auch Autos. Die Produktivität wuchs rapide, und mit ihr stiegen die Reallöhne. Sie verzeichneten Zuwächse über einen langen Zeitraum, in einer Geschwindigkeit und Höhe, die frühere Generationen nicht für möglich gehalten hätten. Die durchschnittliche Wochen-, Jahres- und Lebensarbeitszeit sank in Teilschritten beachtlich, während die Arbeitsintensität stieg. Die Arbeiterhaushalte gaben immer geringere Teile ihres Einkommens für Ernährung und Kleidung aus. Auch die Wohnstandards stiegen, und immer öfter nahmen Arbeiter in Kauf, für bessere Wohnungen in weiterer Entfernung von ihren Arbeitsplätzen zu leben, da sie dank höherer Löhne in der Lage waren, mehr für Mobilität aufzuwenden. *Das* Symbol des Konsumkapitalismus wurde der private Pkw. Auch wenn er für die meisten Arbeiter erst im Laufe der 1960er-Jahre erschwinglich wurde, gilt festzuhalten: Selbst in den besseren Jahren der Weimarer Republik wäre ein eigenes Auto für sie undenkbar gewesen.

Zwar verschwand der Typus des traditionellen Facharbeiters nicht aus den Fabriken, aber in den mechanisierten Großbetrieben wurde er vom angelernten Massenarbeiter zunehmend ergänzt und ersetzt. Dabei spielte auch grenzüberschreitende Migration eine Rolle, was allerdings (man denke an die Polen im Ruhrbergbau) kein gänzlich neues Phänomen war. Neben die klassischen Wachstumsbranchen Kohle, Stahl, Maschinenbau, Chemie und Elektro trat die neue dynamische Automobilindustrie. Der industrielle »Fordismus« wurde durch den Ausbau sozialstaatlicher Systeme ergänzt, und zwar in einem so bedeutenden Maße, dass die soziale Sicherung eine neue Qualitätsstufe erreichte: Es gab ein meist garantiertes materielles Minimum, ein neues Konzept der Altersrente, das den Lebensstandard sicherte, die teilweise Finanzierung der Sozialsysteme aus Steuern und das Prinzip, soziale Leistungen einklagen zu können.

Die Standards bei Wohnen und Konsum glichen sich mit der Zeit so weit an, dass die letzten gesellschaftlichen Ghettos, in denen die Arbeiterschaft früher lebte, weitgehend verschwanden. Damit ging aber auch das tradierte Klassenbewusstsein zurück und beschränkte sich nun weitgehend auf den Gegensatz von »unten« und »oben«, wie er in der Betriebshierarchie tagtäglich erlebt wurde. Die bedeutende sozialdemokratische Subkultur der Weimarer Republik verlor sich nach dem Kontinuitätsbruch der NS-Zeit. An ihre Stelle trat mehr und mehr ein anderes Integrationsmilieu: die kommunal- und landespolitische Arbeit von SPD-Mitgliedern, die sich zum Ziel setzten, die soziale Lebenswelt arbeitender Menschen konkret zu verbessern.

SPD und Gewerkschaften hatten also einen wichtigen Anteil an der Gestaltung der bundesdeutschen Gesellschaft – als Tarifvertragspartner, in der Mitverwaltung der Sozialversicherungssysteme sowie in den Regierungen der Länder und Gemeinden. Mit einem Organisationsgrad von 36 % nach 1949 standen die DGB-Gewerkschaften im kontinentaleuropäischen Vergleich relativ gut da, auch wenn der Anteil in den 1960er-Jahren leicht sank. Schlechter organisiert waren – neben den Frauen – die Beamten und Angestellten, wobei Letztere in der DAG eine eigene gewerkschaftliche Vertretung besaßen. Dass sich die DGB-Verbände, die unter Leitung von Sozialdemokraten standen, namentlich die von Otto Brenner (1907–1972) geleitete IG Metall, einer »expansiven Lohnpolitik« verschrieben, war eine Art Ersatz für das offenkundige Scheitern der sozialistischen Neuordnungsvorstellungen. Wegen der Flächentarifverträge, der inneren Struktur der Gewerkschaftsbewegung und hoher Abstimmungshürden kam es in der frühen Bundesrepublik nur selten zu Arbeitskämpfen; und wenn doch, dann wurden sie, auch eine längere Zeit, in großer Disziplin als exemplarische Auseinandersetzungen geführt, so 1956/57 in der Metallindustrie Schleswig-Holsteins, als die Lohnfortzahlung im Krankheitsfall für Arbeiter erstritten wurde.

Zwar prägte die SPD - auch als Opposition im Bund - wichtige Vorhaben und Gesetze wie den Sozialen Wohnungsbau, den Lastenausgleich und die Dynamisierung der Renten mit. Doch auch nach 1949 war die Diskrepanz zwischen der gesellschaftlichen Realität und der sozialdemokratischen Programmatik weiterhin so groß, dass eine Mehrheit in der SPD die Bundesrepublik noch immer nur mit Einschränkungen als ihren Staat empfand. Die Wiedereinstellung früherer NSDAP-Mitglieder in den Öffentlichen Dienst 1951 durch einen von der SPD unterstützten Bundestagsbeschluss dokumentierte und zementierte das konservativ-restaurative Klima dieser Jahre.

Immerhin taten sich in der Frage der Mitbestimmung von Arbeitnehmern neue Perspektiven auf, die Kurt Schumacher in die Worte fasste: »Wir sind der Meinung, dass dieses wirtschaftliche Mitbestimmungsrecht in dem Prozess der großen klassenpolitischen Auseinandersetzung in allernächster Zeit schon eine ähnliche Rolle spielen wird wie der Kampf um das allgemeine Wahlrecht zu Zeiten Ferdinand Lassalles.« Die Gewerkschaften drohten Ende 1950 mit Streik, als sich die Kontroverse um die Sicherung der 1947 eingeführten paritätischen Mitbestimmung in der nordrhein-westfälischen Montanindustrie zuspitzte. Angesichts einer noch ungefestigten parlamentarischen Regierungsbasis scheute Bundeskanzler Adenauer das Risiko, die Arbeitnehmerorganisationen zum Äußersten zu reizen. Man verhandelte und erreichte schließlich ein Ergebnis, das für beide Seiten akzeptabel war und im April 1951 die Verabschiedung eines Gesetzentwurfs möglich machte, der von CDU/CSU und SPD gemeinsam getragen wurde. Für das Entgegenkommen bei der Montanmitbestimmung hatten die Gewerkschaften der Bundesregierung zugesagt, die Wiederbewaffnung nicht mit außerparlamentarischen Mitteln zu bekämpfen.

In der Frage der gesetzlichen Regelung der Betriebsverfassung 1952 kam die Bundesregierung SPD und Gewerkschaften nicht entgegen. Es ging den Letzteren um die Ausweitung der paritätischen Mitbestimmung auf alle Wirtschaftszweige. Doch der breite Protest gegen den Gesetzentwurf der Regierung wurde nicht weiter vorangetrieben, sondern demobilisiert. Es war eine Niederlage, die die gesellschaftlichen Machtverhältnisse besiegelte. Sie fand ihre Bestätigung in der Bundestagswahl von 1953, der zweiten nach dem Krieg. Obwohl die KPD um 3,5 % verlor, büßte auch die SPD 0,4 % ein und kam damit auf einen Stimmenanteil von 28,8 %, während die CDU/CSU mit 45,2 % einen sehr großen Sprung nach vorn machte. Im Vergleich zur Weimarer Republik war die SPD strukturell benachteiligt, einerseits durch ein relativ größeres Gewicht des katholischen Westens und Südens und eher deutschnational geprägte Zugewanderte aus den früheren Ostgebieten, andererseits dadurch, dass Berlin und der mitteldeutsche Raum an den Wahlen nicht beteiligt waren. Dass die SPD die Wiederherstellung der Einheit Deutschlands so sehr in den Mittelpunkt stellte, hatte nicht nur den Grund, dass das nationale Empfinden von Schumacher und anderen führenden Sozialdemokraten stärker gesamtdeutsch geprägt war als bei Adenauer. Das beständige Pochen auf dem Prinzip demokratischer Selbstbestimmung war auch dem Eindruck geschuldet, dass die sozialdemokratische Arbeiterbewegung aufgrund der deutschen Teilung »nur auf einem Lungenflügel« atme, wie Fritz Erler (1913–1967) es einmal ausdrückte.

Vom Arbeiter- und Volksaufstand des 16. bis 21. Juni 1953 in der DDR fühlte sich die SPD deshalb bestätigt. Es seien die »Kernschichten der alten … Arbeiterbewegung« (Willy Brandt, 1913–1992) gewesen, die die Zentren der Erhebung bildeten. In der Tat stand die Streik- und Demonstrationsbewegung in Form und Inhalt unverkennbar in dieser Tradition. Mancherorts waren unmittelbar sozialdemokratische Einflüsse sichtbar, wenn auch meist nicht so deutlich wie auf einem Transparent, das von Magdeburger Bahnhofsarbeitern für Interzonenreisende aufgespannt wurde: »Fort mit Ulbricht und

Adenauer, wir verhandeln nur mit Ollenhauer!« Dennoch nahm die Mehrheit der Westdeutschen den Aufstand und seine Niederschlagung durch die Sowjetarmee eher als Bestätigung der CDU/CSU-Politik wahr. Nach Weltkrieg, NS-Herrschaft und dem Beginn des Kalten Krieges überwog das Bedürfnis nach Sicherheit. Für die - bejahte - nationale Einheit wollte man keine größeren Risiken eingehen.

Eines gelang der SPD meist schon vor dem Verbot der KPD im Jahr 1956: Ab 1948 konnte sie in Betriebsräten und Gewerkschaftsvorständen den nicht unbeträchtlichen Einfluss von Kommunisten, die meist wegen ihres entschiedenen Auftretens von ihren Kollegen als Interessenvertreter gewählt worden waren, zurückdrängen und die KPD auch nach und nach aus den Parlamenten verdrängen. Neben der für alle sichtbaren repressiven Praxis, die in der SBZ/DDR herrschte, und zunehmendem Repressionsdruck seitens der westdeutschen Staatsorgane spielte dabei auch eine Rolle, dass die KPD, von der Westabteilung der SED angeleitet, um 1950 eine ultraradikale Wendung vollzogen hatte, die an die »Sozialfaschismus«-Polemik der Jahre um 1930 erinnerte. Die SPD und ihre Betriebsgruppen bekämpften ihrerseits die KPD mit harten Bandagen. Mitte der 1950er-Jahre war die Sozialdemokratie faktisch zur Einheitspartei der Arbeiterbewegung in der Bundesrepublik geworden.

In den 1950er-Jahren darf Hessen wohl als das Bundesland gelten, wo die SPD eine Art Alternativmodell zur gesamtstaatlichen Ebene praktizieren konnte, ähnlich wie das von Otto Braun regierte Preußen der Weimarer Zeit. Die politische Schlüsselfigur war Georg August Zinn (1901–1976), von 1950 bis 1969 amtierender Ministerpräsident, der schon im Parlamentarischen Rat bei der Entstehung des Grundgesetzes eine wichtige Rolle gespielt hatte. Zinn regierte mit der SPD unangefochten, teils sogar mit absoluter Mandatsmehrheit. In den 1960er-Jahren waren die »Hessen vorn«-Kampagnen sehr erfolgreich, doch die Grundlagen dafür waren schon Jahre zuvor gelegt worden. Eine ambitionierte Bildungspolitik, Eingliederungshilfen für Vertriebene und Flüchtlinge (»Hessenplan«), aber auch neue Infrastrukturangebote wie Dorfgemeinschaftshäuser und Landmaschinen-Gemeinschaften bildeten die Grundlage für Zinns überdurchschnittliche

Wahlerfolge. Er führte auch mehrere Prozesse gegen die Bundesregierung Adenauers vor dem Bundesverfassungsgericht, so um die geplante Einführung eines regierungseigenen Fernsehsenders zu verhindern. 1956 berief er den Juristen Fritz Bauer (1903–1968), der bereits 1920 in die SPD eingetreten war, zum Generalstaatsanwalt und brachte damit eine gründlichere strafrechtliche Aufarbeitung von NS-Verbrechen in der Bundesrepublik Deutschland voran. In Bauers Amtszeit fielen zahlreiche Verfahren, unter anderem die viel beachteten Frankfurter Auschwitz-Prozesse der Jahre 1963 bis 1965.

Die Wahlniederlage 1957 als politischer Einschnitt

Nachdem die KPD verboten worden war, dann auch nicht mehr an der Bundestagswahl von 1957 teilnehmen durfte, und weil die Gesamtdeutsche Volkspartei von Gustav Heinemann (1899–1976) nicht mehr antrat, gelang es der SPD, ihren Stimmenanteil um 3 % auf 31,8 % zu erhöhen. Gemessen an der CDU/CSU, die mit 50,2 % die absolute Mehrheit der Stimmen erobert hatte, war das allerdings mehr als bescheiden und wurde auch von der SPD-Gesamtpartei als weitere schwere Niederlage gesehen. Die Mittel der Kanzlerpartei, für sich im Wahlkampf zu werben, hatten oft stark diffamierende Züge. Mit der Parole »Denkt an Ungarn! Wählt Adenauer!« wurde die SPD geradezu in die Nähe der Sowjetarmee gerückt, die im Herbst 1956 den Ungarn-Aufstand blutig niedergeschlagen hatte. Die Furcht vor einem »Untergang Deutschlands« verfing bei einem Teil der Wählerschaft zum Nachteil der Sozialdemokraten.

Für Adenauers CDU konnte die Einheit Deutschlands letztlich nur heißen: Angliederung der DDR, die dem Kreml aus einer Position der Stärke abverhandelt werden sollte, an die in den Westen integrierte Bundesrepublik. Die SPD befürwortete schon unter Schumacher grundsätzlich ein vereintes, demokratisches, sozial möglichst fortschrittliches Europa. Sie hätte sich »stets eindeutig für den menschlichen und kulturellen Stil des Westens entschieden«. Eine damit verbundene Aufgabe nationaler Souveränitätsrechte sei akzeptabel, aber nur, wenn alle Beteiligten dazu in gleichem Maße bereit gewesen wären. Dieser Linie folgend, lehnte die SPD-Fraktion im Bundestag den Beitritt zum Europarat, zur Montanunion, zur Europäischen Verteidigungsgemeinschaft (die dann vom französischen Parlament zu Fall gebracht wurde) und zur NATO in der ersten Hälfte und Mitte der 1950er-Jahre ab. Dem Beitritt zum Gemeinsamen Markt hingegen stimmte sie 1957 zu.

Die Vorleistungen der Bundesregierung zahlten sich schnell aus. Mit dem NATO-Beitritt erlangte die Bundesrepublik ein hohes Maß an Souveränität zurück. Faktisch half die SPD der Regierung Adenauer bei ihren Verhandlungen mit den Westmächten, indem sie wiederholt Maximalpositionen formulierte. Recht behalten sollte die SPD mit ihren Warnungen vor den Folgen einer bedingungslosen, auch militärischen Westbindung für die deutsche Einheit, die »dringendste politische Forderung des deutschen Volkes«, wie das Dortmunder Aktionsprogramm 1952 feststellte. Diese sollte laut Schumachers politischem Testament vom Juli 1952 »kein Fernziel, sondern ein Nahziel« sein. In dieser Haltung kam ein breiter innerparteilicher Konsens zum Ausdruck, den auch gelegentliche prominente Abweichler, vor allem die Stadtstaats-Bürgermeister Wilhelm Kaisen (1887–1979), Max Brauer (1887–1973) und Ernst Reuter, nicht substanziell verändern konnten.

In den 1950er-Jahren bemühte sich die Sozialdemokratie – immer verzweifelter – um eine Lösung des Wiedervereinigungsproblems, die für alle Siegermächte, nicht zuletzt auch für die Sowjetunion, akzeptabel wäre. Am Ende stünde, so die Hoffnung, durch Wählervotum ein demokratisch-sozialistisches Gesamtdeutschland. Das Kernargument formulierte der SPD-Wehrexperte Fritz Erler am 23. Januar 1958 im Bundestag: »Wer für immer die Truppen der Vereinigten Staaten auf dem deutschen Boden festhalten will, hält damit automatisch auch die sowjetischen Truppen auf deutschem Boden fest.« Erlers Haltung, die er in einer Debatte über die atomare Bewaffnung der NATO auf westdeutschem Territorium äußerte, hatte eine öffentliche Auseinandersetzung zur Folge, die die Sozialdemokratie als Erfolg für sich verbuchte.

KAPITEL 10 Umorientierung 1958–1968/69: Godesberger Programm und erste Große Koalition

In Repräsentativbefragungen vom Februar 1958 sprachen sich mehr als 80 % der Bundesbürgerinnen und Bundesbürger - sogar in der CDU/CSU-Anhängerschaft 70 % - gegen die »Errichtung von Abschussstellen für Atomraketen« im eigenen Land aus. Gleichzeitig war die SPD aber nur geringfügig in der Gunst der Befragten gestiegen, das Regierungslager konnte seinen Vorsprung weiterhin unangefochten behaupten. Das Bündnis »Kampf dem Atomtod« war noch breiter als die Bewegung gegen den NATO-Beitritt drei Jahre zuvor und brachte außer SPD- und FDP-Politikern und Gewerkschaftern auch regierungskritische Gruppen von Christen beider Konfessionen, Schriftsteller, Wissenschaftler und Persönlichkeiten des öffentlichen Lebens zusammen.

»Das deutsche Volk diesseits und jenseits der Zonengrenze ist im Falle eines Krieges zwischen Ost und West dem sicheren Atomtod ausgeliefert«, mahnte der im Februar 1958 gebildete und zum Widerstand gegen die Atombewaffnung aufrufende zentrale Arbeitsausschuss. Die Wochen und Monate, die nun folgten, standen im Zeichen großer Protestkundgebungen in fast allen Großstädten der Bundesrepublik, an denen viele Menschen teilnahmen. Die umfangreichste in Hamburg zählte - mit offizieller Unterstützung des SPD-Senats - weit über 100.000 Demonstrierende. Doch Volksabstimmungen, die in den SPD-regierten Stadtstaaten Bremen und Hamburg geplant waren, wurden durch das Bundesverfassungsgericht verboten. Rasch verlor die Kampagne ihren Schwung, als die CDU im Juli 1958 in Nordrhein-Westfalen die absolute Mehrheit erobert hatte und klar wurde, dass die SPD auch mit diesem Thema keine Wahl gewinnen würde.

Die Anti-Atom-Kampagne war kein Indiz dafür, dass die SPD sich abkapselte, sondern ein Zeichen ihrer Öffnung. Auf dem Weg zu einer modernen Volkspartei arbeitete sie nun stärker mit kirchlichen und intellektuellen Gruppen zusammen, die – in demokratischen Traditionen im deutschen Bürgertum – an die Seite der Arbeiterbewegung traten. Auch die Aufgeschlossenheit zahlreicher Meinungsmultiplikatoren erleichterte diese Entwicklung. Im Vorfeld der Kampagne war eine beträchtliche Zahl protestantischer Theologen und Intellektueller (vereinzelt auch Katholiken) zur SPD gestoßen: Gustav Heinemann und Helene Wessel (1898–1969), die einst dem Rest-Zentrum vorgestanden hatte, Erhard Eppler (1926–2019) und Johannes Rau (1931–2006). Dieser Vorgang unterstrich in den folgenden Jahrzehnten die zunehmend protestantische Prägung der SPD – anstelle früherer Kirchenferne – noch deutlicher.

Ihren letzten Vorstoß gegen die militärische Westintegration unternahm die SPD im März 1959 mit dem »Deutschlandplan«. Mit dieser Initiative versuchte die SPD, deutsche Interessen und sozialdemokratische Vorstellungen in die interalliierten Verhandlungen über Statusfragen einbringen, die von der Sowjetunion mit der ultimativen Forderung, West-Berlin in eine entmilitarisierte freie Stadt umzuwandeln, erzwungen worden waren. Dem Deutschlandplan der SPD lag die Überzeugung zugrunde, »dass die Teilung Deutschlands den Weltfrieden bedroht« und folglich die »Festlegung einer Entspannungszone, die vorerst beide Teile Deutschlands, Polen, die Tschechoslowakei und Ungarn umfasst«, einen Weg aus der Blockkonfrontation weisen sollte. Mit diesem Stufenplan zur deutschen Einheit, der als Zwischenschritt eine Konföderation beider Staaten mit paritätisch besetzten Entscheidungsorganen vorsah, kam die SPD der SED weiter entgegen als in früheren Jahren.

Nach Godesberg und von dort ausgehende neue Wege

Der Verabschiedung eines neuen Grundsatzprogramms ging die Organisationsreform voraus. Sie war von der führenden Gruppe von SPD-Bundestagsabgeordneten vorangetrieben worden. Ihr Hauptinhalt: den Typus verdienter, doch in der Vorstellungswelt der Weimarer Republik verhafteter Funktionär, auszuschalten, beispielhaft von Fritz Heine (1904–2002) verkörpert, der im Parteivorstand für Presse und Propaganda zuständig war. Da bis dahin Parteivorstand, Parteiausschuss (ein seit 1912 bestehendes Konsultationsgremium) und Kontrollkommission sowie ein Zehntel der Bundestagsfraktion auf den Parteitagen automatisch stimmberechtigt waren, entfiel fast ein Viertel der Delegiertenstimmen auf hauptamtliche SPD-Mitglieder.

Die Beschlüsse von 1958, auf dem Stuttgarter Parteitag getroffen, verringerten das Gewicht der Vertreter von Bundestagsfraktion und Parteiausschuss, der seither Parteirat heißt, auf eine beratende Stimme. An die Stelle der besoldeten Vorstandsmitglieder, bislang eher pro forma vom Parteitag bestätigt, trat das Präsidium, ein geschäftsführendes Gremium, das aus der Mitte des Vorstands gewählt wird. Demokratisierende Initiativen drangen in Stuttgart allerdings nicht durch. Zeitweise nahm die Praxis überhand, mithilfe statuarisch irrelevanter, aber Richtung gebender Fachkonferenzen die Parteitage zu entmachten und zu entwerten, obwohl sie seit jeher die höchste Instanz der Sozialdemokratie darstellten. Einer der neu gewählten stellvertretenden Parteivorsitzenden war Herbert Wehner; er übernahm die wichtigen Abteilungen Internationale Beziehungen, Organisation und Öffentlichkeitsarbeit, deren Profil er in den nächsten Jahren ausgestaltete und effektiver machte. Nach Erich Ollenhauers Tod trat 1964 Willy Brandt an die Spitze der Partei. Fraktionsführer wurde Fritz Erler, nach dessen frühem Tod 1967 folgte Helmut Schmidt (1918–2015). Zum Kreis der Reformer zählte außerdem Carlo Schmid, der von 1957 bis 1965 stellvertretender Fraktionsvorsitzender war.

Im Mai 1958 wurde dem Parteitag auch ein Entwurf zum neuen Grundsatzprogramm vorgelegt. Er bedeutete keinen Bruch mit den Nachkriegsdebatten. Schon im Dortmunder Aktionsprogramm von 1952 und dann in seiner Neufassung 1954 wurden alte Vorstellungen der Partei revidiert, doch auch 1958 die Tradition der Sozialdemokratie nicht verleugnet: »Das Bewusstsein der Arbeiterschaft und die Entwicklung der Arbeiterbewegung sind durch das Werk von Karl Marx und Friedrich Engels wesentlich beeinflusst worden.« Einige

Kernelemente marxistischer Analyse wurden für die Gegenwart weiterhin als tragfähig betrachtet: »Aber diese Gesellschaft ist noch immer eine Klassengesellschaft, trotz aller Veränderungen, der sich auch die kapitalistische Gesellschaft nicht hat entziehen können.« Erkennbar war damals schließlich die Bereitschaft zur Auseinandersetzung nicht nur mit radikalen, sondern auch mit gewissermaßen opportunistischen Problemlagen der eigenen Partei: »Die andere Gefahr für die Arbeiterbewegung bestand darin, dass sie sich an die bestehenden Verhältnisse anpasste«.

Die Vielgestaltigkeit des Profils hatte auch einen personellen Grund: Willi Eichler (1896–1971), Vorsitzender der Programmkommission und einer der geistigen Väter von Godesberg, war kein altgedienter Funktionär, sondern ein früherer Rebell aus dem ISK. Sein Verständnis eines ethischen Sozialismus hatte durchaus manche kulturrevolutionäre Untertöne. Ähnliches lässt sich über Waldemar von Knoeringen (1906–1971) sagen. Er stammte, wie auch Fritz Erler, aus einer Widerstandsgruppe von »Neu Beginnen« und wurde 1958 neben Wehner zum stellvertretenden Parteivorsitzenden gewählt. Die neue Führungsspitze der SPD war von der Überzeugung angetrieben, dass eine wie am Ende der Weimarer Republik in der Tradition immobil gewordene Sozialdemokratie endgültig der Vergangenheit angehören sollte. Es gab einen Alternativentwurf, ins Leben gesetzt von einer linkssozialistischen Gruppierung um den Marburger Politikwissenschaftler Wolfgang Abendroth (1906–1985). Er schrieb weitgehend das Heidelberger Programm von 1925 fort und blieb chancenlos. Auch der von Peter von Oertzen (1924–2008) unternommene Versuch, ältere programmatische Kernelemente zu bewahren, hatte keinen Erfolg.

Nach dem Wunsch der Parteiführung verzichtete das gekürzte und überarbeitete Programm in seiner abschließenden Form auf Zeitanalysen. Die sozialistische Tradition wurde vor allem als »in christlicher Ethik, im Humanismus und in der klassischen Philosophie verwurzelt« gesehen, somit der Marxismus unterschlagen. Dafür gab es taktische Gründe, die solche Formulierungen beeinflussten. Nach intensiver Diskussion auf allen Ebenen der Partei wurde das Programm am 15. November 1959 auf einem außerordentlichen Parteitag in der Stadthalle von Bad Godesberg mit 324 gegen 16 Stimmen angenommen. In seinen einleitenden Passagen sind »Freiheit, Gerechtigkeit und Solidarität« als die »Grundwerte des sozialistischen Wollens« festgeschrieben und das Bemühen, die Gesellschaft in diesem Sinne umzugestalten, als »eine dauernde Aufgabe« bezeichnet. Unter den »Grundforderungen für eine menschenwürdige Gesellschaft« nimmt das Bekenntnis zur Demokratie als der »allgemeinen Staats- und Lebensordnung« einen zentralen Stellenwert ein, der auch den ökonomischen Bereich umfasst: »In der vom Gewinn- und Machtstreben bestimmten Wirtschaft und Gesellschaft sind Demokratie, soziale Sicherheit und freie Persönlichkeit gefährdet. Der demokratische Sozialismus erstrebt darum eine neue Wirtschafts- und Sozialordnung.« Die konkreten wirtschafts- und sozialpolitischen Leitlinien enthalten einen vielfältigen Katalog von Steuerungsinstrumenten, die »freie Unternehmerinitiative« ebenso einschließen wie »Investitionskontrolle«.

»Wettbewerb soweit wie möglich – Planung soweit wie nötig!«, mit dieser Formel wurde eine gemischtwirtschaftliche Perspektive skizziert. Den Großkonzernen schrieb man einen spürbaren »Einfluss auf Staat und Politik« zu, »der mit demokratischen Grundsätzen nicht vereinbar ist. Sie usurpieren Staatsgewalt.« Der Kapitalkonzentration wurden Forderungen nach gesellschaftlicher Kontrolle gegenübergestellt: »Wo mit anderen Mitteln eine gesunde Ordnung der wirtschaftlichen Machtverhältnisse nicht gewährleistet werden kann, ist Gemeineigentum zweckmäßig und notwendig.« Ziel war eine aktive Wettbewerbspolitik, die den Gedanken der sozialen Marktwirtschaft beim Wort nimmt: »Das private Eigentum an Produktionsmitteln hat Anspruch auf Schutz und Förderung, soweit es nicht den Aufbau einer gerechten Sozialordnung hindert.«

Die These von der Spaltung zwischen privatem Reichtum und öffentlicher Armut im kapitalistischen System, die für sozialdemokratische Reformpolitik grundlegend ist, findet sich im Godesberger Programm pointiert wieder: »Es ist ein Zeichen unserer Zeit, dass sich das private Wohlleben privilegierter Schichten schrankenlos entfaltet, während wichtige Gemeinschaftsaufgaben, vor allem Wissenschaft, Forschung und Erziehung, in einer Weise vernachlässigt werden, die einer Kulturnation unwürdig ist.« Gleichzeitig soll das Bildungswesen durch Förderung demokratischer Verhaltensmuster die »Widerstandskraft gegen die konformistischen Tendenzen unserer Zeit stärken«. Neben vielen anderen Einzelaspekten wird auch eines der drängendsten Probleme der Zeit angesprochen: »Jeder hat ein Recht auf eine menschenwürdige Wohnung ... Der Mietzins ist nach sozialen Gesichtspunkten zu beeinflussen. Die Bodenspekulation ist zu unterbinden, ungerechtfertigte Gewinne aus Bodenverkäufen sind abzuschöpfen.«

Herbert Wehner, bis 1958/59 eher ein Mann des linken Flügels, erklärte am 30. Juni 1960 einer erstaunten Zuhörerschaft von CDU/CSU und FDP im Deutschen Bundestag, dass die bisherigen Vorstellungen sozialdemokratischer Deutschland- und Außenpolitik nicht mehr zeitgemäß seien und aufgegeben würden. Eine geplante Vier-Mächte-Konferenz über den Status Deutschlands war nicht zustande gekommen; konkrete Fortschritte in Richtung Wiedervereinigung waren in absehbarer Zeit nicht zu erwarten. Also legte Wehner in seiner spektakulären Bundestagsrede den Deutschlandplan zu den Akten und nannte ihn einen »Vorschlag, der der Vergangenheit angehört«. Forthin wollte seinen Worten gemäß die SPD mit den anderen Parteien das »höchsterreichbare Maß an Übereinstimmung bei der Bewältigung der deutschen Lebensfragen« anstreben und davon ausgehen, »dass das europäische und das atlantische Vertragssystem, dem die Bundesrepublik angehört, Grundlage und Rahmen für alle Bemühungen der deutschen Außen- und Wiedervereinigungspolitik ist«.

Als neu und wichtige Klarstellung wurde in der Öffentlichkeit das zweifelsfreie Bekenntnis zur Landesverteidigung empfunden, das im Godesberger Programm formuliert war, auch wenn die entscheidende Weichenstellung schon früher vorgenommen worden war, beim Parteitag in Stuttgart. Tatsächlich hatte die SPD – eine pazifistische Strömung behielt stets Einfluss an der Parteibasis – nie ein bedingungsloses Nein zur Wiederbewaffnung der Bundesrepublik erklärt. Sie hatte lediglich zahlreiche Vorbehalte ins Feld geführt, die dem Verlangen nach Gleichberechtigung und ihrer Forderung geschuldet waren, die Wiedervereinigung vorrangig zu behandeln. Obwohl sie die Pariser Verträge von 1954 abgelehnt hatte, war die Bundestagsfraktion nun bereit, an der Gestaltung der inneren Verfassung und der Organisation der Bundeswehr mitzuarbeiten.

Von der »Gemeinsamkeitspolitik« zur Großen Koalition

Als die SPD den populären West-Berliner Regierenden Bürgermeister Willy Brandt im November 1960 zum Kanzlerkandidaten kürte, waren auch die personellen Voraussetzungen geschaffen, um politisch eine größere Strahlkraft zu entwickeln. Für den Wahlkampf 1961 verabschiedete der Parteitag das Motto: »Miteinander - nicht gegeneinander«. Anstatt sich in der Sache deutlich mit der CDU/CSU auseinanderzusetzen, sollte so, programmatisch unverbindlich, um Sympathien für die Sozialdemokratie und ihren Kandidaten geworben werden. Das Wahlergebnis blieb mit 36,2 % für die SPD zwar hinter den Erwartungen zurück. Doch der Zuwachs von 4,4 % ließ einen deutlichen Trendbruch zugunsten der SPD erkennen, umso mehr, als sie nahezu 2 % an die linksgerichtete Abspaltung »Deutsche Friedens-Union« (DFU) verlor und trotzdem den Abstand zur CDU/CSU (45,2 %) gegenüber 1957 halbierte.

Nach dem Ende der Anti-Atom-Kampagne hatte sich der Sozialistische Deutsche Studentenbund (SDS) immer mehr zum öffentlichen Widerpart der Partei entwickelt. Neben einer SPD-konformen Fraktion, die 1960 den Sozialdemokratischen Hochschulbund (SHB) gründete, existierten eine prokommunistische Minderheit um die Zeitschrift »Konkret« und eine SED-kritische Mehrheit, die Front gegen die wachsende Bereitschaft der Parteiführung machten, sich der CDU politisch anzunähern. Während die SPD ihre Politik der 1950er-Jahre hinter sich ließ, geriet die Mehrheitsgruppe des SDS immer schärfer in einen Gegensatz zur Partei. Im November 1961 beschloss der SPD-Vorstand, dass die Mitgliedschaft im SDS und in einer Fördergemeinschaft unvereinbar mit der Mitgliedschaft in der SPD seien.

Die »Politik der kleinen Schritte« gab den innerdeutschen Beziehungen von Berlin aus neue Impulse. Der Mauerbau im August 1961 war von Willy Brandt und seinem engeren Beraterkreis scharf gegeißelt, doch von den Westalliierten trotz formeller Proteste geduldet worden. Nach diesem Schock setzte sich die Erkenntnis durch, dass die Deutschlandpolitik neue Anstöße brauchte, wenn die Einheit der Nation nicht zum Gegenstand von »Sonntagsreden« verkommen sollte. Gleichzeitig musste die Lage West-Berlins so weit wie möglich normalisiert werden, nachdem die akute östliche Drohung mit dem Ende der gefährlichen Kuba-Krise im Herbst 1962 beigelegt war. Mehrere Passierscheinabkommen des West-Berliner Senats mit der Regierung der DDR in den Jahren 1963 bis 1966 brachten greifbare Erleichterungen. Willy Brandts Berater Egon Bahr (1922–2015) äußerte im Juli 1963 die Überzeugung, dass »die bisherige Politik des Drucks und Gegendrucks nur zu einer Erstarrung des Status quo geführt hat«, und prägte die bekannte Formel vom »Wandel durch Annäherung«. Es gelte, die kommunistische Herrschaft in der DDR, wenn man sie schon nicht abschaffen könne, zu verändern. In dieser Perspektive sei es gewissermaßen sogar wünschenswert, die politische Ordnung im Osten zu stabilisieren, denn dies mache den Wiederannäherungs- und Wiedervereinigungsprozess »mit vielen Schritten und vielen Stationen« kontrollierbar und somit für die UdSSR erträglich. »Die Zone muss mit Zustimmung der Sowjets transformiert werden.«

Der Mitgliederschwund, den die SPD ertragen musste, war zwar Mitte der 1950er-Jahre zum Stillstand gekommen. Doch bis eine deutliche Zahl neuer Mitglieder die Partei wieder belebte, dauerte es noch rund zehn Jahre. Dadurch verjüngte sich die Partei zusehends. Deutlicher als noch in den frühen 1950er-Jahren, wo es immer wieder schwere Einbrüche gegeben hatte, wurde seit etwa 1955 bei Landtagswahlen ein Trend zugunsten der SPD sichtbar und verstärkte sich in der ersten Hälfte der 1960er-Jahre. Sogar in Baden-Württemberg und Bayern erreichte die Partei bis zu 37,3 % (1964) beziehungsweise 35,8 % (1966). Den Höhepunkt dieser Erfolgsserie bildete Nordrhein-Westfalen im Juli 1966 mit 49,5 % der Stimmen – knapp unter der absoluten Mehrheit. Erst jetzt wurde NRW zum »SPD-Kernland«. Die sozialliberale Koalition auf Landesebene in Düsseldorf, 1966 geschlossen, nahm die spätere Konstellation auf Bundesebene vorweg.

Mit der Wiederwahl des farblosen Bundespräsidenten Heinrich Lübke (CDU), der als Anhänger einer Großen Koalition galt, erreichte die sozialdemokratische »Umarmungstaktik« 1964 einen vorläufigen Höhepunkt. Wegen vieler negativer Erfahrungen seit 1949 war die Parteiführung zu der Ansicht gelangt, dass es trotz messbarer Resonanz bei einzelnen Bevölkerungsgruppen nicht genügte, sich in Sachfragen zu profilieren, solange unpolitische Schichten sich bei ihrer Wahlentscheidung meist am Amtsinhaber orientierten. Folgerichtig sollte der Startvorteil der Wiederaufbau-Parteien CDU/CSU durch eine Regierungsbeteiligung der SPD ausgeglichen werden, um ihre Minister als eine zeitgemäßere Variante der bisherigen konservativen Politik zu empfehlen. Da die absolute Mehrheit für die SPD illusorisch war und die damals eher rechtsliberale FDP der Ära Mende kein akzeptabler Koalitionspartner, führte der einzige Weg der vor allem Wehner zugeschriebenen Machtstrategie über eine Große Koalition. Zur Bundestagswahl im September 1965 kam die SPD ihrem Ziel mit einem Plus von 3,1 % Stimmen jedoch kaum näher. Mit Kanzler Ludwig Erhard, dem »Vater des Wirtschaftswunders«, der seit Herbst 1963 amtierte, konnte die CDU/CSU sogar FDP-Stimmen zurückerobern und mit 47,6 % ihren Abstand zur Sozialdemokratie stabilisieren.

Im Juni 1966 stellte die SPD auf dem Dortmunder Parteitag der Öffentlichkeit ein verändertes deutschlandpolitisches Konzept vor. Davon ausgehend, dass sich die Zweistaatlichkeit Deutschlands bei gleichzeitig begonnener Entspannung zwischen den Weltmächten verfestigt hatte, forderte Helmut Schmidt einen eigenen Beitrag der Bundesrepublik zur Entspannung in Mitteleuropa: »Eine Wiedervereinigung in einem Akt mit anschließender freier Aushandlung des Friedensvertrags ist … ein irreales Konzept geworden. … Wir Deutschen selbst müssen vielmehr, das Ziel fixierend, bereit sein, Schritte zu tun, obgleich die weiteren Stadien des Weges nicht im voraus einzeln festgelegt sind.« Der Parteitag plädierte dafür, den »Handlungsspielraum gegenüber dem Regime in der SBZ« im Bereich der innerdeutschen Kommunikation voll auszuschöpfen. Einige Wochen stand sogar die Möglichkeit eines öffentlichen Redneraustauschs zwischen der SPD und der SED im Raum.

Als das Bonner Regierungsbündnis von CDU/CSU und FDP im Streit über Wirtschafts- und Finanzfragen Ende Oktober 1966 zerbrach, war die Stunde jener in der SPD gekommen, die eine Große Koalition befürworteten und die Umstände für gegeben hielten, um diese Operation, die in den eigenen Reihen umstritten war, durchzuführen. Flankiert wurde diese Entscheidung von Wahlerfolgen der Rechtsaußengründung NPD, die bei allen Landtagswahlen unmittelbar vor und während der Großen Koalition die Fünf-Prozent-Hürde übersprang. Dies war ein klares Signal dafür, dass die Wirtschaftskrise (im Herbst 1966 kam es erstmals nach 1945 in Deutschland zu einer Rezession mit deutlich steigender Erwerbslosigkeit) erneut die demokratischen Verhältnisse destabilisieren könnte. Das Trauma von der Endkrise der Weimarer Republik ließ bei vielen SPD Politikern die Bereitschaft wachsen, gerade in einer gesellschaftlichen Krisensituation politische Verantwortung zu übernehmen, um auf diese Weise die Reform- und Handlungsfähigkeit von demokratischen Parteien zu unterstreichen.

Im Dezember 1966, nachdem die SPD-Führungsgremien (mit Zweidrittelmehrheit) ein zustimmendes Votum abgegeben hatten, kam es folglich zur Bildung einer Großen Koalition unter CDU-Kanzler Kurt Georg Kiesinger. Dessen frühere NSDAP-Mitgliedschaft war bald eine politisch-moralische Belastung für das neue Bündnis. Mit Willy Brandt wurde erstmals in der deutschen Geschichte ein Sozialdemokrat längere Zeit Außenminister. Und mit Herbert Wehner, nunmehr Bundesminister für gesamtdeutsche Fragen, gehörte ein »Architekt« der Großen Koalition der neuen Regierung an. Gustav Heinemann übernahm das Justizressort und trat mit einem umfassenden Reformplan an. Karl Schiller (1911–1994) im Wirtschaftsministerium sicherte der SPD ein weiteres Schlüsselressort und sollte dabei den umworbenen neuen Mittelschichten zeigen, dass die Sozialdemokratie marktwirtschaftlich bekehrt war und über zeitgemäßen ökonomischen Sachverstand verfügte. Nach der polarisierten Phase Ollenhauer/Adenauer vollzogen die großen Volksparteien jetzt den innenpolitischen Schulterschluss. Nunmehr hatte die Gemeinsamkeitsrhetorik ihren Höhepunkt schon überschritten, und die SPD war dabei, wieder deutlicher an Profil zu gewinnen.

Die Mehrzahl der Wahlberechtigten in der Bundesrepublik, die sich im Gefolge der ersten Nachkriegsrezession – mit im historischen Vergleich sehr moderaten 2 % Arbeitslosen – nach stabilen Verhältnissen oder gar einem starken Staat sehnten, nahm die Große Koalition eher mit Erleichterung auf. Gleichzeitig mussten CDU/CSU und SPD für ihren Pakt bei Wählerinnen und Wählern auch bezahlen, bestimmte Gruppen beider politischer Lager wählten sie nicht mehr: Einerseits gab es Verluste nach rechts an die NPD, andererseits hinterließ der Regierungseintritt der SPD im linken politischen Spektrum ein Vakuum. Vor allem linke Intellektuelle sahen die Große Koalition nicht als taktischen Schachzug der SPD-Führung hin zur Regierungsfähigkeit, sondern geißelten sie als ersten Schritt in einen autoritären Wohlfahrtsstaat ohne wirkliche Opposition.

»68er-Bewegung« und neue Debatten in der SPD

Seit Mitte der 1960er-Jahre flammten in vielen Teilen der Welt antiautoritäre Revolten auf, nicht allein der studentischen Jugend. Auslöser in Deutschland waren Proteste gegen die NPD wie gegen die Große Koalition und vor allem gegen den Vietnam-Krieg. Die »Außerparlamentarische Opposition« (APO) wurde zu einem Faktor der bundesdeutschen Innenpolitik. Zunächst strahlte sie auf parteipolitische, gewerkschaftliche, kirchliche und andere etablierte Jugendverbände aus, seit 1969 zerfiel sie dann zunehmend in konkurrierende, teils auch gewaltbereite anarchistische und kommunistische Gruppierungen, teilweise mit Sektencharakter. Der SDS, den die SPD 1961 verstoßen hatte, fungierte bis zu seinem schon 1968 einsetzenden Zerfall als organisatorischer und ideologischer Kern der Bewegung.

Neben dem Studentenbund waren die Ostermärsche der »Kampagne für Demokratie und Abrüstung« (seit 1960) das Element, das die Protestbewegungen der 1950er-Jahre und die Jugendmobilisierung von 1967/68 miteinander verband.

Die erste Große Koalition, ein bundesdeutsches Experiment, überstand die SPD ohne Abspaltungen. Die DKP – sie hatte sich im Herbst 1968 neu konstituiert, so entging die KPD einem Wiederzulassungsverfahren – war als sowjetisches Propagandainstrument diskreditiert, nachdem kurz zuvor der »Prager Frühling« durch Truppen des Warschauer Paktes niedergeschlagen worden war. Wenig später ins Leben tretende maoistische Kleinparteien wie KPD, KBW, KPD/ML usw. waren exotisch und außerhalb des studentischen Milieus kaum lebensfähig. Die größte Gruppe der APO Aktivisten blieb antiautoritär, parlamentarismuskritisch und verspürte keinen Drang, selbst neue Parteien zu gründen. Viele radikale Sozialisten begaben sich indes auf den von Rudi Dutschke propagierten »langen Marsch durch die Institutionen«. Zu diesen zählte nicht zuletzt die SPD als republiktragende Partei. Bald schon war die Revolutionseuphorie der Ernüchterung gewichen. Hochschulinterne Proteste gegen das überkommene Machtgefüge der Ordinarienuniversität und Lehrinhalte wurden mithilfe institutioneller Reformen kanalisiert.

Als im Mai 1968 die verfassungsändernden Notstandsgesetze verabschiedet wurden, reagierte die APO mit Massendemonstrationen. Ihr Protest traf mit der seit jeher ablehnenden Haltung einer Mehrheit der DGB-Gewerkschaften, namentlich der IG Metall, zusammen. Sie befürchteten, die Notstandsgesetze könnten in einem arbeitnehmer- und demokratiefeindlichen Sinn missbraucht werden. Schon Mitte der 1960er-Jahre hatten Gewerkschaften und linke Intelligenz eine breite Kampagne gegen die Pläne einer Notstandsregelung gestartet. Eines der zentralen Argumente, das damals ins Feld geführt wurde, um die Notwendigkeit einer gesetzlichen Regelung zu begründen, war die Ablösung der alliierten Eingreifrechte. Doch das war in den Augen der Gesetzesgegner zweitrangig. Ihr politischer Druck führte mit dazu, dass die SPD im Laufe der Diskussionen, die sich seit den frühen 1960er-Jahren über die von CDU/CSU-Politikern inspirierte Idee entspannten, beträchtliche Veränderungen der ursprünglichen Entwürfe erreichen konnte.

Eines der wichtigsten innenpolitischen Vorhaben der Großen Koalition war das im Juni 1967 verabschiedete »Stabilitäts- und Wachstumsgesetz« zur Konjunktursteuerung. Seine Grundlage war das »magische Viereck« aus Wirtschaftswachstum, geringer Arbeitslosigkeit, Preisstabilität und außenwirtschaftlichem Gleichgewicht. Auf keinen Fall durfte sich noch einmal eine ähnlich zugespitzte Lage wie zu Beginn der 1930er-Jahre einstellen, ohne über ein geeignetes Instrumentarium zu verfügen, solchen Krisen zu begegnen. Die von Karl Schiller im Zusammenwirken mit Finanzminister Franz Josef Strauß (CSU) eingeführte konjunkturelle Globalsteuerung des Staates, ergänzt durch eine Konzertierte Aktion der Gewerkschaften und Unternehmerverbände, kam den differenzierten Bedürfnissen der Wirtschaftspolitik augenscheinlich mehr entgegen als das dogmatische Festhalten am Vorrang privater Initiative. Auch für die Bereiche Verkehr, Forschung und Bildung - allesamt infrastrukturelle Leitsektoren einer fortgeschrittenen Industriegesellschaft - wurden weitreichende Pläne entworfen, um die vorhandenen Ressourcen quantitativ auszuweiten und effektiver zu nutzen. Gleichwohl waren die Reformanstrengungen der SPD-Ministerien nicht nur auf technokratische Vorhaben beschränkt, wie gerade auch der Bereich des Ehe- und Familienrechts zeigte.

Die Gesellschaft veränderte sich im Innern. Die Jugendradikalisierung war in dieser Hinsicht nur ein Teilaspekt eines allgemeinen Wertewandels, der breiter war und schon vorher eingesetzt hatte. Traditionelle, pflichtbestimmte, obrigkeitlich-autoritäre Orientierungen traten stärker hinter individualistische, auf Lebensgenuss und Selbstverwirklichung zielende Lebensweisen zurück, vor allem in der Sexualität, Partnerschaft und Kindererziehung. Das ging durchaus mit größerer Politisierung und einer wachsenden Bereitschaft zu gemeinschaftlichem Engagement Hand in Hand. Der Werte- und Verhaltenswandel war in allen westlichen Ländern zu erkennen, doch in Deutschland brach er sich unerwarteter Bahn, weil er auf einen obrigkeitsstaatlichen geschichtlichen Überhang traf. Nachdem in den 1950er-Jahren über die jüngere Diktaturvergangenheit meist geschwiegen worden war, nahm die Auseinandersetzung mit der NS-Vergangenheit an Intensität deutlich zu. Sie kam nicht zuletzt dank der Frankfurter Auschwitz-Prozesse von 1963 bis 1965 auch öffentlich in Bewegung.

Stagnierende Mitgliederzahlen und Stimmenverluste von durchschnittlich fast 5 % in den Jahren 1967/68 waren ein Signal für die SPD, dass ihre Koalitionspolitik ein kritisches Stadium erreicht hatte. Neue Bevölkerungsschichten waren noch nicht gewonnen, enttäuschte Minderheiten aber abgestoßen worden. Der denkwürdige Nürnberger SPD-Parteitag im März 1968 markierte den Höhepunkt der innerparteilichen Kritik an der Großen Koalition. Der linke Flügel versuchte zu verhindern, dass der Parteitag sich mit dem Antrag auf Billigung der Regierungsbeteiligung befasst, und wollte so das Bündnis mit der CDU/CSU als Alleingang der Führungsgremien kompromittieren. Dieses Ansinnen scheiterte ganz knapp, und schließlich erreichte der SPD-Vorstand, der einen klaren Regierungsauftrag haben wollte, doch noch eine Mehrheit von 173 zu 129 Delegiertenstimmen für seinen Wunsch. Solch starke Oppositionskräfte gegen eine wichtige Entscheidung hatte es in der SPD seit 1945 nicht mehr gegeben.

Dass im Konflikt um die Koalitionsfrage der Geist von »Godesberg« kaum infrage gestellt wurde, zeigte sich daran, wie wenig um die Verabschiedung der »Sozialdemokratischen Perspektiven im Übergang zu den siebziger Jahren« gestritten wurde. Dieses Dokument, das auf die künftige Gestaltung der Regierungspolitik abzielte, enthielt kein Bekenntnis mehr zu klassischen sozialistischen Positionen, die im Godesberger Programm noch als ethische Postulate verankert waren. Es war ein Katalog von Reformvorschlägen und ließ erkennen, dass die SPD von 1968 anstelle ihrer früheren reformsozialistischen Vorstellungen jetzt eher sozialliberale Überzeugungen vertrat. Eine »Politik der Vorausschau und der mittel- und langfristigen Planung« sollte darauf hinwirken, den »privaten und öffentlichen Wohlstand in ein ausgewogenes Verhältnis zueinander zu bringen«. Den kritischen Hinweis, die geplanten Maßnahmen ersetzten »die Grundvorstellungen des Sozialismus durch ein technokratisches Rezept«, konnte Horst Ehmke (1927–2017) als Berichterstatter der »Perspektiven«-Kommission nur mühsam entkräften.

Wenige Wochen nach dem Parteitag erreichte die Protestbewegung der APO ihren Höhepunkt. Als Reaktion auf den Mordanschlag auf Rudi Dutschke, die Symbolfigur des SDS, kam es Ostern 1968 in verschiedenen Städten zu gewalttätigen Auseinandersetzungen. Ende April 1968, bei den Landtagswahlen in Baden-Württemberg, die unter dem unmittelbaren Eindruck dieser Ereignisse stattfanden, holte die NPD 9,8 %, den höchsten bislang erreichten Stimmenanteil auf Länderebene, während die SPD 8,3 % verlor und auf 29 % abfiel. Als parlamentarische Alleinopposition zur Großen Koalition hatte die FDP inzwischen ein mehr linksliberales Profil geschärft und konnte einen Teil der enttäuschten jüngeren SPD-Wählerschaft zu sich hinüberziehen.

KAPITEL 11 Das sozialliberale Jahrzehnt 1969/70–1980: Entspannungspolitik und Reformära

Während der Jahre 1968/69 gelang es der SPD, eigenständige Positionen, mit denen sie sich von der CDU/CSU abzugrenzen versuchte, deutlicher zu machen. Eine sozialliberale Stimmung lag in der Luft. Als Generalprobe für diese Koalitionsmöglichkeit sahen viele die Wahl Gustav Heinemanns zum Bundespräsidenten im März 1969, die von der FDP unterstützt wurde. Der kurz danach stattfindende SPD-Parteitag schürte bereits optimistische Erwartungen für den bundesweiten Urnengang im September.

Regierungswechsel zu Willy Brandt und neue Ostpolitik

Mit seinem dringenden Appell, »das Aufbegehren junger Menschen gegen das Establishment ernst zu nehmen«, machte sich Willy Brandt zum Fürsprecher eines flexiblen Integrationskurses seiner Partei. Wirtschaftsminister Schiller personifizierte geradezu die neue, unbedingte Loyalität zum Nachkriegssystem. Das alte Spannungsverhältnis von kapitalistischer Gegenwart und demokratisch-sozialistischen Zukunftszielen spielte für ihn keine Rolle mehr: »Wir befinden uns in einer Industriegesellschaft, die sich nur als Leistungsgesellschaft behaupten kann, die nur in der permanenten Steigerung ihrer Produktion, die nur in wirtschaftlichem Wachstum leben kann. Stillstand heißt hier Rückfall gegenüber anderen Nationen und Volkswirtschaften.«

Als im September 1969, ausgehend von den Dortmunder Hoesch-Stahlwerken, eine spontane Streikwelle ihren Anfang nahm, fühlten sich antikapitalistische Gruppierungen außerhalb und innerhalb der SPD bestärkt. Die Belegschaften forderten höhere Anteile vom wirtschaftlichen Wachstum für sich, das in Deutschland nach der Rezession von 1966/67 wieder kräftig angezogen hatte, und sie taten dies größtenteils mit Erfolg. Den Gewerkschaften hingegen waren oft die Hände gebunden, denn sie hatten sich auf lange tarifvertragliche Laufzeiten eingelassen. Streikbewegungen entstanden auch in anderen Ländern Westeuropas, wobei der von Studentenunruhen ausgelöste französische Generalstreik vom Mai/Juni 1968 herausragte. Vor diesem Hintergrund hoffte man in Teilen der politisch-gewerkschaftlichen Linken, dass nun der Zeitpunkt gekommen sein könnte, wo auch die deutschen Arbeiter selbsttätiger und entschiedener ihre Interessen vertreten würden.

Zwar versuchte Willy Brandt, die Programmatik des Wirtschaftsministers Schiller, die von qualitativen Veränderungen und sozialen Interessengegensätzen absah, in ein gemeinsames Parteiprofil einzugliedern: »Meine aktive Friedenspolitik und seine moderne Wirtschaftspolitik sind die Elemente sozialdemokratischer Politik aus einem Guss.« Die Wählerschaft aber zeigte – durch die Leitmedien beeinflusst – zeitweise ein anderes Meinungsbild: Schiller, der auch in der CDU/CSU-Anhängerschaft Zustimmung fand, erfreute sich laut Meinungsumfragen einer nahezu doppelt so hohen Popularität wie Willy Brandt. In die Bundestagswahl 1969 zog die SPD mit dem Slogan »Wir schaffen das moderne Deutschland« und erreichte 42,7 %. Zusammen mit der FDP (5,8 %) verfügte sie über einen geringen Vorsprung zur CDU/CSU (46,1 %). Die NPD scheiterte mit 4,3 % relativ knapp an der Fünf-Prozent-Hürde. Schiller hatte sich im Wahlkampf vor allem mit der ideologiefernen Fachfrage der DM-Aufwertung profiliert, mit der verhindert werden sollte, dass zu hohe Exportüberschüsse einen Inflationsdruck erzeugen, der dem kräftigen Aufschwung 1968/69 einen Dämpfer verpassen könnte.

SPD und FDP hatten zusammen nur zwölf Bundestagsmandate mehr als die CDU/CSU. Das war so knapp, dass schon wenige abweichende Stimmen, zum Beispiel von sechs rechtsliberalen Parlamentariern, eine Regierungsübernahme hätten verhindern können. Mit 251 Stimmen (zwei mehr als unbedingt erforderlich) wurde Willy Brandt erster SPD-Kanzler der Bundesrepublik. Den Liberalen wurde das Außen- und das Innenministerium (Walter Scheel und

Hans-Dietrich Genscher) überlassen, dafür wurde neben dem Wirtschaftsministerium (Schiller) auch das Finanzressort mit einem betont marktwirtschaftlich orientierten Sozialdemokraten besetzt, dem »Genossen Generaldirektor« (einer Versicherungsgesellschaft) Alex Möller (1903–1985). Auf diese Weise sollte verhindert werden, dass die FDP sich in wirtschafts- oder sozialpolitischen Fragen als Bremser betätigt. Allerdings musste die SPD einen Preis dafür zahlen: Die Geschäftsgrundlage des sozialliberalen Bündnisses sah vor, auf Gesetzesvorlagen zur Ausweitung der paritätischen Mitbestimmung zu verzichten. Gleichwohl konnte die Novellierung des Betriebsverfassungsgesetzes 1971 die Mitbestimmungsmöglichkeiten teilweise etwas verbessern.

In seiner Regierungserklärung stellte Willy Brandt den umfangreichen Katalog von inneren Reformen unter das Leitmotiv: »Wir wollen mehr Demokratie wagen.« Die außenpolitische Zielsetzung, die Westintegration der Bundesrepublik um eine Aussöhnung mit den Völkern Osteuropas auf der Grundlage gesicherter Grenzen und friedensfördernder Kooperation zu ergänzen, wurde gleichfalls hervorgehoben: »Wir wollen ein Volk der guten Nachbarn sein und werden, im Inneren und nach außen.« Besonders günstig war die Lage für eine neue, aktive Ostpolitik. Schon als Außenminister der Großen Koalition hatte Brandt erste Schritte zu einem flexibleren Kurs eingeleitet. Seit der spannungsreichen, brandgefährlichen Doppelkrise um Berlin und Kuba in den Jahren 1961 und 1962 wollten die beiden Weltmächte die Einflusszonen und Führungspositionen in ihren jeweiligen Bündnissen gegeneinander abgrenzen und auf der Basis eines militärischen Gleichgewichts den Status quo durch Entspannung absichern. Ein deutscher Sonderkonflikt hätte dieser Stabilisierung der Nachkriegsordnung als letztes Hindernis im Wege gestanden. Die Gefahr, dass die Bundesrepublik sich selbst isolieren würde, war groß.

Die neue Ostpolitik der sozialliberalen Koalition machte sich die Chancen, die diese internationale Lage bot, zunutze und entwickelte, ohne die Bündnisloyalität zu verletzen, einen eigenständigen und selbstbewussten außenpolitischen Stil. Sie erkannte die bestehenden

Grenzen in Europa an und förderte gleichzeitig das Interesse, die menschlichen Kontakte im geteilten Deutschland zu intensivieren. Dabei achtete sie besonders darauf, die »deutsche Frage« mit einem Friedensvertrags- und Selbstbestimmungsvorbehalt offenzuhalten. Die sozialdemokratische Entspannungspolitik enthielt also eine dynamische Komponente, die über die Intentionen der Weltmächte hinausging und dem Gedanken des »Wandels durch Annäherung« entsprang: »Um den Status quo politisch in Bewegung zu bringen, mussten wir uns den territorialen Status quo zu eigen machen«, so rückblickend Willy Brandt. Die Verhandlungen nahmen die großen Linien der internationalen Beziehungen in den Blick, ohne sich, mehr als unbedingt nötig, in Detailfragen zu verstricken. So konnte bereits 1970 die Unterzeichnung des Moskauer und des Warschauer Vertrages erreicht werden – zwei Abkommen, die Grenzen, Gewaltverzicht und künftige Zusammenarbeit regelten.

Willy Brandts berühmter Kniefall vor dem Mahnmal des jüdischen Ghettos bei seinem Besuch in Warschau am 7. Dezember 1970, mit dem er symbolisch um Vergebung für die vom NS-Regime begangenen Verbrechen bat, wurde von der europäischen und der Weltöffentlichkeit als einzigartige Geste verstanden. Im Herbst 1971 trug die deutsche Politik der Vertrauensbildung Früchte, die auch für den Fortbestand der sozialliberalen Koalition große Bedeutung hatten: Das Vier-Mächte-Abkommen über Berlin beendete eine Serie von Drohungen und Krisen um West-Berlin und erlaubte menschliche Begegnungen zwischen der Bundesrepublik und der DDR in einem Umfang, der seit dem Mauerbau undenkbar gewesen war – wenngleich fast nur in eine Richtung. 1971 wurde Willy Brandt der Friedensnobelpreis verliehen. Seiner Politik und nicht zuletzt auch seiner Biografie samt der aktiven Gegnerschaft zu Hitler wegen fand er selbst in jenen Ländern Respekt und Anerkennung, ja sogar offene Sympathie, die von deutschen Truppen heimgesucht oder in Teilen verwüstet worden waren. Und er fand sie insbesondere bei seinen Landsleuten in der DDR: Sein Besuch in Erfurt am 19. März 1970 rief spontane Sympathiekundgebungen in der Bevölkerung hervor, die die dortigen Regierenden alarmierten.

Konfliktreichere Innenpolitik

Im Vergleich zur Ostpolitik erschienen die Ergebnisse der inneren Reformen seit 1969 deutlich bescheidener. Beim Ausbau des Sozialstaats zeigten sich noch am meisten sichtbare Elemente einer SPD-Programmatik. Der günstige Konjunkturtrend der Jahre 1968 bis 1973 hatte deren Umsetzung unterstützt. Auch in der Bildungs- und Rechtspolitik wurden Fortschritte gemacht, hier waren sich SPD und FDP meist einig und konnten zudem auf die Unterstützung einer liberalen Öffentlichkeit zählen. Betrachtet man einmal die Gesamtheit der wichtigsten Reformgesetze und Veränderungen in den Haushaltsprioritäten, wird deutlich, dass die Verbesserung von Sozialleistungen zum einen und verstärkte Investitionen in Bildung und Wissenschaft zum anderen die wichtigsten Erfolgsmerkmale der Reformära nach 1969 bildeten. Der Nutzen dieser Maßnahmen war greifbar für die betroffenen Bevölkerungsgruppen und zeitigte darüber hinaus einen wahlpolitischen Ertrag für die Koalition. Die wohlfahrtsstaatlichen Leistungen berücksichtigten gleichermaßen die Wählerschaft von SPD und FDP, so auch in der Bildungspolitik: Diese öffnete die Universitäten für neue Gruppen. Dies galt zwar nicht so sehr für das viel zitierte katholische Arbeitermädchen vom Lande, aber für die Kinder - zunehmend auch Mädchen - von städtischen Angestellten und Beamten, weniger von Facharbeitern. Noch Anfang der 1960er-Jahre war das Studium ein bürgerliches Privileg, in dessen Genuss nur wenige Prozent eines Jahrgangs kamen.

Andere Reformansätze verliefen mehr oder weniger im Sande, so der Versuch, wenigstens die gröbsten Ungerechtigkeiten in der Vermögens- und ökonomischen Machtverteilung zu korrigieren. Auf dem SPD-Parteitag in Saarbrücken, im Mai 1970, beschwor Brandt die Leitidee der »Demokratisierung« dahingehend, dass ein »zielstrebiger Abbau von Privilegien auf allen Gebieten« stattfinden sollte. Doch er betonte auch die Kehrseite der Medaille: »Ohne wirtschaftliches Wachstum keine inneren Reformen.« Angesichts der gesellschaftlichen Kräfteverhältnisse in der Bundesrepublik und angesichts der Zwänge, denen die Koalition ausgesetzt war, durfte die SPD in der Wirtschafts- und Sozialpolitik nur unter einer Grundbedingung auf Erfolge hoffen: wenn sie sich für einen Zuwachs des Bruttosozialproduktes einsetzte, um der Arbeitnehmerschaft einen größeren Anteil am erwirtschafteten Volkseinkommen zufließen zu lassen.

Der steigende Erwartungsdruck innerhalb der eigenen Partei veranlasste die SPD-Führung dazu, einem befürchteten Linksschwenk vorzubeugen. Schon im November 1970 hatte der Parteivorstand klare Kriterien zur Abgrenzung von den Kommunisten verabschiedet, die die neue Ostpolitik flankieren und dem Missverständnis vorbeugen sollten, sie würde einer innenpolitischen Öffnung zum System des »realen Sozialismus« Vorschub leisten. Der »Extremistenbeschluss«, Ende Januar 1972 zwischen den Ministerpräsidenten der Länder und der Bundesregierung vereinbart, weitete das Bemühen um ideologische Distanzierung aus. Das zog nun persönliche Sanktionen für verfassungsfeindliche, meist kommunistische Bewerber, die in den Öffentlichen Dienst wollten, nach sich. Nur wenige führende SPD-Politiker sahen damals die Fragwürdigkeit dieses Unterfangens. Zur Absicht, die Splitterpartei DKP und andere Gruppen mit administrativen Mitteln zu bekämpfen, merkte Herbert Wehner, deutlich und kritisch wie wenige, eine Woche vor dem Beschluss an: »Ich sehe keinen Sinn darin, die freiheitliche Grundordnung durch einen ersten Schritt zu ihrer Beseitigung schützen zu wollen.«

Wer die erlahmende Widerstandskraft der sozialliberalen Koalition gegenüber dem Druck von konservativer Seite realistisch beurteilen will, hat zu berücksichtigen, dass die Regierung Brandt in der zweiten Hälfte der Legislaturperiode ständig um den Verlust ihrer Parlamentsmehrheit bangen musste. Erst traten im Oktober 1970 drei FDP-Abgeordnete zur CDU/CSU-Fraktion über, die Brandt wahrscheinlich schon bei der Kanzlerwahl ihre Stimme verweigert hatten, und ein Jahr später kam es zur Mandatsübertragung eines nicht stimmberechtigten West-Berliner SPD-Parlamentariers. Als dann noch der Vorsitzende der Landsmannschaft Schlesien, Herbert Hupka (1915–2006), Ende Januar 1972 aus Protest gegen die Ostverträge von der SPD zur CDU übertrat, spitzte sich die Lage allmählich zu. Erstmals hatte Willy Brandt in einer Parteitagsrede von 1968 unzweideutig die Notwendigkeit der faktischen »Anerkennung bzw. Respektierung der Oder-Neiße-Linie«, also des Verzichts auf die früheren deutschen Ostgebiete, durch die Bundesrepublik hervorgehoben.

Bei den Landtagswahlen in Baden-Württemberg im April 1972 erreichte die CDU die absolute Mehrheit, obwohl die SPD ihre Verluste von 1968 wettmachen konnte, und damit auch eine Blockademehrheit im Bundesrat. Am Wahltag verließ ein weiterer Abgeordneter die FDP, weshalb die Konservativen nunmehr ihre Chance gekommen sahen, den Kanzler zu stürzen und mithilfe eines Konstruktiven Misstrauensvotums selbst die Regierung zu übernehmen. Doch das Ansinnen scheiterte. Begleitet von Warnstreiks und Demonstrationen für Willy Brandt sowie von Gerüchten über die beiderseitige Bestechung von Abgeordneten, wobei auch Agenten Ost-Berlins erfolgreich tätig waren, fehlten CDU-Oppositionsführer Rainer Barzel schließlich zwei Stimmen aus den eigenen Reihen für die Wahl zum Bundeskanzler. Weder die Regierung noch die Opposition verfügte nun über eine parlamentarische Mehrheit. Vorgezogene Neuwahlen wurden unausweichlich. Der Bruch mit Doppelminister Schiller - seit Alex Möller im Mai 1971 im Dissens aus dem Kabinett ausgeschieden war, leitete Schiller auch das Finanzressort - barg die Gefahr in sich, Stimmen aus den Mittelschichten zu verlieren. Im Juli 1972 trat Schiller zurück, zwei Monate später verließ er dann auch die SPD (trat ihr allerdings 1980 wieder bei). Im Wahlkampf 1972 beteiligte Schiller sich daraufhin an einer Anzeigenkampagne zusammen mit Ludwig Erhard, was man indirekt als Wahlempfehlung für die CDU verstehen konnte.

Historischer Wahlsieg 1972 und anschließende Ernüchterung

Die Sozialdemokratie musste sich nun wieder auf ihre eigene Stärke besinnen und der finanziellen Wahlkampfhilfe von CDU/CSU-nahen Millionären und Multimillionären die Mobilisierung von Millionen

Arbeitnehmern entgegensetzen. Die Mitgliederzahlen gingen im Wahlkampf 1972 sprunghaft nach oben, was nicht zuletzt an den ungewöhnlich vielen jungen Leuten unter 25 lag, die in die Partei strömten. Zahlreiche Prominente und ungezählte namenlose Wahlhelfer setzten sich unermüdlich für die SPD ein. Die Bundesrepublik erlebte einen Nachkriegshöhepunkt der Politisierung. Dieser Trend war schon im Laufe der 1960er-Jahre allmählich sichtbar geworden. Immer mehr Künstler, Schriftsteller und Wissenschaftler bekannten sich zur SPD, maßgeblich verkörpert in der von Günter Grass initiierten Sozialdemokratischen Wählerinitiative. Zudem wurde knapp zwei Wochen vor dem Urnengang der Grundlagenvertrag mit der DDR unterzeichnet. Er versprach deutlich bessere Reise- und Besuchsmöglichkeiten, und so geriet die 1972er-Wahl zugleich zu einem veritablen Volksentscheid über die Ostpolitik und ihre Symbolfigur Willy Brandt.

Die vorgezogene Neuwahl zum Bundestag bescherte der SPD am 19. November 1972 ein überwältigendes Ergebnis: Die Wahlbeteiligung lag bei 91 %, und von diesen Wählerinnen und Wählern gaben 48,9 % ihre Erst- und 45,8 % ihre Zweitstimme den Sozialdemokraten, die erstmals die CDU/CSU überflügelten und mehr als drei Millionen Stimmen hinzugewannen. Wahlanalysen zeigten, dass die SPD vor allem bei den Jüngeren, den katholischen Arbeitern und den Frauen überproportionale Gewinne verbuchen konnte. Durch vermehrte Unterstützung aus den Mittelschichten gewann auch die FDP hinzu und erzielte jetzt 8,4 % der Zweitstimmen. Triumphierend stellte der »Vorwärts« fest, der »Genosse Trend« habe sich durchgesetzt. Gestützt auf den Fortgang des sozialen Strukturwandels – und wohl auch im Überschwang der Siegesgefühle – ließ das Blatt die »wohlbegründete Prognose« vernehmen, »dass die CDU, dann wohl auch die CSU, bei den nächsten Bundestagswahlen noch mehr verlieren wird als 1972«. Teile der SPD träumten einen Moment von einer jahrzehntelangen sozialdemokratischen Regierungsperiode nach schwedischem Muster. In Österreich hatte Bruno Kreisky mit der SPÖ schon im Oktober 1971 die absolute Mehrheit der Stimmen (50,04 %) geholt und konnte sie 1975 und 1979 verteidigen. Allerdings war die rechtsgerichtete FPÖ, anders als die FDP in Deutschland, für progressive Liberale in Österreich nicht wählbar, was der SPÖ zugutekam.

Ein solch großer Wahlsieg wie der vom November 1972 war natürlich mit recht unterschiedlichen Erwartungen verknüpft und verschärfte deshalb die innerparteilichen Gegensätze, anstatt die Partei zusammenrücken zu lassen. Der reformsozialistischen Linken, die 1969 die Führung der Arbeitsgemeinschaft der Jungsozialisten übernommen hatte, war es gelungen, zahlreiche Impulse auf die Gesamtpartei zu übertragen. Sie befruchtete damit die Theoriediskussionen, den Stil der politischen Arbeit sowie auch manche Praxisfelder, etwa die Kommunalpolitik. Anfang der 1970er-Jahre gewann der »Frankfurter Kreis« eine festere Form (parallel dazu in der Bundestagsfraktion ein »Leverkusener Kreis«) unter maßgeblicher Mitwirkung von Juso-Vertretern. Sie propagierten »systemüberwindende« Reformen statt eher systemerhaltender oder nur sehr begrenzt systemverändernder. Damit widersprachen sie zwar dem Selbstverständnis der Parteimehrheit. Aber es blieb klar, dass mit »System« nicht die parlamentarische Demokratie des Grundgesetzes gemeint war, sondern der Kapitalismus. Den Höhepunkt ihres Einflusses erlangte die Parteilinke auf dem Parteitag in Hannover 1973. Die parteiinterne Aufgliederung in Fraktionen und Gruppen, die sich bis auf die untersten Ebenen der SPD fortsetzte, war oft an generationelle und sozial-kulturelle Gegensätze gekoppelt, die sich auch in Sprache und Stil niederschlugen. Auf dem rechten Flügel der SPD hatten sich schon seit den frühen 1960er-Jahren die traditionalistischen »Kanalarbeiter« zusammengeschlossen, die sich generell durch eine gewisse Theoriefeindlichkeit auszeichneten.

Die Besetzung des Wirtschaftsressorts mit einem FDP-Politiker, dem Marktliberalen Hans Friderichs, sollte wohl zeigen: Der kleinere Koalitionspartner setzte seinen Anspruch auf die »Schiller-Wähler« von 1969 durch – ein Potenzial, das der SPD entglitten war. In den »Freiburger Thesen« hatte sich die FDP 1971 zwar ein sozialliberales Programmprofil gegeben. Doch dieses erwies sich als relativ kurzlebig und konnte nur wenige Landesverbände in der Breite überzeugen. Die Regierungserklärung Willy Brandts vom Januar 1973 vor dem Bundestag trug dem Umstand Rechnung, dass die FDP, wie auch viele SPD-Politiker, bestrebt war, die mit dem Wahlsieg verknüpften Reformerwartungen zu dämpfen: »Wer nur neue Forderungen stellt, ohne zu neuen Leistungen bereit zu sein, wird der Lage, auch der eigenen Interessenlage, nicht gerecht und kann nicht erwarten, ernstgenommen zu werden … Reformgerede, hinter dem sich nur Gehaltsforderungen tarnen, taugt wenig.« Bereits in der Konjunktursituation zur Jahreswende 1972/73, die noch relativ günstig und nur durch inflationäre Tendenzen etwas getrübt war, zeichnete sich ein Dilemma ab: Die parallele Erhöhung der Realeinkommen und der staatlichen Ausgaben wäre nur über eine Beschneidung von Privilegien beziehungsweise Umverteilung zu finanzieren gewesen.

In den Umfragen erlitt die SPD einen dramatischen Sympathieverlust. Bis zur Jahreswende 1973/74 fiel sie auf 35 % ab (bei absoluter Mehrheit der CDU/CSU). Das kann nicht allein auf innerparteiliche Entwicklungen zurückgeführt werden. Was fehlte, waren zukunftsträchtige Perspektiven, wie sie zwischen 1969 und 1972 durch die Ostverträge und die Ankündigung einer Politik der inneren Reformen existierten. Dem Wechsel von Teilen der Schiller-Wählerschaft 1969 gesellte sich nun die Enttäuschung der Brandt-Wählerschaft von 1972 hinzu. Zunächst schien es sich um ein vorübergehendes Formtief des Kabinetts Brandt-Scheel zu handeln. Doch der Vorrat an sozialliberalen Gemeinsamkeiten und spektakulären Reformprojekten ging zur Neige und traf im Winter 1973/74 auf eine labile Wirtschaftslage, die sich im Zuge des Ölpreisschocks nach dem vierten Nahost-Krieg entschieden verschlechtert hatte.

Ökonomische Wachstumsschwäche und Identitätskrise der SPD

Von heute aus betrachtet, lässt sich die Bedeutung dieses Einbruchs seit Herbst 1973 deutlicher erkennen, als es den Zeitgenossen möglich war. Die internationale Konjunkturkrise glitt in eine Periode des langsameren, ungleichmäßigeren Wachstums und höherer Rezessionsanfälligkeit über. Selbst in den Phasen, wo sich die Wirtschaft etwas erholte, blieb eine Sockelarbeitslosigkeit zurück, die im Vergleich mit den 1960er- und frühen 1970er-Jahren hoch war. Die Summe der Transferleistungen an Erwerbslose in Deutschland verzehnfachte sich zwischen 1973 und 1983. Die Staatsverschuldung, zuvor unbedeutend, schoss in die Höhe. Angesichts der starken Stellung der Gewerkschaften und des ausdifferenzierten Wohlfahrtsstaats geriet die Unternehmer- und Kapitalseite in Schwierigkeiten, weil die Kurve der Produktivitätssteigerung abflachte. Ein neuartiges Phänomen, die »Stagflation«, also die Gleichzeitigkeit von schwachem Wachstum und Geldentwertung, erschwerte es der Regierung, keynesianische Instrumente zur Konjunktur- und Beschäftigungspolitik einzusetzen.

Diese Trendwende verband sich im Frühjahr 1974 mit einer Serie von Misserfolgen und leitete das Ende der Ära Brandt-Scheel ein. Ein Streik im Öffentlichen Dienst, bei dem die Gewerkschaft ÖTV Lohnerhöhungen von 11 % durchsetzte, wurde in der Öffentlichkeit als Zeichen für den Autoritätsverlust der Regierung gedeutet. Bei Bürgerschafts- und Kommunalwahlen in Hamburg und Schleswig-Holstein wenig später büßte die SPD jeweils rund 10 % ein. Nachdem auch noch der im Kanzleramt platzierte DDR-Spion Guillaume verhaftet worden war, gefolgt von SPD-internen Krisengesprächen, entschied Willy Brandt, am 6. Mai 1974 vom Kanzleramt zurückzutreten. Wenig später wurde Walter Scheel zum Bundespräsidenten gewählt und ein neues Kabinett Schmidt-Genscher gebildet, womit auch personell dokumentiert wurde: Das Gewicht der FDP war gewachsen, und die SPD musste von ambitionierten Reformzielen auf den Vorrang einer Politik des Krisenmanagements umstellen.

Der Orientierungsrahmen '85, im zweiten Anlauf ab 1973 von einer Programmkommission unter dem Vorsitz Peter von Oertzens erarbeitet, hätte der SPD unter anderen Umständen helfen können, ihre Reformpolitik fortzusetzen. Die Gegensätze zwischen den Parteiflügeln waren im Vorfeld durch Diskussionen und Formelkompromisse gedämpft worden. Der Orientierungsrahmen wandte sich nicht von »Godesberg« ab, setzte aber Akzente, die als eine Kombination von sozialemanzipatorischen Zielen und staatsinterventionistischen Instrumenten aufgefasst werden konnten. Doch die Arbeitslosigkeit stieg im Winter 1975/76 erstmals deutlich über die Millionengrenze und zwang die regierende SPD zu pragmatischen Maßnahmen, um der Krise zu begegnen.

Bei keiner der Landtagswahlen dieser Jahre gelang es der SPD/FDP-Koalition, die Bundesratsmehrheit der CDU/CSU zu brechen. Alle zustimmungspflichtigen Gesetzesvorhaben mussten daher im Allparteienkonsens beraten und beschlossen werden. Selbst in Niedersachsen, einem ihrer »Stammländer«, verlor die SPD Anfang 1976 bei Neuwahlen nach dem altersbedingten Rücktritt von Ministerpräsident Alfred Kubel (1909–1999) die politische Führung. Im Mai 1973 hatte das Bundesverfassungsgericht das niedersächsische Vorschaltgesetz zur Hochschulreform für verfassungswidrig erklärt. Die dort vorgesehene Drittelparität in Hochschulgremien sei unzulässig und die Professorenmehrheit in wesentlichen Fragen unabdingbar. Im Februar 1975 wurde zudem die vorgesehene Änderung des § 218 – Fristenlösung bei Schwangerschaftsabbruch – höchstrichterlich außer Kraft gesetzt. Sogar im katholischen Österreich war sie schon gültige Rechtslage, in der Bundesrepublik noch nicht.

Nach wie vor stand das Thema der vollen paritätischen Mitbestimmung der Arbeitnehmer in den Betrieben nach dem Modell der Montanindustrie auf der Agenda von SPD und DGB. Es war sogar gelungen, einen Kompromiss mit der FDP zu finden, der zwar kompliziert war, doch substanziellen Fortschritt beinhaltete. Aber aus dem Unternehmerlager setzte eine massive Gegenkampagne ein. Als das im Juli 1976 verabschiedete Gesetz hinter dem Paritätsziel zurückblieb, machte sich insbesondere unter Gewerkschaftern Enttäuschung breit. Dass die Unternehmerseite mit ihrer Klage vor dem Bundesverfassungsgericht scheiterte, war da nur ein schwacher Trost. Mittlerweile hatte sich zudem die CDU sozialpolitisch neu orientiert. Von Generalsekretär Heiner Geißler wurde die »Neue Soziale Frage« (1975) in den Blick genommen, mit dem Ziel, die gewerkschaftsnahen Anliegen der SPD als überholt erscheinen zu lassen.

Die zunehmende Bereitschaft mancher FDP-Landesverbände, Bündnisse mit der CDU einzugehen, ließ Zweifel an der Zuverlässigkeit der Liberalen aufkommen. Diese Entwicklung beim Koalitionspartner konnte zusätzlich als Disziplinierungsmittel gegen weitgehende Forderungen in der SPD eingesetzt werden. CDU und CSU errangen deutliche Siege bei den Landtagswahlen: zuerst die bayerische CSU mit Franz Josef Strauß (62,1 % im November 1974), dann im April 1976 die rechtslastige baden-württembergische CDU mit Hans Filbinger als Ministerpräsident. Ihr Wahlslogan »Freiheit oder Sozialismus« bescherte dieser einen triumphalen Erfolg (56,7 % gegenüber 33,3 % der SPD). Um sich gegen diese Mobilmachung des konservativen Lagers zur Wehr zu setzen, brachte die SPD immer wieder ihre staatstragende Rolle ins Spiel. Das neue Regierungsprogramm für die Zeit bis 1980, vom Wahlparteitag im Juni 1976 beschlossen, gründete in der Überzeugung, »die Weltwirtschaftskrise gut gemeistert« zu haben. Als Motto für den Wahlkampf gab die SPD aus: »Weiterarbeiten am Modell Deutschland.«

Stabilisierungskurs ab 1974 und Schwerpunkte der Ära Schmidt

Zwar ließ Helmut Schmidt, Nachfolger von Willy Brandt im Amt des Bundeskanzlers, in allen Meinungsumfragen seinen CDU-Widersacher Helmut Kohl weit hinter sich, vor allem hinsichtlich seiner außen- und wirtschaftspolitischen Kompetenz. Dennoch entging die SPD im Oktober 1976 nur knapp einer Wahlniederlage. Bei einer Wahlbeteiligung von erneut über 90 %, die nun ein Gradmesser für die rechts der Mitte vorangetriebene innenpolitische Polarisierung war, fiel die SPD mit 42,6 % wieder auf ihren Wähleranteil von 1969 zurück. Die FDP stabilisierte sich mit geringfügigen Verlusten bei 7,9 %, hingegen war die CDU/CSU mit 48,6 % nur knapp von der absoluten Mehrheit entfernt. Das aggressive Auftreten des rechten Flügels der Unionsparteien kam der Koalition bei der Sicherung ihres Fortbestandes zunächst zur Hilfe: Unmittelbar nach der Wahl kündigte die CSU - kurze Zeit später revidiert - die Fraktionsgemeinschaft mit der CDU auf. Doch war die spezifisch sozialdemokratische Komponente der Regierungspolitik im Vergleich zur vorangegangenen Legislaturperiode immer weniger erkennbar.

Auch in der Ostpolitik, jenem für die SPD stark identitätsstiftenden Feld, traten die dynamischen Aspekte gegenüber den stabilisierenden deutlich zurück. Das Machtgefüge der NATO begann sich zu lockern. Zwar war dies im ursprünglichen Fahrplan der sozialdemokratischen Entspannungspolitik zumindest implizit so enthalten, aber nun erschien es als Gefahr. Vorrangiges Ziel war jetzt der feste Zusammenhalt der Allianz, dem der Erfolg der Wiener Verhandlungen zur beiderseitigen Truppenreduktion untergeordnet wurde. Zwar postulierte der Hamburger Parteitag 1977 die »Überwindung der Blöcke« als »langfristiges Ziel« und brachte dieses sogar mit der Entwicklung eines »Europa der sozialen Demokratie« als »Alternative zu Kapitalismus und Kommunismus« in Verbindung. Gleichwohl entsprach diese Parole nur bedingt der Position des Bundeskanzlers. Schmidt äußerte 1976, der (nach der Konferenz von Helsinki von 1975) »nun in Gang gekommene Prozess der Entspannung in Europa ... hat ... nicht die Auflösung der Blöcke, der beiden militärischen Bündnissysteme zum Ziel. Im Gegenteil.« Seiner Meinung nach konnten Verständigung und Zusammenarbeit zwischen Ost und West nur auf der Basis eines militärischen Gleichgewichts auf europäischer wie globaler Ebene vorankommen.

Zu diesen unterschiedlichen Akzenten für die längerfristigen Politikperspektiven gesellten sich Differenzen in der Frage, wer denn der Hauptadressat der Bonner Ostpolitik sei. Während dies für Brandt und Bahr stets Moskau war, wollte Wehner die DDR ins Zentrum der Bemühungen rücken. Der ostdeutsche Staat sollte aufgewertet und gegenüber der UdSSR unterstützt werden, um den Spielraum für deutsch-deutsche Bindungen zu erweitern. Die Öffentlichkeit nahm von der Wehner'schen Variante erst Notiz, als der SPD-Fraktionsvorsitzende Ende Mai 1973 überraschend zu politischen Gesprächen mit dem SED-Parteichef Erich Honecker in dessen Jagdhütte in der Schorfheide aufbrach. Wehner wollte mit dieser Aktion die Blockaden in der gegenseitigen Annäherung aufbrechen.

Zum vielleicht wichtigsten innerparteilichen Gegenspieler Helmut Schmidts und Kritiker seines Politikverständnisses wurde Erhard Eppler, vor allem nach seinem Rücktritt als Bundesminister für wirtschaftliche Zusammenarbeit (1968–1974). Eppler war ein protestantisch geprägter ethischer Sozialist mit einem ausgeprägten Gespür für menschheitliche und existenzielle Themen. Ihn beschäftigten vor allem die ökologische Problematik und die Bedrohung des Weltfriedens durch den Ost-West-Konflikt. Eppler sah die Aufgabe der SPD darin, die Kontroversen um divergierende Ideen und progressive Strömungen öffentlich auszutragen, in einem Diskussionsforum, das auf klar definierte Ziele und eine Entscheidungsfindung hin ausgerichtet wäre.

Nicht genug damit, dass die SPD bei den Wahlen 1976 überproportional viele Arbeiterstimmen verloren hatte – in den folgenden Jahren musste sie auch im linken Milieu erhebliche Einbußen hinnehmen. Die Ökologiebewegung, deren wachsender Protest sich gegen den im Zuge der Ölkrise beschlossenen Ausbau der Kernenergie richtete, wies in Richtung einer neuen außerparlamentarischen Opposition. Bürgerinitiativen, Anhänger eines alternativen Lebensstils, Frauengruppen und ähnliche Formen des Engagements erlangten immer mehr Gewicht in der öffentlichen Auseinandersetzung. Der politische Bruch zwischen der SPD, linksintellektuellen Kreisen und kritischen Minderheiten der jüngeren Generation nahm im »Deutschen Herbst« 1977 sogar Züge offener Feindseligkeit bis hin zu Kontroversen um die Reaktion auf den Terrorismus an (so die politisch motivierte Entführung und Ermordung des Arbeitgeberpräsidenten Hanns Martin Schleyer und des Generalbundesanwalts Siegfried Buback). Die geglückte Befreiung einer entführten Lufthansa-Maschine und die folgenden Selbstmorde mehrerer inhaftierter Mitglieder der »Rote-Armee-Fraktion« stellten einen Wendepunkt bei der Bekämpfung des linksextremistisch motivierten Terrors in Deutschland dar. Die Befürworter eines bewaffneten Kampfes gegen den Staat bildeten aber innerhalb auch der radikalen Linken nur eine kleine Minderheit.

Der Streit um politische Berufsverbote erstreckte sich über etliche Jahre. Die Überprüfungspraxis und die Verfahren, die oft in regelrechte Gesinnungsschnüffelei ausarteten, sowie der Umstand, dass selbst Postboten und Lokomotivführer von den Sanktionen betroffen waren, stellten ein bedenkliches Stück deutscher obrigkeitsstaatlicher Tradition dar. Dazu kam, dass in den CDU/CSU-geführten Ländern und denen, wo die SPD regierte, die Praxis des Extremistenbeschlusses sehr unterschiedlich gehandhabt wurde, was mit dem Ministerpräsidentenerlass von 1972 eigentlich gerade hatte verhindert werden sollen. Unter dem Druck von Jusos und anderen Teilen der Partei, die von Anfang an dagegen waren, begann die Gesamt-SPD seit Mitte der 1970er-Jahre, sich vom (eher unpassend häufig sogenannten) »Radikalenerlass« zu distanzieren. Auch Willy Brandt erklärte unumwunden, er habe sich hier »geirrt«.

Bei teilweise positiven Trends für die SPD in Landtagswahlen wurde damals häufig übersehen, dass Grüne, Bunte oder Alternative Listen steigende Stimmenanteile verbuchen konnten. Sie begannen bei 3 bis 4 % in Hamburg und Niedersachsen (Juni 1978), gingen ein Jahr später mit 3,7 % in Berlin weiter und holten bei den ersten Direktwahlen zum Europäischen Parlament bundesweit 3 %. Im Herbst 1979 und Frühjahr 1980 gelang den betont gemäßigt auftretenden Grünen in Bremen und Baden-Württemberg dann der Sprung über die Fünf-Prozent-Hürde. Von der starken Ökologiebewegung beeinflusst, erzielte auf dem SPD-Parteitag in Berlin im Dezember 1979 ein Antrag, der darauf gerichtet war, den Ausstieg aus der Kernenergie vorzubereiten, über 40 % der Delegiertenstimmen. Auch das Mehrheitskonzept sah die »Einsparung von Energie«, eine »vorrangige Erschließung neuer Energiequellen« sowie den »Vorrang der heimischen Kohle« vor. Außerdem war vorgesehen, »dass die Option für Kernenergie offen gehalten und die Option, künftig auf Kernenergie verzichten zu können, geöffnet werden soll«.

Gemessen an jenem Automatismus von Rüstungen und Nachrüstungen, der für die USA und die Sowjetunion gleichermaßen typisch war, ließ sich der sozialdemokratische »Doppelbeschluss« zur Problematik der atomaren Mittelstreckenraketen in Europa auch wie eine Fortsetzung der Entspannungspolitik lesen. Er bekräftigte nämlich, dass weiterhin Verhandlungen zur Rüstungsbegrenzung geführt werden müssten. Im Vorfeld der Bundestagswahlen von 1980 konnte sich die sozialliberale Koalition daher erneut als Garant der Friedenssicherung in Europa profilieren. Recht gute Chancen, die Wahl zu gewinnen, verdankten die Sozialdemokraten zudem der Nominierung von Franz Josef Strauß zum Kanzlerkandidaten der CDU/CSU. Mit ihrem Wahlslogan »Sicherheit für Deutschland« wollte die SPD wählerwirksam vor den Risiken einer Regierungsübernahme durch eine Opposition warnen, die nach rechts abzudriften schien.

Zunächst sah es so aus, als ginge dieses Kalkül auf. Bei den Landtagswahlen in Nordrhein-Westfalen im Mai 1980 erzielte die SPD 48,5 % und die klare absolute Mehrheit der Mandate, weil FDP (4,9 %) und Grüne (3 %) den Einzug ins Parlament verfehlten. Allerdings ließ sich die nordrhein-westfälische Lage, die für die SPD aufgrund der städtisch-industriellen Bevölkerungsstruktur nach dem Verblassen katholischer Bindungen günstig war, keinesfalls auf die Bundestagswahlen im Oktober 1980 übertragen.

Das Bundeswahlergebnis zeigte für die SPD, wie zwiespältig sich der Anti-Strauß-Effekt auswirkte. Ein Stimmenanteil von 42,9 % bedeutete Stagnation gegenüber 1976, was enttäuschend war, zumal die Grünen mit 1,5 % weit hinter ihrer potenziellen Stärke zurückblieben. Die 44,5 % für eine CDU/CSU mit Kanzlerkandidat Strauß konnten hingegen als harter Kern des konservativen Lagers betrachtet werden. Der unerwartet hohe Stimmenanteil von 10,6 % für die FDP kam wohl nicht nur von liberalen Wählerschichten her, sondern außerdem etwa zu gleichen Teilen aus der Klientel von CDU- und SPD-Sympathisanten, die weder einen Kanzler Strauß noch eine sozialdemokratische Alleinregierung wollten. Die FDP hatte mithin eine Schlüsselposition erreicht, die für sie das Risiko eines Koalitionswechsels weitaus geringer als jemals zuvor seit 1969 erscheinen ließ.

Führungspersönlichkeiten und Strukturwandel der Mitglieder

Ungeachtet etlicher fähiger Führungspersonen – so die namhaften Bundesgeschäftsführer Hans-Jürgen Wischnewski (1922–2005), Holger Börner (1931–2006) und Egon Bahr – ruhte die SPD-Politik der 1970er-Jahre auf der legendären »Troika« Brandt, Schmidt und Wehner, die allerdings nicht immer konfliktfrei arbeitete. Die drei waren im Hinblick auf Temperament, Sozialisation und politischen Stil sehr unterschiedlich, ergänzten sich aber gerade dadurch gut. Die inhaltlichen Differenzen waren weniger gravierend, wenn auch nicht irrelevant. Schmidt war in einem aufstrebenden kleinbürgerlich-unpolitischen Elternhaus groß geworden und hatte, wie die Masse seiner Altersgenossen, in der Wehrmacht gedient. Die beiden anderen kamen aus der klassischen Arbeiterbewegung. Wehner hatte sich von der KPD aufgrund der Erfahrungen im Widerstand abgewandt, und Brandt hatte unter dem Eindruck jenes volksverbundenen und pragmatischen Reformsozialismus, den er im skandinavischen Exil kennengelernt hatte, mitgeholfen, die radikal-sozialistische SAPD in die deutsche Sozialdemokratie zurückzuführen.

Die Arbeitsteilung zwischen den drei Führungsfiguren war stets klar markiert. Wehner wusste immer, dass er aufgrund seines Lebenswegs und öffentlichen Profils nie selbst Kanzler werden würde. Schmidt wollte Brandt nicht zu früh als Kanzler ablösen und hielt dessen Rücktritt 1974 sogar für unnötig. Brandt führte die SPD als Parteivorsitzender in einer Art Dauermoderation, mit der er dem Nachfolger auch Spielräume verschaffte. Beide ergänzend, hatte Wehner die hauptamtliche Organisation der Partei und zudem ihre Bundestagsfraktion fest im Griff. Seine Vorstellungen von Parteidisziplin und politischer Führung waren rigide und stimmten eher mit denen Schmidts überein. Beiden gemeinsam war auch die Skepsis gegenüber der von Brandt befürworteten Öffnung der SPD für die »68er« und die neuen sozialen Bewegungen, zumindest aber gegenüber deren Themen. In der gesellschaftspolitischen Grundorientierung, im Streben nach einer neuartigen Gesellschaftsordnung und in der Frage, wie es mit der Ostpolitik weitergehen solle, lagen Brandt und Wehner näher beieinander. Alle drei bemühten sich auf ihre Weise darum, die Regierungsmacht der SPD zu bewahren und – damit verbunden – die Koalition mit der FDP so lange wie möglich aufrechtzuerhalten.

Mit seiner ökonomisch sachverständigen Europa- und Weltpolitik, die er eng mit Frankreichs Präsident Giscard d'Estaing abstimmte, versuchte Schmidt zu verhindern, dass die globale Wirtschaftskrise Mitte der 1970er-Jahre sich zu einer Katastrophe auswachsen würde. Willy Brandts internationales Ansehen blieb ungebrochen und wurde eher noch größer, als er 1976/77 den Vorsitz der Sozialistischen Internationale übernahm, die er für verwandte Parteien in der Dritten Welt öffnete. 1978 wurde er zudem Vorsitzender der Nord-Süd-Kommission der UNO. Beim Übergang Griechenlands, Portugals und Spaniens zur Demokratie seit 1974/75 und schon vorher bei der Neubelebung und Unterstützung der dortigen sozialistischen Parteien trat die SPD, namentlich ihr Vorsitzender, unmittelbar in Aktion.

Die soziale und altersmäßige Zusammensetzung der SPD veränderte sich in den späten 1960er- und den 1970er-Jahren wie niemals zuvor. Der Arbeiteranteil bei den jährlichen Neuzugängen bis Mitte der 1960er-Jahre lag zwischen 57 % und 51 %. Nach 1966 sank er rapide ab, besonders zwischen 1972 und 1974, um sich danach etwas zu erholen. Lehrlinge, Schüler und Studierende, seit 1972 extra gezählt, machten zusammen zwischen 14 % und 20 % der Neuaufnahmen aus. Von sämtlichen Mitgliedern, deren Zahl 1976 die Millionengrenze überstieg, stellten Arbeiter 1978 nur noch 27,4 % (1952: 45 %), Angestellte 23,4 % (17 %) und Beamte 9,4 % (5 %). Lehrlinge, Schüler und Studierende machten 1978 zusammen 12,7 % aus. Mitglieder mit Abitur und Hochschulstudium waren mit 15 % gemessen an der Gesamtwählerschaft bereits überrepräsentiert. Mehr als die Hälfte der Mitglieder des Jahres 1978 war erst nach 1969 eingetreten. Bei den Funktionsträgern dominierten Beschäftigte des Öffentlichen Dienstes mit 50 bis 75 %. Arbeiter besetzten umso weniger Positionen, je höher diese in der organisatorischen Hierarchie angesiedelt waren.

Doch eine Arbeitnehmerpartei im weiteren soziologischen Sinn war die SPD weiterhin, nicht zuletzt wegen der organisch gewachsenen Verbindung mit den Gewerkschaften.

KAPITEL 12 Jahre des Umbruchs 1981–1989: Machtverlust und Milieu-Erosion

Der Übergang von den 1970er- zu den 1980er-Jahren markiert eine Epochenzäsur. Diese hat die Möglichkeiten der europäischen und auch deutschen Sozialdemokratie, auf eine sich wandelnde Gegenwart zu reagieren, stark beeinflusst. Politisch regelrecht mit den Händen zu greifen waren die Folgen der Regierungswechsel in Großbritannien (1979) und den USA (1981), wo der Neokonservatismus der Tories unter Premierministerin Margaret Thatcher, beziehungsweise der Republikanischen Partei von Präsident Ronald Reagan, auch eine Ära des Neoliberalismus einläutete, die den Westen für Jahrzehnte prägte. Dagegen konnte sich der Neukeynesianismus eines François Mitterrand, Kopf der französischen Linksregierung und Präsident des Landes seit 1981, nicht behaupten. Die Wirtschaftslehre von John Maynard Keynes, die einen antizyklischen Staatsinterventionismus zur Konjunkturbeeinflussung als Weg aus ökonomischen Krisen vorsah, war für die neokonservativen beziehungsweise neoliberalen Kräfte ein verhasstes Menetekel der angeblichen Sozialdemokratisierung Europas. Doch das entbehrt nicht der historischen Ironie, denn Keynes war ein britischer (sozialer) Liberaler, dessen Ideen zur Konjunktursteuerung auch von anderen Ökonomen seiner Zeit vertreten wurden. Sie hatten tatsächlich einen Weg aus der Weltwirtschaftskrise der 1930er-Jahre gewiesen – in verschiedenen Ländern erfolgreich praktiziert, so auch in den USA, die unter anderem ihrem »New Deal« den Aufstieg der Nachkriegszeit mitverdanken.

Die Politik des Thatcherismus und der »Reaganomics« zielte darauf, dem Kapitalismus, der zuvor angeblich sozialstaatlich gefesselt und gehemmt gewesen sei, durch Deregulierung und Zurückfahren sozialer Sicherungsmechanismen neue Wachstumsimpulse zu geben. Die Folgen für die Wirtschaft waren intendiert, diejenigen für die Gesellschaft wurden billigend in Kauf genommen. Vorbereitet und begleitet wurde die neoliberale Globalisierung von einer ideologischen Kampagne, die dank mancher Stagnations- und Krisenerscheinungen in den 1970ern letztlich von Erfolg gekrönt war. Wie ein Katalysator wirkte hier die beginnende digitale Revolution in den Kommunikationstechnologien hin zu einem »digitalen Kapitalismus«; diesen Begriff prägte der vormalige SPD-Bundesgeschäftsführer Peter Glotz (1939–2005). In weiten Zügen regellose Finanzmärkte lösten sich nach und nach durch spekulative Manöver von der Realwirtschaft ab und bewirkten eine weltweite Umverteilung der Vermögen und Einkommen (relativ und teilweise absolut) von unten nach oben.

Konservative Tendenzwende und Verlust der Regierungsmacht

Sich gegen diesen weltpolitischen und -ökonomischen Trend zu behaupten, fiel der SPD schwer. Deutsche Vorstellungen eines »Rheinischen Kapitalismus«, also einer sozialstaatlich eingehegten und koordinierten Marktwirtschaft, gerieten auch öffentlich ins Hintertreffen. Zeitweise haftete ihnen der Geruch des Überholten, zumindest Unmodernen an. Die internationale Tendenzwende zeichnete sich auch in der Außen- und insbesondere in der Ost- und Sicherheitspolitik ab. Die Entspannung zwischen den Weltmächten und den von ihnen während der 1960er- und 1970er-Jahre geführten Bündnissen kippte an der Wende zu den 1980er-Jahren in einen neuen Kalten Krieg um. Dafür war nicht allein die konfrontative Außenpolitik der US-Administration unter Reagan verantwortlich, sondern auch die unflexible, auf Maximalziele ausgerichtete Militärpolitik der Sowjetunion, die im Dezember 1979 in Afghanistan massiv in einen Bürgerkrieg intervenierte; die Folgen erschüttern die Region noch heute. Obwohl die Supermächte Parität vereinbart hatten bei den Langstreckenraketen, wollte die UdSSR die trotz allem bestehende weltweite militärstrategische Dominanz der USA ausbalancierten.

Dazu strebte sie ein Übergewicht sowjetischer Waffensysteme in Europa an, auch im atomaren Bereich; konventionell erschien sie in dieser Weltregion ohnehin überlegen. Ihr Vorgehen war dabei augenscheinlich von der illusionären Annahme geleitet, dass die sich in Westeuropa formierende Friedensbewegung ihr zu Hilfe käme und so die westlichen (Nach-)Rüstungsmaßnahmen ohne substanzielle Konzessionen der östlichen Seite vereitelt werden könnten.

Der Ost-West-Konflikt erfuhr eine dramatische Zuspitzung durch die wachsende Zahl politischer Dissidenten in den Warschauer-Pakt-Staaten. Diese Entwicklung wurde nicht zuletzt durch den Helsinki-Prozess gefördert. Ganz im Sinne der bundesdeutschen Entspannungspolitik war dieser auch von Bonn strategisch vorbereitet worden. Eine Arbeiter- und Volksbewegung hat 1980/81 Millionen von Polen in Bewegung versetzt und konnte schließlich nur dadurch zeitweilig unterdrückt werden, dass General Jaruzelski das Kriegsrecht verhängte. Zwischen der SPD und der polnischen Gewerkschaft Solidarność gab es insbesondere anfangs Verständigungsprobleme. Bei den Dissidentengruppen anderer Ostblockländer war dies weniger der Fall. Da die gesellschaftspolitischen Ziele von Solidarność sozialemanzipatorisch und radikaldemokratisch akzentuiert waren, mahnten Kritiker innerhalb der SPD, dass die Partei im Rahmen ihrer Entspannungspolitik die Interessen der mittel- und osteuropäischen Opposition nicht aus dem Blick verlieren dürfe. Das müsse insbesondere einen solidarischeren, offeneren und sensibleren Umgang einschließen.

Schärfe und Komplexität im Orientierungsdilemma der SPD wuchsen auch angesichts der bevorstehenden Entscheidung des westlichen Bündnisses, neue atomare Waffen bei einigen der Verbündeten zu stationieren. Im Fokus der innerparteilichen Debatte – vor allem nach der Bundestagswahl 1980 – stand der Brüsseler Doppelbeschluss der NATO von 1979. Dieser sah vor, dass die NATO bei ergebnislosen Verhandlungen mit der UdSSR über einen beiderseitigen Verzicht auf atomare Mittelstreckenraketen Präzisionswaffen neuer Art hauptsächlich auf dem Territorium der Bundesrepublik stationiert. Der entspannungspolitische Haken an der Brüsseler »Nachrüstung« war, dass – trotz der begrenzten Zahl vorgesehener Raketen – die technische Qualität und der strategische Vorteil die sowjetische Vorrüstung mehr als ausgleichen würden und somit ein anderes Ungleichgewicht entstand. Mit ihren neuen Waffen waren die USA in der Lage, ihren Hauptkontrahenten direkt zu bedrohen, während die sowjetischen Mittelstreckenraketen substanziell lediglich Westeuropa bedrohten. Je nach Perspektive konnte man die Rolle der neuen »eurostrategischen« US-Raketen unterschiedlich deuten: Entweder (wie Bundeskanzler Helmut Schmidt es sah) koppelten sie die USA enger an Europa, da die Amerikaner aus dem Zwiespalt »massiver Gegenschlag mit atomarer Vernichtung der eigenen Bevölkerung versus Kapitulation« befreit würden. Oder sie machten Europa (wie die Nachrüstungsgegner befürchteten) gerade durch diese militärische Abkoppelung zum Schlachtfeld eines begrenzten Atomkriegs.

In ihrem Ziel, einen neuen Kalten Krieg zu vermeiden, die Entspannung fortzuführen und substanzielle Rüstungskontroll- und Abrüstungsmaßnahmen zu erwirken, war sich die Sozialdemokratie einig. Kurz vor dem Brüsseler Doppelbeschluss hatte sich Bundeskanzler Schmidt, der die Supermächte an den Verhandlungstisch bringen wollte, von Brandt unterstützt, auf dem Berliner Parteitag mit seiner Position durchgesetzt, die Nachrüstung zu billigen. Das gelang jedoch erst, nachdem der Leitantrag, sich dem Druck der Parteibasis fügend, so stark geändert worden war, dass auch ein Teil der Nachrüstungsskeptiker zustimmen konnte. Einen Automatismus lehnte der SPD-Beschluss ab für den Fall, dass die Verhandlungen scheitern sollten. Nach Ansicht seiner Befürworter zielte der Beschluss auf Abrüstung und sollte eine Stationierung überflüssig machen.

Die Diskussionen in der SPD um Sicherheit und Frieden wurden in den vier Jahren bis zum Kölner Parteitag 1983 von einer immer stärkeren atompazifistischen Massenbewegung begleitet. Die Friedensbewegung der frühen 1980er-Jahre – in ihrer Mehrheit durchaus auch sowjetkritisch – erfasste erhebliche Teile der westdeutschen Bevölkerung, der evangelischen Kirche und der sozialdemokratischen wie gewerkschaftlichen Basis. Innerparteiliche Kritiker des NATO-

Doppelbeschlusses – allen voran Erhard Eppler, Oskar Lafontaine (*1943), die Arbeitsgemeinschaften der Frauen und der Jungsozialisten – beteiligten sich prominent an den Aktivitäten der Friedensbewegung. Helmut Schmidt und Sozialdemokraten des rechten Flügels standen dem ablehnend gegenüber. Willy Brandt strebte eine Konsensstrategie an und wurde darin zum Beispiel von Egon Bahr, Horst Ehmke und Peter Glotz, aber auch von dem – aus der Generation des Juso-Vorstands von 1969 kommenden – Sicherheitsexperten Karsten Voigt (*1941) unterstützt. Diese Parteimitte präferierte zwar den aktiven Dialog mit der Friedensbewegung, verteidigte gleichwohl den Parteitagsbeschluss von 1979, der betonte, dass Verhandlungen der aussichtsreichste Weg zur Null-Lösung im Mittelstreckenbereich seien.

Als die Supermächte in Genf Verhandlungen über atomare Mittelstreckenwaffen aufnahmen, Ende November 1981, durfte sich die SPD bestätigt sehen. Eigene Möglichkeiten, die Verhandlungen zu beeinflussen, hatte weder die Bundesregierung noch die SPD. Die Kompromissbereitschaft der beteiligten Verhandlungspartner war gering bis mangelhaft. So lehnten es die USA ab, britische und französische Waffensysteme zu berücksichtigen, wie es die UdSSR forderte und auch die SPD für richtig hielt. Die schrittweise Einbeziehung von Kurzstreckenraketen sowie anderen in Europa stationierten und auf Europa gerichteten Kernwaffen – auch dies ein sozialdemokratischer Vorschlag – war ebenfalls chancenlos. So wuchs in der SPD die Zahl der Nachrüstungsgegner immer weiter.

Innenpolitisch geriet die SPD in Konflikte mit der FDP, die aus der Bundestagswahl 1980 gestärkt hervorgegangen war. Mit Wirtschaftsminister Otto Graf Lambsdorff an der Spitze und angesichts einer durch erneut massiv gestiegene Ölpreise verursachten globalen Rezession forcierte sie 1981/82 einen Kurs der Haushaltskonsolidierung und Entlastung von Unternehmen. Bundeskanzler Schmidt und die SPD-Minister hielten an der gemeinsamen Regierungsarbeit so lange wie möglich fest, um das Odium eines Koalitionsbruchs abzuwenden. Die FDP-Minister hingegen versuchten unter formaler Beibehaltung der Zusammenarbeit, dem Koalitionspartner SPD in der

Wirtschafts- und Sozialpolitik immer weitere Zugeständnisse abzuringen. Inhaltlich bereiteten sie damit den baldigen Wechsel in eine wirtschaftsliberal-konservative Koalition mit der CDU/CSU vor.

In der SPD rumorte es. Ein Zusammenstoß zwischen den Regierungsbeteiligten und den sie Unterstützenden sowie denen, die soziale Einschnitte ablehnten und um die Identität der Partei fürchteten, konnte nur mit großer Mühe vermieden werden. Dieser Konflikt wurde nicht nur von der Parteilinken geführt. Auch Teile der Gewerkschaften, namentlich der IG Metall, die gegen den »Sozialabbau« der Regierung Schmidt-Genscher auf die Straße gingen, teilten diese Sichtweise. Andere Teile der Gewerkschaften, wie zum Beispiel die IG Chemie, unterstützten weiterhin die Regierungslinie. Der Parteivorsitzende Brandt, in Medienberichten zum Gegenspieler des Bundeskanzlers stilisiert, sah seine Aufgabe vorrangig darin, ein Auseinanderbrechen der Partei zu verhindern. Eine solche Möglichkeit schien vorstellbar, vor allem dann, wenn sich die wirtschafts- und sozialpolitischen Kontroversen mit umwelt- und sicherheitspolitischen vermengen und wechselseitig anheizen würden. Willy Brandt wollte »angegrünte« Bevölkerungsschichten, bei denen es sich nicht zuletzt um enttäuschte SPD-Wählergruppen handelte, behutsam behandelt wissen. Doch ein traditioneller gestimmter Teil der SPD fand, dass gerade dadurch der Wesenskern der Partei gefährdet sei. Dementsprechend forderte der Berliner Sozialdemokrat und Politikwissenschaftler Richard Löwenthal (1908–1991) Ende 1981, dass man sich nicht durch irrationale, gegen die industrielle Moderne gerichtete Stimmungen beeinflussen lassen dürfe. Er fand damit die Unterstützung von prominenten SPD-Vertretern des rechten Flügels.

Die dramatischen Verluste der SPD bei Kommunal- und Landtagswahlen im Juni 1982, die in Hamburg und Niedersachsen um 10 % lagen, wurden von den Parteiflügeln konträr gedeutet. Ob Wahlenthaltung oder Abwanderung zur CDU – beides wurde unterschiedlichen Motiven zugeschrieben, wenngleich die Arbeitslosigkeit und unausgewogene Sparmaßnahmen den größten Ausschlag gegeben haben dürften. Im September 1982 drohte zusätzlich der Verlust der Regierungsmacht in Hessen, womit der Opposition, die eine

Zwei-Drittel-Mehrheit im Bundesrat erlangt hätte, eine Blockadeposition zugewachsen wäre. Als Kanzler Schmidt im Sommer und Frühherbst erkannte, dass ein Ende der sozialliberalen Koalition unausweichlich sein würde, markierte er deutlich die Bruchstellen zu den Liberalen. Daraufhin traten die FDP-Minister am 17. September 1982 zurück.

Der als »Verrat« empfundene Wechsel der FDP zur CDU/CSU in eine neue Koalition unter Helmut Kohl verschaffte der sozialdemokratischen Basis zwischenzeitlich ein Stimmungshoch, ein großes Gefühl der Einigkeit - und mit 42,8 % für die SPD bei der Landtagswahl in Hessen ein glänzendes Ergebnis, das Monate zuvor nicht für möglich gehalten worden wäre. Die FDP wurde aus dem Parlament »katapultiert«. Stattdessen zogen die Grünen mit 8 % in den Hessischen Landtag ein. Willy Brandt sprach am Abend der Wahl von der Existenz einer »Mehrheit diesseits der Union«. In der Neuwahl des Bundestags am 6. März 1983 wurde indessen die Regierung Kohl bestätigt, wobei CDU und CSU, wie schon 1976, nicht weit von einer eigenen Mehrheit entfernt waren. Die Grünen zogen erstmals auch in den Bundestag ein, während die SPD mit Hans-Jochen Vogel (1926–2020) als Kanzlerkandidaten nur 38,2 % holte und so noch hinter dem Ergebnis von 1965 zurückblieb. Die wenig später stattfindende Neuauflage der Hamburger Bürgerschaftswahl brachte der SPD indessen 51,3 %. Diesem triumphalen Ergebnis waren langwierige und letztlich gescheiterte Tolerierungsverhandlungen vorausgegangen, die der SPD-Kandidat für das Amt des Ersten Bürgermeisters, Klaus von Dohnanyi (*1928), im Bewusstsein des Risikos einer Wahlniederlage mit der Grün-Alternativen Liste geführt hatte.

Differenzierte Innen- und Außenbeziehungen

Auf dem Parteitag in München, der im Frühjahr 1982 stattfand, war die SPD noch einmal ihrem Kanzler Helmut Schmidt gefolgt, der sein politisches Schicksal mit der Nachrüstungsfrage verknüpft hatte. Unter der Federführung Egon Bahrs war ein Leitantrag erarbeitet worden, der feststellte, dass die Genfer Verhandlungen zu einer »Verminderung der Europa bedrohenden Mittelstreckenwaffen« führen müssten. Dazu waren aus den Parteigliederungen Anträge eingegangen, die von der Antragskommission in Form neuer Programmpunkte eingearbeitet worden waren. Dabei ragte das Ziel eines »atomwaffenfreien Europa« heraus. Gegen wenige Stimmen aus dem engeren Kreis um Schmidt wurde die Stationierung auf einem Außerordentlichen Parteitag im November 1983 in Köln aber letztlich abgelehnt, gut ein Jahr, nachdem die SPD die Regierungsmacht verloren hatte. Der Auftritt des Parteivorsitzenden Brandt vor Hunderttausenden auf einer Kundgebung gegen die bevorstehende Stationierung am 23. Oktober 1983 im Bonner Hofgarten hatte das Nein der Partei vorweggenommen.

Seit 1960 hatte das häufig wiederholte Bekenntnis zum atlantischen Bündnis zu den außenpolitischen Grundpfeilern der SPD gehört, in der ersten Hälfte der 1980er-Jahre rückte sie nun ein Stück davon ab. Zwar blieb die NATO in allen offiziellen Äußerungen ein bis auf Weiteres unverzichtbares Instrument gemeinsamer Sicherheitspolitik. Doch die Wahrnehmung des Ost-West-Konflikts änderte sich deutlich. Vor allem US-Präsident Reagans Politik war verantwortlich dafür, dass ein teils richtungspolitischer, teils aber auch struktureller und langfristiger Dissens zwischen den amerikanischen Hegemonialinteressen und westeuropäischen Entspannungs- und Selbstbehauptungsinteressen entstand. Während Reagan noch vom »Reich des Bösen« im Osten sprach, registrierte die SPD frühzeitig die Veränderung der sowjetischen Innen- und Außenpolitik unter dem neuen KPdSU-Generalsekretär (seit 1985) Michail Gorbatschow und setzte darauf, den Reformprozess zu festigen und von außen zu unterstützen. Den westeuropäischen Einigungsprozess zu intensivieren, wurde ebenso angestrebt, wie auf außen- und sicherheitspolitischem Gebiet die gesamteuropäische Zusammenarbeit auszubauen.

Bereits zum Ende ihrer Regierungszeit hatte die SPD begonnen, ein neues sicherheits- und friedenspolitisches Konzept zu erarbeiten. In den Jahren zwischen 1982 und 1988 nahm es in Form konkreter Parteitagsbeschlüsse nun auch Gestalt an. Im Zentrum stand dabei der von Helmut Schmidt 1978 geprägte und seit Ende 1979 in der SPD häufiger bemühte Begriff »Sicherheitspartnerschaft«. Er trug der Tatsache Rechnung, dass beide Bündnisse über gigantische Vernichtungspotenziale verfügten, die nur noch einen Schluss zuließen: Sicherheit war nur noch als gemeinsames Ziel realisierbar, nicht mehr gegeneinander. Die passende Militärdoktrin hieß »strukturelle Nichtangriffsfähigkeit«. Nach den Vorstellungen der SPD sollte diese Sicherheitspartnerschaft von NATO und Warschauer Pakt die Militärbündnisse eines Tages überwinden.

Zwar war es nicht mehr nötig, im Regierungs- und Parteiprofil jenen Spagat zu machen, den die SPD bis zum Herbst 1982 aushalten musste. Dennoch löste der Verlust der Regierungsfunktionen nach immerhin 16 Jahren eine gewisse Ratlosigkeit aus. Es war nicht unüblich und entsprach durchaus der politischen Logik des föderalen Systems der Bundesrepublik, dass diejenige Partei, die gerade im Bund die Oppositionsrolle innehatte, bei Landtagswahlen an Stimmen zulegen konnte. Regionale Wahlerfolge der SPD waren deswegen aber noch keine Hinweise darauf, die Regierung Kohl schnell ablösen zu können. Zwei Landeserfolge nährten diese Hoffnungen, auf Bundesebene wieder mehrheitsfähig zu werden: der Wechsel im Saarland 1985 - absolute Mehrheit mit dem Spitzenkandidaten Oskar Lafontaine - und die Mehrheit der SPD in Nordrhein-Westfalen seit 1980, die unter Führung von Johannes Rau bis 1985 zur absoluten Stimmenmehrheit (52,1 %) ausgebaut werden konnte. Doch anders als in den industriellen Ballungszentren an Ruhr und Saar ließen sich der etwas paternalistisch daherkommende Anspruch der Sozialdemokratie, »Schutzmacht der kleinen Leute« zu sein, und ein landespolitisch populäres »Wir«-Gefühl nicht verallgemeinern.

Im bevölkerungsreichsten Bundesland Nordrhein-Westfalen war die SPD seit 1966 als führende Regierungspartei im Verbund mit den Gewerkschaften mittlerweile breit und fest in den Betrieben, Büros und Wohnorten verankert. Man sprach treffend von einem System »basisnaher Stellvertretung«. Es gelang der Partei nicht nur, zusätzlich klassische Arbeitnehmer als Wähler zu gewinnen, etwa im katholischen Milieu, sondern auch, protestantisch geprägte Wählergruppen und große Teile der neuen Mittelschichten an sich zu binden. Vor allem in den Städten des Ruhrgebiets konnten absolute Mehrheiten behauptet und teilweise sogar noch ausgebaut werden. Einer der Gründe lag in den Bemühungen, die strukturelle Krise des Bergbaus und der Stahlindustrie, die sich schon seit den 1960er-Jahren zeigte und Mitte der 1980er-Jahre ihren Höhepunkt erreichte, sozialverträglich abzufedern. Das Ruhrgebiet sollte durch Infrastrukturmaßnahmen zu einem international konkurrenzfähigen Technologiestandort werden.

Zwar gelang es dem Kanzlerkandidaten von 1987, Johannes Rau, parteiinterne Debatten über Koalitionsfragen in der Öffentlichkeit abzublocken. Er legte den Akzent auf eine »eigene Mehrheit« der SPD, was einen Vorteil aus Konfliktvermeidung verschaffen sollte. Doch die offizielle Zielmarke, die vor der Bundestagswahl ausgegeben wurde, erschien vor allem nach dem schlechten Ergebnis in Bayern mit 27,5 % am 12. Oktober 1986 immer unerreichbarer. Eine Belastung für den Wahlkampf waren die negativen Meldungen über den Niedergang des gewerkschaftlichen Wohnungskonzerns »Neue Heimat«. Schließlich ging Brandt in einem Interview, in dem er sagte, auch 43 % wären ein Erfolg, auf Distanz zu der Vorstellung, jegliche rot-grüne Zusammenarbeit auszuschließen. Nicht so sehr Rau selbst, wohl aber sein Wahlkampfleiter Wolfgang Clement (1940–2020) und Berater wie Bodo Hombach (*1952) lehnten jede Öffnung gegenüber den Grünen strikt ab. So blieb die SPD mangels Koalitionsoption und ohne zusätzliche Resonanz bei Wechselwählern der »Mitte« am 25. Januar 1987 bei 37,0 % hängen, und damit sogar noch unter dem Resultat vier Jahre davor.

Da eine eigene SPD-Mehrheit im Bund unrealistisch war und die FDP mit ihrer wirtschaftspolitischen Ausrichtung bis auf Weiteres als Koalitionspartner kaum mehr infrage kam, rückte das Verhältnis zu den Grünen nun immer mehr ins Zentrum der politischen Überlegungen. Ende der 1970er-Jahre gaben noch fast drei Viertel der repräsentativ befragten Sozialdemokraten der mittleren Parteihierarchie an, sie fänden die Grünen (beziehungsweise deren Vorläufer) »unsympathisch« oder sogar »sehr unsympathisch«. Dennoch kam es entgegen diesen Meinungen in den Folgejahren immer öfter zu Bündnissen auf lokaler Ebene. Mancherorts konnten so verlorene Rathäuser zurückgewonnen werden. Als erstes Land gab Hessen diesem Trend nach, wo der Traditionssozialdemokrat Holger Börner und der Ex-Sponti-Linke Joschka Fischer ein schwieriges Bündnis eingingen. In West-Berlin konnte Walter Momper (*1945) den seit den späten 1960er-Jahren fast ununterbrochen anhaltenden Negativtrend bei den Wahlen zum Abgeordnetenhaus vom 29. Januar 1989 erstmals brechen. Niedersachsen folgte im Mai 1990 mit Gerhard Schröder (*1944).

Eine der Voraussetzungen dafür, der neuen Partei glaubwürdig mehr Offenheit zu signalisieren, bestand darin, dass beiderseitig allzu simple Bilder vom jeweils anderen überwunden wurden. Hinzu kam eine gewisse realpolitische »Mauserung« der Grünen sowie eine Neupositionierung der SPD in der Umwelt- und Energiepolitik. In manchmal erbitterten Diskussionen näherten sich die Parteien an. Die eng mit der Arbeitswelt verbundenen Mitglieder- und Funktionärsschichten in SPD und vielen Gewerkschaften erkannten nach und nach die Bedeutung der ökologischen Problematik und die Risiken der Kernkrafttechnologie an und lernten schließlich die ökonomischen Vorteile einer sozial-ökologischen Umsteuerung zu erkennen. Als der mächtige SPD-Bezirk Westliches Westfalen 1986 den Beschluss fasste, aus der Thorium-Hochtemperaturreaktorlinie auszusteigen, die von der Landesregierung in Hamm-Uentrop lange gepflegt worden war, durfte die energiepolitische Wende der SPD als vollzogen gelten.

Der konzeptionelle Wandel kam auch im neuen Grundsatzprogramm zum Ausdruck. Mit seiner Ausarbeitung war die SPD für den ganzen Rest des Jahrzehnts beschäftigt: Die Grundlage bildete ein Beschluss, der schon 1982 auf dem Münchner Parteitag gefasst worden war. 1983 beauftragte der Parteivorstand die Grundwertekommission damit, die Defizite des Godesberger Programms zu identifizieren, und zu Beginn des Jahres 1985 setzte schließlich eine breite und rege Diskussion in der Gesamtpartei und ihren Gliederungen ein. Der Irseer Entwurf vom Juni 1986 präsentierte ein Zwischenergebnis, das vor allem bei entschiedenen Parteilinken auf Kritik stieß. Doch anschließend kam es - erstaunlich für die Beteiligten - zu einer programmatischen Annäherung und Konsensbildung. In deren Zentrum standen die Ideen der ökologischen Modernisierung der Industriegesellschaft, der Forcierung einer wirtschaftsdemokratischen Umgestaltung und des zeitgerechten Aus- und Umbaus des Sozialstaats.

Der Entwurf der Programmkommission vom März 1989 war das Ergebnis des mehrjährigen Diskussionsprozesses, den der Berliner Parteitag vom Dezember 1989 durch Annahme beendete. Doch das Interesse der breiteren Öffentlichkeit, selbst innerhalb der SPD, an dieser erweiterten Fort- und Umschreibung des Godesberger Programms litt unter den historischen Ereignissen von 1989/90 in Deutschland und Europa, die alle Aufmerksamkeit banden. Außerdem war in den 1980er-Jahren ein neues publizistisches Meinungsklima entstanden: Effizienzorientierung im Rahmen einer globalisiert-ökonomischen Politik rangierte vor Wertorientierungen, sodass die Nichtbeachtung von Programmen und Parteibeschlüssen in den Medien geradewegs als Eintrittskarte in Regierungsfunktionen gelten durfte.

Die inhaltlichen und organisatorischen Anstöße zur Erneuerung in den 1980er-Jahren kamen hauptsächlich aus den Arbeitsgemeinschaften. Dabei verloren die Jungsozialisten, verglichen mit den 1970er-Jahren, in der öffentlichen Aufmerksamkeit und auch innerparteilich an Bedeutung. Die 1973 gegründete Arbeitsgemeinschaft für Arbeitnehmerfragen (AfA) suchte der ursprünglichen sozialdemokratischen Anhänger- und Aktivistenklientel - Gewerkschaftsfunktionäre, Betriebs- und Personalräte, generell Industriearbeiter und untere Angestellte - das Gefühl zu nehmen, an den Rand der Partei geraten zu sein. Das war nicht allein dem Zulauf von jüngeren, akademisch gebildeten Mitgliedern seit den späten 1960er-Jahren geschuldet, die in den Ortsvereinen gern einmal Grundsatzdiskussionen vom Zaun brachen. Angehörige des Öffentlichen Dienstes, Sozialarbeiter, Lehrer und Hochschullehrer, kommunale und staatliche Verwaltungsbeamte mit Aufstiegsambitionen fanden in großer Zahl zur SPD.

Dass sich die Haltung der SPD zu ihrer traditionellen sozialen Basis lockerte, zeigte auch eine größere Distanz zu den DGB-Gewerkschaften. Im Grundsatzprogramm von 1981 und dem Aktionsprogramm von 1988 hatten diese ihren eigenen Anspruch auf Autonomie betont, der streng genommen schon aus dem Überparteilichkeitsgebot der Einheitsgewerkschaft resultierte. Wesentliche gesellschaftspolitische Differenzen waren in den 1980er-Jahren nicht zu erkennen, und auch das Wahlverhalten gewerkschaftlich orientierter Arbeitnehmer änderte sich in dieser Zeit kaum. Allerdings verlor die SPD 1983 bei kleinen und mittleren Angestellten, bei Wählergruppen mit mittlerer und höherer Schulbildung – diese waren oft erst in der Aufstiegsphase des vergangenen Jahrzehnts gewonnen worden – und bei nicht gewerkschaftlich gebundenen Arbeitern. Doch konnte sich die SPD 1987 in ihren Hochburgen behaupten, während sie in Wohngebieten mit hohem Angestellten- und Beamtenanteil teilweise beträchtliche Einbußen hinnehmen musste.

Zu Beginn der Tarifrunde 1988 brach Oskar Lafontaine einen heftigen Streit mit den Gewerkschaften vom Zaun, als er zur Bekämpfung der Erwerbslosigkeit die Idee von Arbeitszeitverkürzungen ohne vollen Lohnausgleich ins Spiel brachte. Wie die IG Metall seit 1977 hatten sich zu Beginn der 1980er-Jahre auch die meisten Einzelgewerkschaften die Forderung nach der 35-Stunden-Woche zu eigen gemacht. Ein Arbeitskampf im streikerprobten Kernland der Metallindustrie, in Nordwürttemberg/Nordbaden, hatte 1984 nach einem Schlichtungsverfahren die stufenweise Einführung einer flexiblen 38,5-Stunden-Woche gebracht und damit den »Einstieg« in die 35-Stunden-Woche. Größere Wirkungen für den Arbeitsmarkt blieben aus, da sich die Arbeitsprozesse durch Rationalisierungsmaßnahmen parallel verdichteten.

Die AfA wurde zwar meist als innerparteilich »rechts« wahrgenommen, und eine Reihe ihrer Protagonisten hätte gegen ein solches Etikett sicher nichts einzuwenden gehabt. Tatsächlich aber war sie in ihren Beschlüssen und Äußerungen eher »links« – allerdings in einem traditionellen Sinn und verbunden mit einer kulturell bedingten Aversion gegen die Intellektualisierung der Partei, die eher mit der Linken identifiziert wurde. Während Arbeitsgemeinschaften wie die der Selbstständigen oder der Juristen schon aufgrund ihrer Größe öffentlich wie innerparteilich wenig Aufmerksamkeit fanden, erlangte die Arbeitsgemeinschaft Sozialdemokratischer Frauen (ASF), die ungefähr zeitgleich mit der AfA entstanden war, beträchtlichen Einfluss. Der meinungsbildende Druck, der von der ASF ausging, war hoch. Er speiste sich aus der neuen Frauenbewegung und der unabweisbaren Forderung nach rechtlicher und faktischer Gleichstellung der Geschlechter. Das führte nun endlich zu Ergebnissen: Auf dem Bundesparteitag 1988 in Münster beschloss die SPD, stufenweise eine 40-prozentige Frauenquote einzuführen – für alle Entscheidungsgremien der Partei und für alle Kandidatenlisten bei allgemeinen Wahlen auf sämtlichen Ebenen. Der höhere Frauenanteil in den Vorstandsgremien, der teilweise auf frühere Entscheidungen zurückging, trug stark zur Mobilisierung des inneren Parteilebens und zur Feminisierung des äußeren Erscheinungsbilds der SPD bei. Trotzdem dauerte es noch bis 1993, mit Heide Simonis (1943–2023) in Schleswig-Holstein erstmals eine Frau zur Ministerpräsidentin gewählt zu sehen.

Internationale und innerdeutsche Streitfragen

Zu Beginn der 1970er-Jahre hatte die SPD stets den Deutungsversuchen der CDU/CSU-Opposition widersprochen, dass durch die Ostverträge Deutschlands Teilung sowie die Vorherrschaft der Sowjetunion über das östliche Europa vollständig anerkannt würden. Seit Mitte der 1970er-Jahre aber trat die alte Zielsetzung der Architekten der Ostpolitik, die auf langfristige Überwindung des Status quo gerichtet war, in öffentlichen Äußerungen von Regierung wie Partei weit in den Hintergrund. Die emotionale Bindung an Gesamtdeutschland war bei den »bundesrepublikanisch« sozialisierten Altersgruppen – wie in der westdeutschen Gesellschaft überhaupt – ohnehin geringer ausgeprägt gewesen als bei den Älteren. Jetzt war sie kaum noch spürbar. Gewiss, eine Liberalisierung, perspektivisch eine Demokratisierung Ostmittel-, Ost- und Südosteuropas, insbesondere der DDR (wobei Deutsche und Tschechen historisch eindeutig zum Kern Mitteleuropas gehörten), war erwünscht, und die Ost-West-Entspannung wurde als eine Grundvoraussetzung gesehen, um dieses Ziel zu erreichen. Auch wurde die Unterdrückung oppositioneller Kräfte durch die Regierungen im »realen Sozialismus« kritisch benannt. Aber all das geschah doch mit großer Behutsamkeit, denn man fürchtete in Erinnerung an die wiederholten Sowjetinterventionen in der DDR 1953, in Ungarn 1956 und in der Tschechoslowakei 1968 eine Destabilisierung der politisch-militärischen Blocksysteme in Europa und die damit verbundenen negativen Wirkungen für die Entspannung.

In ihrem Wahlprogramm für die Legislaturperiode 1983 bis 1987 sprach die SPD von »Verantwortung für die Einheit der Nation« auf der Basis der Zweistaatlichkeit. Im entsprechenden Programm für 1987 bis 1990 hieß es »Anspruch der Deutschen auf Selbstbestimmung«. Doch müsse offenbleiben, wie er verwirklicht werden könne. Der Selbstinterpretation der SPD zufolge hieß das: keine Abkehr von früheren Aussagen oder gar von der Einheitsmaxime in der Präambel des Grundgesetzes. Doch solle man nicht vorwegnehmen, wie die Menschen in der DDR ihr Selbstbestimmungsrecht ausüben würden. Im Entwurf für ein neues Grundsatzprogramm war eine Zielperspektive, die über verbesserte zwischenstaatliche Beziehungen hinauswies, weitgehend eliminiert worden. Mit ihrer Deutschlandpolitik wolle die SPD »die Chance der Selbstbestimmung erhalten, die den Deutschen zusteht wie anderen Nationen«. Die demokratische Umwälzung in der DDR kam gerade noch rechtzeitig, um in den deutschlandpolitischen Passagen des Berliner Programms berücksichtigt zu werden.

Während die Mehrheit der Sozialdemokraten eine Vereinigung beider deutscher Staaten für immer unwahrscheinlicher hielt, konnte die Parteispitze Forderungen aus den eigenen Reihen abfangen, die DDR – beziehungsweise die DDR-Staatsbürgerschaft – völkerrechtlich vollständig anzuerkennen. Sie wollte der DDR so weit entgegenkommen, wie es die offiziellen und verbindlichen Rechtspositionen der Bundesrepublik ihres Erachtens nach erlaubten: Verständigung über den Verlauf der Elbgrenze; Auflösung der Erfassungsstelle der Länder in Salzgitter, die Verstöße gegen die Menschenrechte in der DDR dokumentierte; Respektierung der DDR-Staatsbürgerschaft »im Rahmen des Grundgesetzes« (das Staatsbürgerrecht bleibe unverändert »für jeden Deutschen, der es in freier Entscheidung wahrnehmen kann und will«); offizielle Kontakte zwischen Bundestag und Volkskammer; regelmäßige Konsultationen der Regierungen. Daneben verlangte die SPD von der DDR die Abschaffung des Mindestumtauschs, weitere Erleichterungen im Besucherverkehr, Städtepartnerschaften und ein Kulturabkommen.

In diesen Vorschlägen kam die hohe Bedeutung zum Ausdruck, die die SPD den innerdeutschen Beziehungen im Rahmen ihres Konzepts der »zweiten Phase der Entspannungspolitik« einräumte. Nachdem Pershing II und Cruise Missiles stationiert und im Gegenzug neue sowjetische Kurzstreckenwaffen in der DDR und der ČSSR aufgestellt worden waren, hatte sich sowohl die DDR-Regierung als auch die christlich-liberale Koalition in Bonn mit ihrem Außenminister Genscher darum bemüht, der Verschärfung der internationalen Lage durch eine Art doppeldeutscher Dämpfungspolitik entgegenzuwirken. Auch die Spitzen von CDU/CSU waren nun bereit, die DDR finanziell mit einem »Milliardenkredit« zu unterstützen. »Der Schwerpunkt der Beziehungen zwischen beiden deutschen Staaten ist ihr Beitrag zur Festigung des Friedens in Europa zwischen den Blöcken«, hielt Ende November 1984 ein deutschlandpolitisches Positionspapier der SPD-Bundestagsfraktion fest. Ähnliche Sicherheitsinteressen beider deutscher Staaten machten diese »Verantwortungsgemeinschaft« möglich, in der die SPD den grundlegend neuen Aspekt ihrer Deutschlandpolitik sah.

Mit dem Grundsatzpapier »Der Streit der Ideologien und die gemeinsame Sicherheit«, das am 27. August 1987 der Öffentlichkeit vorgestellt wurde, glaubte die SPD eine Grenzmauer durchstoßen zu haben. Die Grundwertekommission beim Parteivorstand und die Akademie für Gesellschaftswissenschaften beim ZK der SED hatten es gemeinsam erarbeitet. Die SPD hoffte, hier den Rahmen für eine sachliche Auseinandersetzung zwischen Sozialdemokraten und Kommunisten im Angesicht der drohenden Selbstzerstörung der Menschheit abstecken zu können und dabei den Spielraum für einen DDR-internen Dialog der SED mit kritischen und oppositionellen Gruppen zu erweitern. Obwohl eine »deutsch-deutsche Gemeinschaftsarbeit … nicht aus prinzipiellen Gründen, sondern eher zufällig«, sollte das Papier, in dem beide Seiten Zugeständnisse machten, »zugleich Wegmarke einer neuen Etappe im Verhältnis der beiden deutschen Staaten und Meilenstein auf dem Weg zu neuen Beziehungen zwischen den kommunistischen Parteien des Ostens und den Parteien des Demokratischen Sozialismus im Westen« sein. Karsten Voigt zufolge ging es nicht darum, den Ost-West-Antagonismus im Sinne einer Konvergenz-Vorstellung zu leugnen, sondern um die Auseinandersetzung im Sinne eines »qualitativ neuen Pluralismus« verschiedener sozialer und politischer Systeme, sodass »eine Reformdynamik innerhalb der weiterhin gegensätzlichen Systeme freigesetzt werden kann«.

Was in der westdeutschen Öffentlichkeit vielfach skeptisch aufgenommen wurde, nämlich die relativierenden Argumente beim Unterschied der realen Grundvoraussetzungen und Gegebenheiten in beiden Staaten, enthielt für die SED ideologischen Sprengstoff – und das nicht nur innerparteilich. Die Relativierung von Grundpositionen, zum Beispiel die wechselseitige Anerkennung des anderen Systems, war für die kommunistische Staatspartei mindestens ebenso problematisch wie für die SPD. Das Papier musste veröffentlicht werden und ermöglichte es kritischen DDR-Bürgern so, sich darauf zu berufen. Die SED-Spitze deutete das Papier unter diesem Druck zuerst um und legte dann den inhaltlichen Dialog mit der SPD wieder auf Eis.

Der Liberalisierungs- und Demokratisierungsprozess war schon in diesem frühen Stadium kaum berechenbar, jedenfalls nicht so, wie es die Formel, man dürfe die DDR nicht »destabilisieren«, glauben machen wollte. Gut ein Jahr nach den Vorgängen um die Zionskirche im Herbst 1987 und die Luxemburg-Liebknecht-Demonstration im Januar 1988, als die Ost-Berliner Führung mit Durchsuchungen, Verhaftungen und Ausbürgerungen gegen Oppositionelle vorgegangen war, musste sich die SPD die »Einengung des gesellschaftlichen Dialogs in der DDR« auch öffentlich eingestehen und mahnte: »Der Dialog nach außen, über Systemgrenzen hinweg, und der Dialog im Innern lassen sich nicht trennen.«

Spätestens seit Frühsommer 1989 war klar: Die DDR trieb auf eine Existenzkrise zu. Erhard Epplers viel beachtete Rede zum Tag der Deutschen Einheit 1989 im Bundestag trug diesem Umstand Rechnung und deutete eine deutschlandpolitische Umorientierung der SPD an. Die DDR hatte wirtschaftlich mindestens ein Jahrzehnt lang von der Substanz und von westlichen Krediten gelebt. Notwendige Investitionen waren unterblieben. Stattdessen sollten sozialpolitische Maßnahmen die Massenloyalität sichern. Trotzdem sank der Lebensstandard, der sich in den 1960er- und 1970er-Jahren deutlich gebessert und im Westen dazu geführt hatte, den ökonomischen Status der DDR zu überschätzen, immer weiter. Seit der Mitte der 1980er-Jahre verlor der »reale Sozialismus« vor allem die Loyalität der arbeitenden Jugend mehr und mehr. Parallel dazu erzeugten die Reformen in der Sowjetunion und anderen osteuropäischen Staaten einen Veränderungsdruck in der SED-Führung. Kosmetische Korrekturen reichten da nicht mehr aus. Offenbar in der Hoffnung auf ein Scheitern Gorbatschows entschied die Mehrheit des Politbüros, ihren repressiven Kurs weiter zu verschärfen.

Die SPD, insbesondere in ihren Führungsgremien, spürte durchaus den Umschwung, der sich in Deutschland seit dem Sommer 1989 anbahnte. Doch sie konnte sich nicht dazu durchringen, der Entwicklung durch eigene Initiativen eine Richtung zu geben, reagierte viel mehr auf die Tagesereignisse. Allerdings stellte sich auch Bundeskanzler Kohl noch im Oktober 1989 auf die Weiterexistenz der DDR ein. Doch nach der Maueröffnung am 9. November 1989, die einem Kommunikationsfehler in der SED-Führung geschuldet war und die akute Auflösung der DDR einleitete, riss der Bundeskanzler die Initiative mit seinem – in der Zielsetzung noch vorsichtig formulierten – Zehn-Punkte-Plan vom 28. November an sich. Hans-Jochen Vogel setzte durch, dass auch die SPD-Bundestagsfraktion Kohls Punkten zustimmte.

Schon die Entschließung des SPD-Parteivorstands vom 18. September 1989 hatte die »Schwäche« und »Isolierung der gegenwärtig maßgebenden Kräfte [der DDR] gegenüber ihrer eigenen Gesellschaft« treffend analysiert und »diejenigen Gruppen« ermutigt, die der SPD inhaltlich nahestanden. Eine »Lösung der deutschen Frage« stand noch nicht auf der Tagesordnung. Egon Bahr, für den der Weg zur (angestrebten) deutschen Einheit über die Stabilisierung der Zweistaatlichkeit und die stufenweise Verflechtung der Staaten wie der Bündnisse führte, meinte noch am 1. Oktober kategorisch, man solle aufhören, »von der Einheit zu träumen oder zu schwätzen«. Doch schon Ende des Monats forderte der Parteirat freie Wahlen in der DDR und solidarisierte sich mit der SDP, der neu gegründeten sozialdemokratischen Partei in Ostdeutschland. Die »Einheit der Deutschen« müsse »gemeinsam mit der Einheit Europas« vollendet werden. Kern der sozialdemokratischen Deutschlandpolitik sei das Selbstbestimmungsrecht, weshalb die Entscheidung der Ostdeutschen, wie immer sie ausfalle, von der SPD respektiert werde.

Am 7. Oktober 1989 gründete sich die ostdeutsche Sozialdemokratische Partei (SDP, ab Januar 1990 SPD) unter Mitwirkung zahlreicher evangelischer Pfarrer und bald unterstützt von vielen Angehörigen der technischen Intelligenz. Sie verstand sich zunächst als eigenständige DDR-Partei. Ihr Ziel sei der Umbau des »realen Sozialismus« in eine demokratisch verfasste, gemischtwirtschaftliche und ökologisch ausgerichtete Ordnung. Unter Hinweis auf nationale Gemeinsamkeit strebte die SDP »besondere« Beziehungen zur Bundesrepublik an, ging aber weiter von der Zweistaatlichkeit aus, die sie auch mit der Verantwortung der Deutschen für die NS-Verbrechen begründete. Veränderungen seien nur im Rahmen einer gesamteuropäischen Friedensordnung denkbar. Eine Klärung der »deutschen Fragen« sei erst sinnvoll, wenn auch die Deutschen in der DDR an der Diskussion teilnehmen könnten.

KAPITEL 13 Die ersten Jahre nach Mauerfall und Wiedervereinigung 1990–1998: Vom Wahldebakel zum Wahlsieg

Die zögerliche Haltung der SPD zur staatlichen Einigung und der zur Leitvorstellung erhobene Respekt vor der freien Entscheidung der Ostdeutschen fanden ihre Begründung nicht zuletzt in den zurückhaltenden Stellungnahmen vieler DDR-Reformgruppen, nicht nur der SDP. Tatsächlich war die Stoßrichtung der Volksbewegung vom Herbst 1989 zunächst auf innerstaatliche Demokratisierung gerichtet (»Wir sind das Volk!«). Aber neue Schichten kamen hinzu, nicht zuletzt Demonstrierende aus der Arbeiterschaft. Dies und der offenkundige Zerfall der DDR veränderten die Wünsche und ließen spätestens ab Dezember 1989 den Ruf nach »Deutschland einig Vaterland« stärker und schließlich übermächtig werden - einer Verszeile der offiziellen, aber seit den frühen 1970er-Jahren nur noch instrumental zu hörenden Hymne der DDR folgend. Am 20. Februar 1990 stellte eine Kommission aus SPD-West und SPD-Ost fest, beide deutsche Staaten seien auf dem Weg zur Einheit, den es »zügig, aber ohne Überstürzung« zu organisieren gelte. Zwei Wochen später, nach dem Leipziger Parteitag, legte der Parteivorstand der West-SPD den ostdeutschen Sozialdemokraten Vorschläge für konkrete Schritte zur »bundesstaatlichen Einheit« vor, inklusive der baldigen Vereinbarung einer »sozial abgesicherten Wirtschafts- und Währungsunion«.

Zwei Wahlniederlagen und ihre Folgen

Das Ergebnis der SPD bei der DDR-Volkskammerwahl am 18. März 1990 glich einer Katastrophe. In Umfragen waren ihr zunächst bis zu 53 % der Stimmen vorhergesagt worden. Die 22 %, die sie schließlich erhielt, bildeten einen Kontrast zur offenkundigen Popularität Willy Brandts. Seit November 1989 hatte er die DDR bereist und in Versammlungen mit einem Massenzulauf, wie ihn sonst nur Helmut Kohl zustande brachte, zu den Ostdeutschen gesprochen. Aus seinem Engagement für die Vereinigung hatte er nie einen Hehl gemacht. Brandts Formulierung »Jetzt wächst zusammen, was zusammengehört« aus einem Radiointerview am 10. November 1989 war zum geflügelten Wort geworden. Es brachte den Wunsch nach deutscher Einheit unaggressiv, eingängig und populär auf den Punkt. Doch mit nur gut einem Fünftel der Stimmen war der Ost-SPD und, mit ihr, der gesamten deutschen Sozialdemokratie eine maßgebliche Rolle in der letzten DDR-Regierung und im Einigungsprozess verwehrt. Was blieb, war die Wahl, zu opponieren und zu verzögern oder sich dem Einigungskonzept des politischen Gegners wohl oder übel anzupassen.

Das Bild, das die Deutschlandpolitik der SPD zwischen Jahresmitte 1989 und der ersten gesamtdeutschen Bundestagswahl Ende 1990 abgab, wurde stark vom saarländischen Ministerpräsidenten und späteren Kanzlerkandidaten Oskar Lafontaine geprägt. Vor der Wende in Ostdeutschland erschien Lafontaine als geeigneter Kanzlerkandidat. Der sozialökologische »Modernisierer« war nach Ansicht der Partei am ehesten in der Lage, Helmut Kohl herauszufordern und der SPD wieder über die 40 % zu verhelfen. Dass sie an ihm als Kandidaten festhielt, obwohl sich die Rahmenbedingungen vollständig verändert hatten, ist ein deutliches Indiz dafür, dass seine Positionen unter Mitgliedern und Anhängern offensichtlich recht breit geteilt wurden. Feste deutschlandpolitische Flügel gab es in der SPD 1989/90 dennoch nicht. Die Delegierten der Parteitage feierten Brandt und Lafontaine gleichermaßen.

Anders als Brandt und Bahr stellte Lafontaine die Zukunft des Nationalstaats grundsätzlich infrage. Dieser sei nicht nur immer weniger imstande, ökologische und wirtschaftliche Probleme zu lösen, sondern sei auch als Baustein für ein vereintes Europa ungeeignet. Den Friedens- und Bürgerrechtsgruppen der DDR trat Lafontaine schon lange vor dem Herbst 1989 unbefangener gegenüber als mancher andere Sozialdemokrat. Freiheit stellte für ihn somit fraglos einen hohen Wert dar. Die staatliche Einheit lehnte Lafontaine zwar nicht ab, vor allem nicht, seit seine Partei sich zu ihr bekannt hatte; er vermittelte aber den Eindruck, dass die SPD sie eher hinnehme als fördere. Gegen die Einigungspolitik der Bundesregierung brachte er viele stichhaltige Einwände vor und kritisierte ihren »hektischen Galopp«, der nicht zuletzt von den anhaltend hohen Zahlen an Übersiedlern angeheizt wurde.

Lafontaine ging von einem offen bekundeten Überzeugungskern aus, wobei er zwei Punkte kontrastierte, statt die Chance ihrer Verknüpfung zu sehen: »Weil die soziale Frage auf meiner Werteskala vor der nationalen Frage rangiert, ist die Verbesserung der Lebensverhältnisse der Menschen in der früheren DDR und die Integration der in Deutschland lebenden ›Ausländer‹ die vorrangige und allein zukunftweisende politische Zielsetzung.« Er befürwortete eine innenpolitische Konfrontationsstrategie, die sich aber in der Bundestagsfraktion nicht durchsetzte, so etwa in der Frage des ersten Staatsvertrags. Lafontaine wurde teilweise so verstanden, als wolle er sich dem Einigungsstreben der Ostdeutschen entgegenstellen. Die SPD jedenfalls wurde plötzlich mehr als Bedenkenträgerin denn gestaltende Kraft wahrgenommen, deren Einwände immer weniger überzeugten, insbesondere seit die Bundesregierung es schaffte, die Vereinigung außenpolitisch abzusichern.

Die divergierenden Positionen der SPD-Führung in der Einigungsfrage sind von der Öffentlichkeit vor allem als Polarisierung zwischen Brandt und Lafontaine wahrgenommen worden. Tatsächlich waren Lafontaines Anliegen – die Herstellung gleicher Lebensverhältnisse (»soziale Gerechtigkeit«) – durchaus mit der Kernforderung Brandts – Selbstbestimmung der Deutschen, insbesondere der Ostdeutschen – vereinbar. Doch hinter den sachlichen Kontroversen, wie zum Beispiel um die Währungsunion oder den Einigungsvertrag, standen neben inhaltlichen unterschiedliche politisch-psychologische Dispositionen. Wichtiger als links oder rechts waren hier die Generationserfahrungen. Seit Sommer 1989 hatten sich zwei Grundhaltungen in der SPD-Führung herauskristallisiert: Politiker aus der Juso-Kohorte der späten 1960er- und frühen 1970er-Jahre, neben Lafontaine etwa Walter

Momper, Gerhard Schröder und Heidemarie Wieczorek-Zeul (*1942), setzten aus Sorge um einen aufkommenden Nationalismus und die außenpolitische Isolierung Deutschlands relativ lange auf eine demokratisierte, im Idealfall demokratisch-sozialistische DDR. Die Älteren wie Brandt, Vogel, Eppler und Rau, aber auch Inge Wettig-Danielmeier (*1936), Hans-Ulrich Klose (*1937) und Björn Engholm (*1939), plädierten in dem Maß für eine Kursänderung, wie die Erosion der DDR akute Formen annahm.

Der zweifelsfrei artikulierte Wille der Ostdeutschen, auch der ostdeutschen Sozialdemokratie, und die konkrete Möglichkeit zur Herstellung der Einheit Deutschlands führten dazu, dass die Bedenken der Skeptiker in den Hintergrund treten mussten. An der Spitze der ostdeutschen Sozialdemokraten stand zunächst Ibrahim Böhme (1944–1999). Anfang April 1990 musste er allerdings wegen Stasi-Vorwürfen zurücktreten. Ihm folgte der SDP-Mitbegründer und letzte DDR-Außenminister Markus Meckel (*1952), der vor seinem politischen Leben Pastor gewesen war. Im Juni kam der Germanist Wolfgang Thierse (*1943) in die Führung. Ihm gelang als einzigem der dauerhafte Aufstieg in die oberste Führungsspitze der Gesamtpartei bis hin zum stellvertretenden Parteivorsitzenden und Bundestagspräsidenten (von 1998 bis 2005).

Zum Jahreswechsel 1990/91 sah die Bilanz der »friedlichen Revolution« in der DDR für die SPD alles andere als günstig aus – sei es als Teilvorgang des Zusammenbruchs des Sowjet-Systems, sei es als Wiederherstellung der staatlichen Einheit Deutschlands. Zwar brachten die Landtagswahlen im Saarland und in Nordrhein-Westfalen Erfolge. Auch Gerhard Schröder profitierte in Niedersachsen von den Auswirkungen des raschen Vereinigungsprozesses, der Sorgen in der bundesdeutschen Bevölkerung beförderte und so in Hannover indirekt eine Koalitionsregierung mit den Grünen begünstigte. Doch in Ostdeutschland waren die Stimmenanteile bei den neugebildeten Landes- und Kommunalparlamenten nach dem Desaster der DDR-Volkskammerwahl weiterhin unbefriedigend. Allein in Brandenburg mit dem in der Landesgeschichte und -mentalität verankerten Ministerpräsidenten Manfred Stolpe (1936–2019) und der volksnahen Sozialministerin Regine Hildebrandt (1941–2001) konnte die SPD mit 38 % auf Anhieb führende Kraft werden.

Bei der Bundestagswahl vom 2. Dezember 1990 wurde der politische Führungsanspruch der SPD mit gerade einmal 33,5 % sehr eindeutig von den Wählenden zurückgewiesen. Die Einbußen in der Alt-Bundesrepublik hielten sich mit 1,3 % in Grenzen, doch im Osten schlug das Ergebnis mit dort 24,3 % negativ zu Buche. Lafontaines Polarisierungsstrategie, die offenbar darauf gezielt hatte, für seine Warnungen vor einem »Zusammenstürzen« statt eines »Zusammenwachsens« bei künftigen Wahlen belohnt zu werden, ging nicht auf. So hatte nicht nur die SPD, sondern auch die Grüne Partei (West) gegenüber der CDU/CSU (43,8 %) von Kanzler Kohl und der FDP (11 %) des populären Genscher das Nachsehen. Mit ihrem Slogan »Alle reden von Deutschland. Wir reden vom Wetter« (gemeint war der Klimaschutz) scheiterten die Grünen knapp an der Fünf-Prozent-Hürde. Nur dank ihres ostdeutschen Fusionspartners, dem Bündnis 90, kamen sie in den Bundestag, weil für die erste gesamtdeutsche Wahl eine Schonfrist getrennter Wahlgebiete galt. Davon profitierte auch die als Nachfolge der SED gebildete PDS, die im Osten bescheidene 11,1 %, im Westen gar nur 0,3 % erzielte.

Bei der niedrigen Stimmabgabe für die SPD wurde das geradezu dramatische Wegbrechen der Wahlbeteiligung in den Altersgruppen unter 30 Jahren zu wenig beachtet. Es ist nur zum geringeren Teil mit der allgemein niedrigeren Wahlbeteiligung in Ostdeutschland in Beziehung zu bringen. Die Polarisierung zwischen »Einheitskanzler« Kohl und Herausforderer Lafontaine, die ältere, schwarz-gelb gestimmte, und mittlere, rot-grün geneigte, Jahrgänge auch emotional stark berührte und an die Wahlurnen brachte, konnte wachsende Teile der jüngeren und jüngsten Wahlberechtigten nicht motivieren, ihre Stimmzettel in die Wahlurne zu werfen. Manche Erklärungen, die vor allem gesellschaftsbezogene Gründe in Erwägung ziehen, können diesen Rückzugseffekt nicht hinreichend überzeugend erfassen. Als eine einzelne Ursache ließe sich allenfalls das immer stärker verbreitete Privatfernsehen nennen. Angesichts der zugleich schwindenden Bedeutung von Tageszeitungen für diese Altersgruppe wurde so deutlich der Abbau einer politischen Mindestsozialisation von Jugendlichen gefördert, insbesondere derer aus bildungsmäßig und sozial benachteiligten Schichten.

Ostdeutsche Besonderheiten

Obwohl sich die Wahlergebnisse der SPD in den neuen Bundesländern im Laufe der 1990er-Jahre deutlich besserten, blieb es schwierig, dort Parteimitglieder zu gewinnen. Von den traditionellen Hochburgen der sozialdemokratischen Arbeiterbewegung im Osten war nach fast 60 Jahren Diktatur nichts mehr übrig geblieben. Die Zahl an Mitgliedern der ostdeutschen Landesverbände überstieg kaum je die 30.000 und blieb im Vergleich zu Westdeutschland unverhältnismäßig gering. Die aktive Mitgliedschaft der SDP/SPD rekrutierte sich nicht mehr vor allem aus Arbeitern und Angestellten, wie noch zu Weimarer Zeiten, sondern hauptsächlich aus der naturwissenschaftlich-technischen Intelligenz sowie Angehörigen kirchlicher Berufe im Alter zwischen 35 und 60 Jahren. Anders als CDU/CSU und FDP, die neben verbündeten Gruppierungen aus der Bürgerrechtsbewegung ganze Blockparteien mit der entsprechenden Organisationsstruktur in sich aufnahmen, konnte sich die SPD nicht dazu durchringen, ihre Pforten für unbelastete frühere SED-Mitglieder zu öffnen, die vermutlich in großer Zahl gekommen wären. Auch unter den Oppositionsgruppen war das sozialdemokratische Potenzial höher, als es die spätere Mitgliedschaft der SDP/SPD anzeigte. Bei der abwehrenden Haltung der SPD spielte das tiefe Misstrauen ostdeutscher Sozialdemokraten gegenüber SED-Leuten eine dominante Rolle, aber auch ihre Furcht, von diesen majorisiert zu werden. Die Gesamtpartei wollte sich über diese Bedenken nicht hinwegsetzen.

Die asymmetrischen Bahnen, in denen sich die Vereinigung beider Teile Deutschlands schließlich vollzog, waren nicht nur dem Übergewicht der Alt-Bundesrepublik bei Bevölkerungszahl und Wirtschaftskraft geschuldet. Eine Teilerklärung bieten auch der politische Bankrott der Diktatur, die Ineffizienz der Kommandowirtschaft und das Wegbrechen der alten DDR-Absatzmärkte in Osteuropa. Viele der politischen Entscheidungen hätten letztlich auch anders getroffen, manche Faktoren anders bewertet werden können: so die Währungsunion auf paritätischer Basis, das Prinzip »Rückgabe vor Entschädigung« bei der Reprivatisierung von »Volkseigentum«, die Rolle der Treuhand und manches mehr. Die gewählten Vertreter der Ostdeutschen entschieden sich aber frühzeitig für den Weg eines Beitritts zur Bundesrepublik und nicht für eine gemeinsame Staatsneugründung durch die Wahl einer verfassunggebenden Nationalversammlung. Folglich akzeptierten sie, die Mehrheit der Bevölkerung und auch der (sozialdemokratischen) Bundestagsabgeordneten (West) inbegriffen, die Weichenstellungen der Bonner Regierung als richtig oder zumindest unvermeidlich.

Wie unterschiedlich die Entwicklungen und Wege waren, die beide deutschen Teilvölker in den Jahrzehnten der Zweistaatlichkeit mental genommen haben, zeigte sich erst mit der Einigung in voller Klarheit. Bis zum Ende des Zeitraums, der hier betrachtet wird und in manchen Aspekten bis heute, kann von zwei Teilgesellschaften und einer dualen Wirtschaftsstruktur ausgegangen werden. Obwohl die Kommunikations- und Verkehrsinfrastruktur modernisiert und die Bausubstanz der ostdeutschen Städte in beeindruckender Weise restauriert sowie erweitert wurde und obwohl sich das durchschnittliche Lebensniveau deutlich verbesserte, ist der materielle Abstand zwischen Ost- und West-, insbesondere Süddeutschland beträchtlich, vor allem beim Eigentum. Führungspositionen jeder Art wurden und werden unverhältnismäßig stark mit Westdeutschen besetzt. Manche Regionen drohen durch den Wegzug vor allem jüngerer Menschen zu veröden. Auch jene Wirtschaftssektoren, die nach der Deindustrialisierung in den frühen 1990er-Jahren langsam neu entstanden sind, blieben vergleichsweise schwach und Transferzahlungen weiterhin unentbehrlich.

Zu den Spezifika der ostdeutschen Bundesländer gehört auch ein vom Westen abweichendes Parteiensystem. Zum wichtigsten Merkmal wurde die Existenz einer linken ostdeutschen Regionalpartei, die aus der früheren SED hervorgegangen ist. Sie konnte für längere Zeit durchaus den Anspruch erheben, eine Volkspartei zu sein, war wählerstark nicht nur dank der Unterstützung früherer regimenaher Gruppen. Dass auch im Westen linkssozialistisches Potenzial schlummerte, zeigen manche dortigen Wahlerfolge der späteren Linkspartei, doch blieben sie stets regional begrenzt.

Über Stolpersteine auf dem Weg in eine neue Regierungsperiode

Hatte die SPD auch große Schwierigkeiten gehabt, ein eigenes Profil zu den Problemen der Vereinigung zu finden, das mit den Traditionen der Partei zusammenpasste und dem Wahlvolk vermittelbar war, fügte sie sich nun als gesamtdeutsche Partei schnell in die erweiterte Bundesrepublik ein. Aus Ärger über die negative Reaktion, die seine Idee hervorrief, eine parteilose junge Frau griechischer Abstammung zur SPD-Sprecherin zu machen, war Willy Brandt nach 23 Jahren an der Spitze der Partei 1987 als Vorsitzender zurückgetreten. Ihm folgte Hans-Jochen Vogel, der 1991 in einem weiteren Generationswechsel von Björn Engholm abgelöst wurde. Hoch im Ansehen stehend, wurde Engholm als Kanzlerkandidat für die Wahl 1994 gehandelt. Nachdem Machenschaften des früheren CDU-Kandidaten im schleswig-holsteinischen Wahlkampf 1987 gegen ihn aufgedeckt worden waren, hatte er als Spitzenkandidat bei Neuwahlen für die Landes-SPD die absolute Mehrheit (54,8 %) geholt und war Ministerpräsident geworden. Als sich dann aber herausstellte, dass er 1987 in der Barschel-Affäre mehr gewusst hatte, als er zugegeben hatte, und dass auch manch anderer Sozialdemokrat eine dubiose Rolle gespielt hatte, trat Engholm im Mai 1993 von allen Staats- und Parteiämtern zurück. Verbunden bleibt sein Name mit den sogenannten Petersberger Beschlüssen vom August 1992. Angesichts der – (massenmedial) noch dramatisierten – »Flut« von Armutsflüchtlingen und der Sorge um die innenpolitischen Folgen dieses Ansturms stimmte die SPD damals einer Einschränkung des grundgesetzlichen Asylrechts zu, bestätigt von einem Sonderparteitag im November. Die Kritiker konstatierten eine Aushöhlung des Asylrechts, die Verteidiger der

Mehrheit führten das Argument ins Feld, der betreffende Wortlaut des Grundgesetzartikels 16 sei unter anderen historischen Voraussetzungen in die Verfassung aufgenommen worden.

Die Massenzuwanderung stellte SPD und Gewerkschaften vor neue Probleme. Zunächst gedacht als befristete Arbeitsmigration, folgten den »Gastarbeitern« der ersten Generation häufig ihre Familien, die in Deutschland ansässig wurden. Auch die Zahl der Asylgesuche von Menschen aus Osteuropa und der »Dritten Welt« stieg deutlich an. Die Sozialdemokratie war - wie die westdeutsche Gesellschaft insgesamt - nicht darauf eingestellt, dass die Bundesrepublik ein Einwanderungsland wurde (was für vergleichbare Länder in Europa zum Teil noch stärker galt). Offenkundig wurden Teile der eigenen Klientel unruhig angesichts tatsächlicher oder vermeintlicher Konkurrenz auf dem Arbeits- und Wohnungsmarkt. Deutlich schärfer trat in der öffentlichen Diskussion die kulturelle Herausforderung zutage, die die Einwanderergruppen vor allem dort darstellten, wo sich abgeschlossene Wohnviertel bildeten. Zudem schufen die typischen Abwehrreaktionen einheimischer Deutscher einen Nährboden für wiederholte Erfolge rechter und rechtsextremer Parteien, auch wenn sie damals noch nicht so verfestigt waren, wie sie es heute sind. In dieser Stimmung wurden Anfang der 1990er-Jahre mehrere rechtsextrem motivierte Morde und Anschläge verübt, pogromähnliche Vorfälle häuften sich.

Die Frage, wo die Grenzen der Aufnahmefähigkeit und -bereitschaft Deutschlands lagen, ob zwischen Furcht vor politischer, religiöser usw. Verfolgung einerseits und dem Wunsch, einer elenden, perspektivlosen Existenz zu entkommen andererseits zu unterscheiden sei, wurde zu einem zentralen Dreh- und Angelpunkt der Innenpolitik. Die Erkenntnis über die Mühen der Integration von Millionen Menschen mit ethnisch-kulturell überwiegend fremden Wurzeln stellte sich erst mit der Zeit ein, nachdem das Asylverfahrensgesetz von 1982 jeweils nur vorübergehend zu einer Verminderung der Antragszahlen geführt hatte. Wie heikel das Thema blieb, zeigte die hessische Landtagswahl vom 7. Februar 1999, der die SPD nach der gewonnenen Bundestagswahl 1998 noch optimistisch entgegensah.

In Hessen bestritt die CDU diesen Wahlkampf nicht zuletzt mit Parolen, die gegen die erste Reform des Staatsangehörigkeitsrechts (Einführung des Geburtsortsprinzips und der Mehrstaatlichkeit) gerichtet waren. Damit hatte die CDU Erfolg, was alle Hoffnungen auf eine rot-grüne Bundesratsmehrheit bis auf Weiteres vereitelte. Das Zuwanderungsgesetz, das nach jahrelangem Ringen zwischen Regierungen von SPD und Bündnis 90/Die Grünen einerseits und den Oppositionsparteien CDU/CSU und FDP andererseits 2004 endlich vereinbart wurde, war ein Kompromiss, der keine Seite zufriedenstellte und an der deutschen Ausländerpolitik wenig änderte.

Nach Engholms Rücktritt führte die SPD erstmals einen Mitgliederentscheid durch, um einen neuen Vorsitzenden beziehungsweise eine neue Vorsitzende zu ermitteln. Rudolf Scharping (*1947), seit 1991 Ministerpräsident von Rheinland-Pfalz, gewann mit nur relativer Mehrheit knapp gegen Gerhard Schröder und Heidemarie Wieczorek-Zeul. Eine Stichwahl war nicht vorgesehen. Zwar bescherte Scharping als Kanzlerkandidat 1994 in einer sogenannten Troika mit Lafontaine und Schröder der SPD erstmals seit Langem wieder einen Stimmenzuwachs (auf 36,4 %). Da auch die Bündnis-Grünen zulegten auf 7,3 % und ebenso die PDS auf 4,4 % (sie hatte mehr als die für den Parlamentseinzug erforderlichen drei Direktmandate erhalten, weshalb die Fünf-Prozent-Hürde nicht galt), fiel die Mehrheit von CDU/CSU und FDP auch nach Mandaten sehr knapp aus. Im Bundesrat hatte die SPD damals sogar die Mehrheit, sodass für die Wahl 1998 eine gute Ausgangsposition gegeben war. Wie die Petersberger Beschlüsse für die Ära Engholm stehen für die Ära Scharping die außen- und sicherheitspolitischen sowie innenpolitischen Positionsänderungen der SPD. Der Parteitag im November 1993 in Wiesbaden beschloss gegen eine starke Minderheit, dass Kampfeinsätze der Bundeswehr auch außerhalb des NATO-Bündnisses möglich sein sollten, wenn dies im Rahmen eines UNO-Einsatzes geschieht. Gleichzeitig stimmte man dem »Großen Lauschangriff« zu, also der Möglichkeit, Wohnungen zum Zweck der Kriminalitätsbekämpfung abhören zu können.

Nach der verlorenen Bundestagswahl 1994 fand Scharping nur noch wenig öffentliche Unterstützung. Er galt als Vertreter gemäßigter Positionen und verkörperte zugleich Bodenständigkeit sowie ein gewisses Maß an sozialdemokratischem Resttraditionalismus. Gegen ihn profilierte sich Gerhard Schröder in Hannover als wirtschaftsfreundlicher, »moderner« Politiker mit hoher Medienpräsenz. Doch die Zusammenarbeit zwischen SPD-Ministerpräsident, Vorstand der Bundestagsfraktion und der Partei funktionierte im Allgemeinen schlecht, was unter anderem der mangelnden kommunikativen Kompetenz von Scharping angelastet wurde. Auf dem Mannheimer Parteitag im November 1995 kam es zum Sturz des Vorsitzenden. Scharping konnte das Ruder nicht mehr herumreißen. Nach einer fulminanten Rede und von zahlreichen Delegierten gedrängt, forderte Oskar Lafontaine Scharping heraus und siegte aus dem Stand mit 321 gegen 190 Stimmen.

Die Folgejahre waren geprägt von der persönlichen und inhaltlichen Konkurrenz zwischen Lafontaine und Schröder. Durch seinen Wahlsieg in Niedersachsen am 1. März 1998 mit 47,9 % empfahl Schröder sich der SPD als populärerer Kanzlerkandidat, kam jedoch an der starken Position des Rivalen parteiintern nicht vorbei. Diese innerparteiliche Stärke Lafontaines wurzelte nicht zuletzt in einem geschlossenen, vielen Aktiven vermittelbaren politischen Ansatz: Er sah vor, die neoliberale Wende, die international weiterhin auf dem Vormarsch war, durch Kaufkraftimpulse und entsprechende Rahmensetzung in der Finanzpolitik zu konterkarieren. Lafontaine attackierte den Standortpessimismus, der vom wirtschaftswissenschaftlichen Mainstream und von einem Großteil der Medien propagiert wurde, als gezielte Kampagne von Ideologen und Interessenten. Mit den Gewerkschaften lag er nunmehr weitgehend auf einer Linie. Diese hatten zusammen mit Sozialverbänden und Kirchen am 5. Juni 1996 eine große Demonstration in Bonn mit stattlichen 350.000 Teilnehmenden und, ein Vierteljahr später, ähnliche Massenkundgebungen in verschiedenen deutschen Städten auf die Beine gestellt, um gegen neue Gesetze der Regierung Kohl zu protestieren: so die Aufweichung des Kündigungsschutzes und die Senkung der Lohnfortzahlung im Krankheitsfall, die als besonders schmerzhaft empfunden und nach heftigem Widerstand durch Tarifverträge später teilweise wieder revidiert wurde.

Vor der Bundestagswahl von 1998 herrschte nach 16 Jahren Helmut Kohl Wechselstimmung im Lande, deutlicher noch als 1969 nach 20 Jahren mit CDU-Kanzlern. Die Unzufriedenheit über eine sich verschlechternde Wirtschaftslage - vor allem in Ostdeutschland, doch nicht nur dort - trug entscheidend dazu bei. Die SPD gewann mit 40,9 % (im Westen sogar 42,3 %) der Zweitstimmen gegenüber dürftigen 35,1 % der CDU/CSU, die an Ergebnisse über 40 % gewöhnt war. So gesehen fiel dieser Wahlsieg noch eindeutiger aus als das Rekordergebnis der SPD von 1972. Links von Union und FDP, die immer mehr an die Seite der Christdemokraten rückte, erhielten neben der SPD die Grünen 6,7 % und die PDS 5,1 %.

Nach einer Auswertung der Forschungsgruppe Wahlen ließen die Sozialdemokraten die Union bei Arbeitern mit 48 % zu 30 % sehr klar und bei Angestellten mit 42 % zu 32 % deutlich hinter sich. Die Beamten wählten knapp und die Selbstständigen samt Landwirten weit überwiegend die CDU/CSU. Zuweilen hörte man Spekulationen, dass Schröder im Wahlkampf zunächst eine Große Koalition unter seiner Führung ins Auge gefasst habe. Doch dieser Wahlsieg war so klar und eindrucksvoll, dass kein Weg mehr daran vorbeiführte: Erstmals musste eine Regierung einer vollständig neuen, rot-grünen Koalition weichen. Die politischen Chancen auf diese Konstellation waren dadurch gestiegen, dass sich die Grünen nach der Wahlniederlage 1990 in Etappen weg von ihren alten fundamentaloppositionellen hin zu ökologisch-reformistischen Positionen bewegt hatten. Ihre Exponenten, allen voran Joschka Fischer, zielten auf eine grüne Regierungsbeteiligung auf Bundesebene, die auch nach dem Geschmack des SPD-Vorsitzenden Lafontaine war, der in dieser Konstellation noch großen Einfluss auf die Koalitionsverhandlungen nehmen konnte.

KAPITEL 14 Rot-grüne Regierung 1999–2005: Liberalisierung und »neoliberale« Tendenzen

Obwohl die rot-grüne Bundesregierung eine ganze Reihe von Gesetzen der Ära Kohl, die als unsozial empfunden wurden, rückgängig machte, schwelte in der SPD der Gegensatz zweier Konzepte, der nur kurzfristig und oberflächlich überbrückt werden konnte. Finanzminister Lafontaine lehnte eine arbeitsplatzgefährdende Hochzins- und Sparpolitik strikt ab, traf damit aber nicht nur in Deutschland, sondern auch im Ausland auf Widerstand. In der Konsequenz gab er am 11. März 1999 auf und legte sämtliche politischen Ämter nieder, auch sein Bundestagsmandat. Nicht zuletzt von seinen Anhängern wurde dieser Schritt, der ohne öffentliche Begründung erfolgte, mit Unverständnis quittiert. Allerdings wäre er andernfalls fast automatisch zum Kristallisationspunkt der innerparteilichen Kritik an der Regierung Schröder geworden.

Führungskrise und Vertrauensverlust

Nüchtern betrachtet hatte es mit deren Qualifikationsprofilen vielleicht nahe gelegen, die Rollen nach Lafontaines Wahl zum Parteivorsitzenden des Weiteren auf Schröder als Kanzler(kandidat) und Scharping als Fraktionsvorsitzenden zu verteilen. Nur das hätte gewissermaßen einer »Enkel«-Version der legendären »Troika« Brandt-Schmidt-Wehner entsprochen. Der Konstruktionsfehler war insofern, dass Lafontaine unbedingt eine Art deutscher »Schatzkanzler« hatte werden wollen. Dadurch aber ordnete er seine Wirkungsmöglichkeiten als Parteivorsitzender der Richtlinienkompetenz des Kanzlers unter.

Bereits im Krisenjahr 1999 urteilte Erhard Eppler ausgewogen kritisch über die Regierung: »Der Grundfehler war, dass es anfangs zwei Machtzentren gab, die auch noch eine unterschiedliche Politik machen wollten: einmal das Kanzleramt, ausgerechnet noch mit Bodo Hombach, und das Finanzministerium unter Oskar Lafontaine … Alles, was seither schief gelaufen ist, hat letztlich mit dieser Konstruktion zu tun.« Der »hemdsärmelige« und wirtschaftsnahe Managerstil von Hombach und die akademischen Expertisen der Lafontaine-Staatssekretäre Flassbeck und Noé waren inkompatibel, ungeachtet aller Verdienste der erwähnten Personen.

Wie schon zu Beginn der 1970er-Jahre, als das Wegbrechen der »Schiller-Wähler« durch Pressekampagnen befördert worden war, machten sich Publikationsorgane, die als sozialliberal gegolten hatten, wie der »SPIEGEL«, vor und nach dem Sturz Lafontaines mit ungebremster Polemik über die Regierungspolitik her und geißelten sie als Machenschaften einer angeblichen »Sozial-Mafia«. Immerhin gelang es trotz aller internen Zwistigkeiten der rot-grünen Regierung, den Ausstieg Deutschlands aus der Atomenergie einzuleiten, die Energiesteuer zu erhöhen und eine Stromsteuer (»Ökosteuer«) zu erheben, wodurch ein neues Kriterium in das Steuerwesen eingeführt wurde. Mit der einprägsamen Formel »Arbeit und Umwelt« betonte die Regierung, dass die Förderung von Umwelttechnologie positive Beschäftigungseffekte haben würde. Damit konnte nun besser früheren Vorbehalten in der Arbeitnehmerschaft und den Gewerkschaften begegnet werden. Allerdings führte massiver Druck aus der Wirtschaft dazu, dass energieintensive Branchen und Unternehmen ausgenommen wurden. Innenpolitisch fanden jene Reformen die größte Aufmerksamkeit und mediale Zustimmung, die sich dem Ziel widmeten, Diskriminierungen von Minderheiten abzubauen. Nicht immer entsprach das aber der Denkweise und den Prioritäten namentlich der ländlichen und kleinstädtischen Wählerschaft.

Der außerordentliche Parteitag im April 1999 versetzte Schröder einen Dämpfer. Obwohl es keinen Gegenkandidaten gab, stimmten bei der Wahl zum Parteivorsitzenden nur drei Viertel der Delegierten für ihn. Das zeigte, wie große Teile der Partei zu seiner wirtschaftsfreundlichen »Angebotspolitik« und zur Beteiligung der Bundesrepublik am Kosovo-Krieg, der Intervention der NATO in Rest-Jugoslawien standen: nämlich sehr distanziert. Für die Letztere warben Rudolf Scharping als Verteidigungsminister und für viele überraschend auch Erhard Eppler - mit humanitärer Intervention argumentierend - in dramatischen Appellen auf dem Parteitag um Unterstützung. Die rot-grüne Regierung hatte den Krieg von ihrer Vorgängerin geerbt, wollte somit - trotz völkerrechtlicher Bedenken - ihre Amtszeit nicht mit einer Illoyalität gegenüber den Verbündeten beginnen.

Schon vor der Regierungsübernahme 1998 artikulierte sich in der SPD ein Missbehagen an technokratischen »Modernisierern«, zu denen unter anderem Matthias Machnig (*1960) gezählt wurde, der engste Mitarbeiter von SPD-Bundesgeschäftsführer Franz Müntefering (*1940). Sie wollten die alte Programm-, Mitglieder- und Funktionärspartei umwandeln in eine leichter steuerbare Netzwerkstruktur, die zuvörderst auf Wahlkämpfe und »Kampagnenfähigkeit« hin ausgerichtet sein sollte. Dagegen formierte sich Widerstand, überwiegend erfolgreich. Vor der politisch-inhaltlichen Umorientierung der Sozialdemokratie hatten nicht nur Parteilinke, sondern auch Amtsträger der älteren Generation gewarnt - unabhängig davon, wo sie im Links-rechts-Spektrum der Partei angesiedelt waren. So fragte Hans-Jochen Vogel als Reaktion auf das »Schröder-Blair-Papier« vom Juni 1999, ob der entfesselte Markt nicht drauf und dran sei, »sich zum Herrscher der Gesellschaft aufzuschwingen und die demokratisch legitimierten Institutionen beiseite zu schieben«.

Der neoliberal eingefärbte Kurs von »New Labour«, der die ökonomische Abhängigkeit vom Finanzplatz London widerspiegelte, fand Bewunderer auch in Deutschland. Bodo Hombach, enger Kanzlerberater und zusammen mit Peter Mandelson der eigentliche Autor des »Schröder-Blair-Papiers«, zielte auf eine stärker »angebotsorientierte« Wirtschaftspolitik im Sinne allseitiger »Flexibilisierung«. Das gefiel weder den Traditionalisten noch den Anhängern einer neuen, aber nicht einseitigen ökonomischen Zielperspektive der Sozialdemokratie. Um die Jahrtausendwende gehörten 11 von 15 Regierungschefs der Europäischen Union (noch ohne Osterweiterung) einer sozialdemokratischen Partei an. Etliche von ihnen verhedderten sich in denselben Fallstricken wie »New Labour« und - etwas gemäßigter -

die SPD. Die Folgen für die gesellschaftliche Entwicklung der betreffenden Länder waren teilweise noch dramatischer als in Deutschland. Im darauffolgenden Jahrzehnt brach die Unterstützung der Wählerschaft für diese Wirtschaftspolitik weg.

Der Vertrauensverlust, der die SPD 1999 ereilte, erreichte seinen Tiefpunkt bei den drei Landtagswahlen im Herbst: Einbußen von 14,8 % in Brandenburg, 5 % im Saarland und 11,1 % in Thüringen. Auch bei den Kommunalwahlen in Nordrhein-Westfalen erlitt die SPD mit minus 8,4 % eine Niederlage und verlor fast die Hälfte der kommunalen Spitzenfunktionen, hauptsächlich dadurch, dass frühere und potenzielle Wählergruppen sich enthielten. Auch die Änderung der Kommunalverfassung im Jahr 1994, mit der die administrative Doppelspitze abgeschafft und die Verwaltungen gestärkt wurden, spielte dafür eine Rolle. Dadurch wurde es offenbar schwerer, lokale Interessen wahrzunehmen und konsensuale Lösungen zu finden, wie es zum Beispiel für die Sozialdemokratie im Ruhrgebiet charakteristisch gewesen war.

Gerhard Schröder behielt trotzdem die Nerven. Vor allem Helmut Kohls Spendenaffäre rettete die SPD damals vor weiteren Verlusten. In der Bundestagswahl 2002 konnte sich die Koalition trotz geringer Einbußen bei der SPD (38,5 %), die mit CDU/CSU gleichauf lag, insgesamt noch behaupten, wenn auch nur dank des gewachsenen Stimmenanteils der Grünen (8,6 %). Die zweite Legislaturperiode Schröder begann mit der weit über die Anhängerschaft der SPD hinaus populären, aber außenpolitisch durchaus gewagten Entscheidung, 2003 am US-amerikanisch geführten Krieg gegen den Irak nicht teilzunehmen. Diese Irak-Entscheidung wurde zu Schröders persönlichem Anliegen. Schon im Wahlkampf hatte er sie als wirksamstes Argument eingesetzt, um die Wählerschaft zu mobilisieren. Die SPD konnte darüber hinaus politisch von den Fortschritten beim Thema Emanzipation und Gleichstellung der Frauen profitieren: Deren Stimmen waren es, die bei einer Bundestagswahl erstmals über die Mehrheit von SPD und Grünen gegenüber CDU/CSU und FDP entschieden. Bis einschließlich 1969 hingegen hatten stets erheblich mehr Frauen als Männer die C-Parteien gewählt.

»Agenda«-Politik im Widerstreit der Interessen und Meinungen

Die 2003 beschlossene »Agenda 2010« einschließlich der besonders schlecht kommunizierten Hartz-IV-Regelungen wurden von einem Großteil der SPD-Wählerschaft heftig abgelehnt. Im Vordergrund stand die Zusammenlegung des Arbeitslosengeldes II mit der Sozialhilfe unter dem Motto des »Förderns und Forderns«, das sehr verschieden interpretiert werden konnte. Überzogene Verdächtigungen über »Sozialmissbrauch«, wie sie Arbeits- und Wirtschaftsminister Wolfgang Clement im Fernsehen äußerte, markierten öffentlichkeitswirksame Bruchlinien. Sie hinterließen auch deshalb so tiefe Spuren, weil die vorhandenen Instrumente gegen Steuerhinterziehung von Privilegierten – mit Ausnahme von ein paar medienwirksamen Einzelfällen – bisher kaum eingesetzt worden waren. Ein weiterer wichtiger Akteur der »Agenda-Politik«, Florian Gerster, von 2002 bis 2004 Chef der »Bundesagentur für Arbeit«, entfremdete sich zunehmend von der SPD. Er trat zum Jahreswechsel 2019/20 zur FDP über, während Clement die SPD schon 2008 verlassen hatte.

Der bei den Grünen erkennbare wirtschafts- und sozialpolitische Anpassungskurs half der SPD wenig im Sinne ihrer Programmforderungen, die vor jeder Wahl verkündet wurden, Kurs zu halten. Wenn die sozial engagierte Protestantin Katrin Göring-Eckardt in einem Zeitungsinterview Ende 2007 aus der Opposition heraus selbstkritisch anmerkte: »Unsere Vermutung war falsch, dass umso mehr Arbeitsplätze entstehen, je weiter wir die Steuern senken«, so wird man sich fragen dürfen: Was brachte solche Anmutungen des neoliberalen Epochengeistes an den Kabinettstisch und in die rot-grünen Parlamentsfraktionen? Unter jenen, die aus dem Lager der traditionell konservativeren baden-württembergischen Grünen wirtschaftspolitisch nach rechts abdrifteten, war der Bundestagsabgeordnete Oswald Metzger wohl der krasseste Fall. 2008 trat er zur CDU über und gehört ihrem Wirtschaftsflügel an.

In der Bundestagswahl 2005 musste schließlich auch die Union aufgrund der Massenunverträglichkeit neoliberaler Zeitströmungen

Federn lassen. Besonders in der Abschwungphase 2003/04 hatte die »Standortdebatte« die Medien beherrscht. Realistisch betrachtet hätte kaum eine vergleichbare Industrienation jene gigantischen Transferleistungen des »Aufbaus Ost« so unbeschadet überstanden und dabei die Wettbewerbsfähigkeit des Landes – ungeachtet problematisch hoher Exportüberschüsse – erhalten. Stattdessen wurden vorübergehend unterdurchschnittliche Wachstumsraten für durchsichtige politische Interessen instrumentalisiert. Dass in einem solchen Meinungsklima und angesichts weniger gesicherter Beschäftigungsverhältnisse die Neigung, Kinder in die Welt zu setzen und Familien zu gründen, rückläufig war und dies demografische Argumente lieferte, um weitere Kürzungen zu begründen, darf teilweise als sich selbst erfüllende Negativprophetie bezeichnet werden.

Die Attacke von Arbeitsminister Franz Müntefering auf die »Heuschrecken« des internationalen Finanzkapitals stand in einem merkwürdigen Gegensatz zum Investmentgesetz, das am 15. Dezember 2003 verabschiedet worden war und den Hedgefonds freiere Bahn machte. Noch viel weniger vermittelbar war der Widerspruch zwischen Reden und Tun, als eine viel beachtete empirische Studie im Auftrag der Friedrich-Ebert-Stiftung auf das vermehrte Entstehen »prekärer« Existenzen aufmerksam machte. Wenngleich das Reizwort »Prekariat« für eine neue Unterschicht in jener Studie gemieden und nur in Medienberichten verwendet wurde, entgegnete Müntefering am 16. Oktober 2006 im Sender N24, jene Formulierung stamme von »lebensfremde(n) Soziologen. Es gibt keine Schichten in Deutschland. Es gibt Menschen, die es schwerer haben, die schwächer sind. Das ist nicht neu. Das hat es schon immer gegeben. Aber ich wehre mich gegen die Einteilung der Gesellschaft.« Sich einer kritischen Gesellschaftsanalyse zu verweigern, war jedoch kaum das geeignete Mittel, um der gesellschaftlichen Marginalisierung einer beträchtlichen Gruppe Menschen beizukommen. Eine deutlich andere Schlussfolgerung zog der gemäßigte Parteilinke Wolfgang Thierse aus der Studie: Ihr Befund sei nicht überraschend, »denn wir leben eben in einer Klassengesellschaft«. Auch der damalige SPD-Vorsitzende Kurt Beck (* 1949) räumte die Existenz des

Problems ein und befürwortete Korrekturen an den Hartz-IV-Regelungen.

Zwar ist der deutsche Wohlfahrtsstaat, der auf dem Sozialversicherungsprinzip aufbaut – statusbewahrend und umverteilungsresistent – in den Grundzügen als Typus erhalten geblieben, doch geriet er nun immer öfter in die öffentliche Kritik. Sie kam nicht allein von Marktliberalen und nahm angesichts der Aufgaben, die bei der staatlichen Vereinigung zu bewältigen waren, nach 1989/90 deutlich zu. Der »Rheinische Kapitalismus«, auf einer Kooperation von Staat, Privatwirtschaft und Gewerkschaften beruhend, bildete nun allmählich den »Wettbewerbsstaat« aus. Getrieben von der marktkapitalistischen Globalisierung trieb er nun die globale Wirtschaftsliberalisierung selbst voran.

Ausdruck dieser Tendenzen und Triebkraft zugleich war die internationale Konkurrenz um Steuern. Konzerne und Kapitalsammelstellen zielten auf ihre Senkung. Die sozialliberale Koalition hatte den Spitzensteuersatz noch von 53 % auf 56 % angehoben, um ihre Reformvorhaben zu finanzieren. Bis zum Ende der Ära Kohl war er auch nicht mehr gesenkt worden (53 % plus Solidaritätszuschlag). Erst das Kabinett Schröder-Fischer passte sich der internationalen Entwicklung an und reduzierte den Spitzensatz auf 42 %. Während der Großen Koalition kam eine eher symbolische »Reichensteuer« mit 45 % hinzu (zum Vergleich: In Österreich liegt der Spitzensatz bis heute bei 50 %, die »Millionärssteuer« sogar bei 55 %). Bei der sogenannten Riester-Rente machen die Erträge der privatwirtschaftlichen Anbieter deutlich mehr als die Verwaltungskosten der gesetzlichen Rentenversicherung aus.

Seit den späten 1980er-Jahren orientierten sich auch die europäischen Institutionen um und folgten der Konzeption von »Wettbewerbsstaaten« anstelle von Solidargemeinschaften (die in Skandinavien durchaus ökonomisch leistungsfähig waren). Es ist gewiss richtig, was die Sozialdemokratie immer wieder betonte, dass nämlich die EU besser als die Einzelstaaten in der Lage sein könnte, ein europäisches Zivilisationsmodell einer koordinierten und sozialstaatlich gezähmten Marktwirtschaft gegen den globalen Finanzmarktkapitalismus zu verteidigen und qualitativ weiterzuentwickeln. Doch dazu wären nicht nur eine effektivere, institutionell vertiefte und demokratischere Union, sondern auch ein neues Rollenverständnis und eine andere Politik erforderlich.

Auch in Deutschland veränderte sich die soziale Wirklichkeit. Die Arbeitslosenquote in den 1990er-Jahren lag – teilweise wegen der Deindustrialisierung des Ostens – stets zwischen 5 und 10 %, zeitweise sogar darüber. Dazu kam eine »stille Reserve« von Nichtbeschäftigten, die sich aber nicht erwerbslos meldeten. Rund zur Hälfte waren es Langzeitarbeitslose, hauptsächlich Geringqualifizierte, Ältere und Frauen. Die Zahl der Normalarbeitsverhältnisse in unbefristeter Vollzeitbeschäftigung ging zurück, während die prekären Arbeitsverhältnisse (Zeit- und befristete Arbeit, Leiharbeit, Arbeit mit projekt- oder leistungsbezogener Bezahlung, Minijobs, Scheinselbstständigkeit) kontinuierlich zunahmen. Ein erheblicher Teil der Betroffenen war ergänzend auf Hartz IV angewiesen. Anders als in den 1950er- bis 1970er-Jahren stagnierte der durchschnittliche Reallohn, auch bei den Arbeitnehmerinnen und Arbeitnehmern, die günstigere Verträge hatten. Dabei sank angesichts einer Gewinnexplosion bei Unternehmens- und Kapitaleinkommen die Lohnquote, während die relative Armut deutlich wuchs. Die soziale Polarisierung, das zeigte sich immer deutlicher, nahm zu.

Marktradikale bemängelten unablässig die »Sozialdemokratisierung« verschiedener Parteien – selbst der Union –, und das zu einer Zeit, da auch bis weit in die Sozialdemokratie hinein tatsächlich neoliberale Schablonen und Überzeugungen das Denken mitprägten. Der gebräuchliche Begriff »Neoliberalismus« für das Streben nach einer weltweiten Marktgesellschaft (nicht nur Marktwirtschaft) ist historisch eigentlich fragwürdig. Neo-Liberalismus war dem geschichtlichen Ursprung nach wohl eine Übersetzung des New Liberalism – und dieser war im ersten Jahrzehnt des 20. Jahrhunderts eher sozialliberal und demokratisch gemeint. Die »neo-liberale«, besser ordo-liberale sozialmarktwirtschaftliche Denkschule nach dem Zweiten Weltkrieg hat dann freiheitliche und konservative mit christlich-sozialen Traditionen zusammengebracht. Der neue Antisozialdemokratismus im Mitte- und Mitte-rechts-Spektrum mutete somit fast wie eine Art weltanschaulicher »Teufelsaustreibung« an: gegen die geistigen Überlieferungen des Sozialliberalismus, der katholischen Soziallehre und der evangelischen Sozialethik innerhalb des »bürgerlichen« Parteienspektrums (dessen Benennung auf den im 19. und weit hinein ins 20. Jahrhundert auch in der Sozialdemokratie vorherrschenden Sprachgebrauch zurückgeht). Das ältere, sozial akzentuierte »bürgerliche« Erbe war in den betreffenden Parteien indessen immer seltener heimisch.

Im Zusammenspiel mit Maßnahmen wie der Heraufsetzung des Rentenalters infolge gestiegener Lebenserwartung bewirkte die Hartz-IV-Reform, dass sich Teile der Parteilinken und des gewerkschaftlichen Funktionärskörpers von der SPD abwandten. Die Wahlalternative Arbeit und soziale Gerechtigkeit (WASG) trat auf den Plan. Ihr stimmenwerbender Joker hieß Oskar Lafontaine. Später schloss sich die WASG in einem komplizierten Fusionsprozess mit der PDS zur neuen »Linkspartei« zusammen, und diese erzielte bei der Bundestagswahl 2005 auf Anhieb 8,7 %. Das Ergebnis dieser Wahl, die von Schröder und Müntefering, dem jener zuvor den Parteivorsitz überlassen hatte, in einer Art Flucht nach vorn in die Wege geleitet worden war, nachdem die SPD in Nordrhein-Westfalen die Wahl verloren hatte, ist dennoch bemerkenswert: Mit 34,2 % konnte die Sozialdemokratie ihre Verluste in Grenzen halten, zumal CDU/CSU und FDP mit einem wirtschaftsliberalen Programm angetreten und, allzu siegessicher, von den Massenmedien teilweise massiv unterstützt worden waren. Das überraschend gute Ergebnis war dem Charisma des außergewöhnlich begabten Wahlkämpfers Schröder sowie der Tatsache zu verdanken, dass die SPD nun wieder dezidierter als Verteidigerin des Sozialstaats auftrat, nachdem Kanzler Schröder vor dem Bundestag im März 2003 noch verkündet hatte: »Wir werden Leistungen des Staates kürzen … müssen.«

KAPITEL 15 Koalition und Opposition 2006–2013: Finanzmarktkrise und erste Korrekturen der »Agenda 2010«

Eine immer vielfältigere gesellschaftliche Wirklichkeit drängte zu immer umfangreicheren Programmen, so das auf dem Parteitag 2007 in Hamburg beschlossene. Das neue Grundsatzprogramm einte die Partei zwar im Innern, entwickelte aber unter der Beteiligung der Sozialdemokratie an der Großen Koalition mit CDU/CSU, die 2005 die rot-grüne Koalition abgelöst hatte, wenig Strahlkraft nach außen und zwang zu umfänglichen Ausarbeitungen im Wahlkampf. Das detaillierte Sachregister, mit dem man das Programm erschließen kann, umfasst acht eng beschriebene Seiten. Der Eindruck konnte entstehen, hier handle es sich mehr um ein kleines Handbuch mit Erläuterungsskizzen zu den verschiedensten Themenfeldern als eine Programmschrift.

Das Hamburger Programm von 2007 und die Koalitionspolitik

Immerhin gab es in dem Programm eine komprimierte Auflistung der behandelten acht Punkte: »Wir wollen eine friedlichere und gerechtere Welt. … das soziale und demokratische Europa. … eine solidarische Bürgergesellschaft, eine Kultur des Respekts und der Anerkennung und einen handlungsfähigen demokratischen Staat. … die Gleichstellung der Geschlechter verwirklichen. … durch qualitatives Wachstum Wohlstand und Lebensqualität für alle ermöglichen und unsere natürlichen Lebensgrundlagen schützen. … gute Arbeit und gerechten Lohn für alle. … den vorsorgenden Sozialstaat, der Sicherheit, Teilhabe und gleiche Lebenschancen gewährleistet. … bessere Bildung für alle in einer kinder- und familienfreundlichen

Gesellschaft.« Bemerkenswert ist, was dort schon vor dem Beginn der Finanzkrise seit 2008 – um das Stichwort »Entfesselte Finanzmärkte« gruppiert – kritisch zum globalisierten Marktradikalismus angemerkt wird. Manche Formulierungen suggerieren allerdings, der Kapitalismus sei etwas der Wirtschafts- und Sozialordnung Nachkriegsdeutschlands Fremdes, das primär von außen drohe.

Entgegen manchen Pauschalurteilen hatte sich nicht die Programmatik der SPD von den gesellschaftlichen Problemen abgekoppelt, sondern das Regierungshandeln häufig von beschlossenen Grundsätzen entfernt. Diese stimmten in vielem durchaus mit den Erwartungen der eigenen Wählerschaft überein. Zwar vermochte das neue Programm den Aktiven der SPD wieder sicheren Boden unter den Füßen zu verschaffen. Doch das Ausmaß an Passivität und Resignation, das an der Basis um sich gegriffen hatte, war enorm. Das machte der äußerst bescheidene Rücklauf einer diesbezüglichen Fragebogenaktion deutlich, an der sich im Frühjahr 2007 nur 7,1 % der Mitglieder beteiligt hatten.

In der Tat, selbstkritisch betrachtet, ließ sich kaum leugnen, dass die SPD erhebliche politische Glaubwürdigkeitsprobleme hatte: Im Wahlkampf 2002 waren die sozialpolitischen und sonstigen Einschnitte der Hartz-Reformen in keiner Weise angekündigt worden, um die betroffenen Menschen auf das vorzubereiten, was die führenden Sozialdemokraten als aus ihrer Sicht damals gebotene Maßnahmen ins Werk setzen wollten. Einen verheerenden Eindruck hinterließ es, als die Partei im Wahlkampf 2005 stimmenwirksam gegen die Mehrwertsteuererhöhung auf 18 % (»Merkel-Steuer«) polemisierte, um dann, bei der Bildung einer Großen Koalition, die ausgehandelten 19 % quasi als »Kompromiss« zu verkaufen. Der Mehrwertsteuersatz für Güter des Grundbedarfs wie Lebensmittel von 7 % blieb zwar unangetastet. Gleichwohl wurde vor allem die Symbolik dieser 19-Prozent-Umdeutung gesehen, die negativer zu Buche schlug als die tatsächlichen Folgen für die Verteilung materieller Ressourcen. All dies entwickelte sich zu einem Stigma, das der Partei noch für viele Jahre anhaften sollte. Gerhard Schröder hatte im Wahlkampf 2005 immer stärker sozialstaatliche Themen und Absichtserklärungen eingebracht, die nur darauf zielen konnten, die Agenda 2010 abzumildern. Diese Erwartung hatte offenbar dazu beigetragen, verlorenes Vertrauen in Kernwählergruppen vorübergehend zurückzugewinnen.

Neben der Mehrwertsteueranhebung auf 19 % lagen dem Verlust der Stimmprozente bei den nach 2005 folgenden Wahlen in nicht geringem Umfang zwei andere Probleme mit öffentlicher Breitenwahrnehmung zugrunde, die prägnante Ziffern enthalten: Hartz IV und die »Rente mit 67«. Dieses Stichwort bildete einen schroffen Kontrast zum Beschäftigungskonzept »Rente mit 60«, das noch gar nicht lange zurücklag, und beides nahm zu wenig Rücksicht auf die unterschiedlichen Berufswirklichkeiten. Die Frage stand im Raum: Welcher inneren Logik folgte eine sozialdemokratische Politik, die Krankenschwestern oder Bauarbeiter, die körperlich schwer arbeiten, mit der angesteuerten Zielgröße »67« zutiefst verunsicherte und verärgerte?

Darüber hinaus wurde zu Recht darauf verwiesen, dass es der Partei an Diskussionsoffenheit und damit auch an Meinungsführerschaft mangele. Beides hinge mit schwach entwickelter Fähigkeit der Sozialdemokratie zusammen, ihre Anliegen öffentlich zu kommunizieren. Ein nicht kleiner Teil der SPD-Mitglieder litt an der Partei – und das zumindest bereits seit Sommer 1999. Dass ihre Partei einen erheblichen Anteil an den Erfolgen der Regierungspolitik hinsichtlich Kompetenz und Seriosität des Handelns hatte, beeindruckte diese Mitglieder nicht – zumindest so lange nicht, wie die Wahrnehmung verbreitet war, die SPD hätte politisch daran mitgewirkt, die Weichen in Wirtschaft und Gesellschaft auf den »Neoliberalismus« zu stellen. Auch ein Politikstil, der sich auf die verstärkte Einflussnahme von externen Beratern und Medienexperten stützte, wozu die Verlagerung der politischen Willensbildung in die Medienöffentlichkeit und in partei- und parlamentsunabhängige Gremien gehörte, trug dazu bei, dass die SPD-Basis sich ihrer Führung entfremdete.

Der aussichtsreichste Versuch, die innerparteilichen und vielleicht sogar gesamtpolitischen Kräfteverhältnisse nach links zu verschieben – und damit die politische Atmosphäre in der Bundesrepublik schrittweise zu verändern –, hätte nach der Landtagswahl in Hessen vom Januar 2008 möglicherweise die Bildung einer linken Dreier-Koalition zur Ablösung des umstrittenen CDU-Ministerpräsidenten Koch werden können. Dies scheiterte an wenigen Dissidenten in den eigenen Reihen. Da die SPD-Spitzenkandidatin Andrea Ypsilanti (*1957) vor der Wahl eine solche Kombination ausgeschlossen hatte, fehlte aber dem möglichen Bündnis die innere Legitimation. Seit der absehbaren Niederlage der SPD bei dortigen Neuwahlen war einer solchen Perspektive auf mittlere Frist strategisch jede Möglichkeit versperrt, obwohl Koalitionen mit der PDS beziehungsweise der Linken in Ostdeutschland inzwischen fast schon zur Normalität gehörten.

Anstelle einer Korrektur nach links kam es dann zu der Verankerung der sogenannten »Schuldenbremse« im Grundgesetz mit überwiegender Zustimmung der SPD. Dies war in der Summe dem Ergebnis diverser Beschlüsse der »Föderalismuskommission« in der ersten Jahreshälfte 2009 geschuldet. Aus Sicht auf die Anliegen der SPD war diese letzte und folgenreichste Einzelmaßnahme der neoliberalen Ära angesichts der Finanzmarktkrise 2008 wie aus der Zeit gefallen und kaum nachvollziehbar: Die Krisenbewältigung in den Jahren 2009 und 2010 gelang ja gerade deshalb, weil die Nettokreditaufnahme erhöht und neue Konjunkturprogramme aufgelegt worden waren, nicht weil hier gespart wurde. Diese eigene Leistung der SPD wurde mit der Übernahme von Vorstellungen konservativ-wirtschaftsliberaler »Sparpolitik« geradewegs unterminiert.

Mit der Verankerung der Schuldenbremse im Grundgesetz, das nur mit Zweidrittelmehrheit geändert werden kann, lieferte sich die SPD einer konservativen Vetominderheit aus, anstatt ihre Position künftig in Verhandlungen auszuspielen. Zu ähnlichen Bestrebungen in Österreich äußerte sich der Ex-Kanzler Vranitzky, kein Linker in der SPÖ und zudem studierter Ökonom, 2011 drastisch: »Die Schuldenbremse im Verfassungsrang ist abstrus. Was bedeutet das? Ich, Regierung, gehe zu dir, Parlament, und bitte dich: Verordne mir eine Schuldenbremse, weil allein schaff' ich's nicht!« Eine derartige Selbstentmächtigung demokratisch gewählter Regierungen und Parlamente widersprach auch sozialdemokratischen Verfassungstraditionen.

Die Wahlniederlage 2009 als Zäsur

Was sich schon 2005 angekündigt hatte, gelang den politischen Gegnern 2009: Die SPD, die einen dramatischen Absturz von 34,2 % auf 23 % hinnehmen musste, hatte zwar eine gute Arbeit als Junior-Partnerin von CDU/CSU gemacht, einschließlich des Managements der Finanz- und Wirtschaftskrise 2008/09. Sie konnte aber von ihrer Regierungskompetenz, die selbst frühere Skeptiker kaum mehr bestritten, praktisch nicht profitieren. Auch die Leistungen in öffentlich weniger wahrgenommenen Ressorts, wie dem 1998 bis 2009 von Heidemarie Wieczorek-Zeul geleiteten Ministerium für wirtschaftliche Zusammenarbeit und Entwicklung, konnten sich unbedingt sehen lassen. Dies galt ebenso für eine gegenüber der rot-grünen Periode deutlichere Rückbesinnung auf soziale Anliegen. Das Kurzarbeitergeld, federführend vom sozialdemokratischen Arbeitsminister Olaf Scholz (*1958) konzipiert und erfolgreich umgesetzt, erwies sich als wirksames Mittel gegen den Wiederanstieg der Arbeitslosigkeit, der wegen einer in der Krise um fast 5 % schrumpfenden Wirtschaftsleistung befürchtet wurde. Die allzu rasche Abfolge im Parteivorsitz (2004 Müntefering, 2005 Platzeck, 2006 Beck, 2008 wieder Müntefering) war aber innerparteilich kaum orientierungsstiftend und öffentlich nicht vermittelbar.

Gegenüber 2005 hat die SPD 2009 insgesamt 6,2 Millionen oder etwa 40 % ihrer Stimmen verloren, und zwar in alle Richtungen (gemäß Infratest dimap): Zur großen Konkurrenz CDU/CSU wanderten 0,88 Millionen, zur FDP 0,53 Millionen ab. Letzteres war vermutlich auch taktisch motiviert, um eine Große Koalition oder Bündnisse bis zur Linkspartei zu verhindern. 1,1 Millionen vormalige SPD-Stimmen fanden sich nun bei der Linkspartei wieder, 0,87 Millionen bei den Grünen und 0,32 Millionen bei sonstigen Parteien. Der Regierungswechsel zu Schwarz-Gelb kam aber hauptsächlich von dramatischen 2,04 Millionen an Wahlenthaltungen aus dem Reservoir vormaliger SPD-Wählerschaft. Infolge rückläufiger Quoten von SPD-Erststimmen wirkten sich Überhangmandate der CDU verstärkend aus. Die Europa-Wahlen desselben Jahres waren mit 20,8 % für die SPD bei deutlich geringerer Beteiligung noch schlechter ausgefallen und hatten die Verluste im Bund bereits angekündigt.

Der Absturz in Umfragen, insbesondere wenn es darum ging, welche Kompetenzen den SPD-Ministern und -Ministerinnen zugeschrieben wurden, kann nur als zutiefst ernüchternd gedeutet werden. Ebenso galt das für die öffentliche Wahrnehmung der Ergebnisse, die das Mitregieren brachte (hier 2009 im Vergleich zum Wahlerfolg 2002 gemäß Infratest dimap): Allein bei ihren »Klassikern« soziale Gerechtigkeit und Bildungspolitik (dort noch knapp) lag die SPD vor der CDU/CSU. Doch schon beim »Arbeitsplätze sichern« wurde der Union etwas mehr zugetraut. Dies hatte offenbar auch zur Ursache, dass ein überwiegend neoliberales Medienecho den Konservativen bessere Werte bei der Förderung des »Wirtschaftsstandorts« zuschrieb. Massive Einbrüche zulasten der SPD gab es in der Frage »Altersversorgung sichern«, weil verbalen Bekundungen gegenteilige Handlungen gefolgt waren, und bei »guter Familienpolitik«, wo massive Versäumnisse zu verzeichnen waren. Alles in allem war die Sammelkategorie »Zukunftsprobleme Deutschlands lösen« im Umfrageresultat klar von der SPD zur CDU/CSU übergegangen, trotz deren auch recht bescheidenen 33,8 % Stimmenanteil. Gewiss war auch der Wechsel von Kanzler Schröder zu Kanzlerin Merkel daran beteiligt: Noch bevor die Nutzung von Medien im Internet so große Ausmaße annahm wie später, genoss Angela Merkel einen Kanzlerinnen-Amtsbonus. Nicht geringe Teile der Bevölkerung schrieben ihr allgemein höhere Kompetenzen zu als den meisten anderen Politikerinnen und Politikern.

Aufrüttelnd mussten die Befunde hinsichtlich des Wahlverhaltens von bestimmten Bevölkerungsgruppen zulasten der SPD sein. Eine selbstkritische Wahlanalyse hierzu war dringend erforderlich. Der Parteien- und Wahlforscher Richard Stöss lieferte diese Hinweise: »War sie 2005 noch Mehrheitspartei bei den Arbeitslosen (34 %), bei den Arbeitern (37 %) und bei den Gewerkschaftsmitgliedern (47 %), traf das 2009 nur noch auf die Gewerkschaftsmitglieder zu. Aber auch in dieser Gruppe gab es ein beträchtliches Minus (13 %), ebenso bei den Arbeitslosen (- 15 %), den Arbeitern (- 12 %) und den

Angestellten (– 11 %). Die Union war nun bis auf eine Ausnahme Mehrheitspartei in allen von der Forschungsgruppe Wahlen ausgewiesenen Gruppierungen, also auch bei den Arbeitern: 31 % entschieden sich für die CDU/CSU, 25 % für die SPD, 16 % für die Linkspartei und sogar noch 13 % für die FDP. Bei den Arbeitslosen war die Linkspartei nun mit 31 % (+ 6 %) am erfolgreichsten, die SPD folgte mit 19 % und die Union mit 16 %.« Die historisch zuvor nicht gekannte Situation, dass 44 % der Arbeiterschaft für Union und FDP gestimmt hatten, aber nur 41 % für die SPD und Linke, spiegelte lediglich das Verhalten der Wählenden wider, nicht aber die massenhafte Enthaltung aus Enttäuschung und Entfremdung, die ein bedeutender Faktor für diese Gewichtsverlagerung war.

Der einzige Vorteil dieser katastrophalen Ergebnisse, die sich allerdings nicht als Trend in den Bundesländern fortsetzten, war vielleicht, dass es schlechterdings nicht mehr möglich war, die Lage zu verharmlosen und den offensichtlichen Vertrauensentzug kleinzureden. Der schnell inthronisierte neue Parteivorsitzende Sigmar Gabriel (*1959) aus der Generation der um die 50-Jährigen wandte sich in einem schonungslos selbstkritischen »Brief an die Genossen«. Die Zustimmungsrate für ihn fiel mit über 94 % auf dem Dresdener Parteitag im November 2009 so hoch aus, weil er Fehler und Versäumnisse offen ansprach und für neue Akzente plädierte. Eine Stellungnahme der AfA hatte gefordert, die SPD müsse ihre Politik wieder »an den Interessen der breiten Arbeitnehmerschaft ausrichten«. Der bisherige teilweise Kurswechsel sei den »Agenda-Politikern« einfach nicht abgenommen worden.

Die nach 2009 von Gabriel initiierte Organisationsreform kam im Hinblick auf ihre ursprüngliche Intention, die SPD für Quereinsteiger und Nichtmitglieder stärker zu öffnen, nicht voran und beschäftigte die Partei bis 2011. In einem organisationspolitischen Grundsatzpapier stellte der Bundesparteitag dieses Jahres fest: »Wir sind und bleiben eine Mitgliederpartei.« Der nur vorübergehend gestoppte, langfristig aber gravierende Mitgliederverlust der SPD – auch die anderen Parteien litten in unterschiedlichem Ausmaß – hatte schon in den späten 1970er-Jahren eingesetzt. 1989 hatte die SPD immerhin noch rund

920.000 Mitglieder, 2010 waren es nicht viel mehr als eine halbe Million. Ende 2021 wurden weniger als 400.000 gezählt. Neben den generellen Verlusten in früheren Hochburgen ist der Schwund von Unter-36-Jährigen (1974: circa 30 %, 2011: 10 %), namentlich der Unter-26-Jährigen dramatisch. Dies ging mit dem ebenso hohen Stimmenschwund in der Erstwählerschaft einher: Das 1972er-Rekordergebnis beinhaltete 55 % Erstwähler-Stimmen für die SPD. Bei den Wahlen zum Deutschen Bundestag in den 1980er-Jahren schmolz dieser Anteil zunächst in Richtung der Grünen auf ein Normalmaß zusammen. In Gesamtdeutschland 2005 erreichten dann SPD, Grüne und Linkspartei gemeinsam über 55 %. Dass aber lediglich 18 % aus der Altersgruppe 18 bis 25 Jahre bei der Bundestagswahl 2009 der SPD ihre Stimme gaben, war angesichts der so entstehenden Vorprägung für späteres Wahlverhalten alarmierend. Eine Trendumkehr ist insoweit seither nicht zu verzeichnen.

Sozialstrukturelle und mentale Entwicklungen kamen erschwerend hinzu. Die abhängig Beschäftigten in Deutschland machen zwar gegenüber den Selbstständigen samt mithelfenden Familienmitgliedern etwa 90 % der Erwerbstätigen aus. In diesem großen Bereich hat es aber über mehr als ein halbes Jahrhundert enorme Verschiebungen gegeben hin zu den Dienstleistungs- und Verwaltungsberufen, meist im Angestelltenstatus (dabei ist der frühere rechtliche Statusunterschied zwischen Arbeitern und Angestellten mittlerweile aufgehoben). In Industrie und Handwerk ist es durch Masseneinwanderung und die Verlagerung mancher Fertigungsstätten in den Globalen Süden zu einer sozialen Unterteilung der einheimischen Arbeiterschaft gekommen. Im tertiären Sektor (Dienstleistungen) entstand ein neues Proletariat, begünstigt durch eine Zunahme an Niedriglohnarbeiten und prekären Arbeitsverhältnissen, auch unter Kleinstselbstständigen.

Demgegenüber bildete sich im sekundären Sektor (Produktion), der nach immer höheren Qualifikationsprofilen verlangte, ein neuer Arbeitnehmertypus heraus, charakterisiert durch Kompetenz, Arbeitsautonomie, Arbeitsethos, hohe berufliche Motivation und teilweise auch Berufsgruppensolidarität. Dieser Bereich umfasst hoch qualifizierte Facharbeiter, Fachangestellte und technische Experten in den modernen Industriebranchen.

Für SPD und Gewerkschaften ist diese Schicht nicht leicht zu erreichen. Doch im Konflikt zwischen den von Kapitalsammelstellen gebündelten Aktionärsinteressen und einem Arbeitsethos, das sich auf technisches Erfahrungswissen und Kompetenz stützt, büßt diese wachsende Gruppe von »neuen Arbeitnehmern« frühere relative Privilegien ein: Sie teilt immer mehr die Statusunsicherheit der großen Masse abhängig Beschäftigter, insbesondere unter dem Einfluss der Digitalisierung und künstlicher Intelligenz. Sie ist prinzipiell offen für die Forderung nach sozialer Gerechtigkeit und für solidarische Haltungen, doch spielt für die neuen Arbeitnehmer verstärkt innerbetriebliche Autorität und Anerkennung eine Rolle.

Eine Arbeiterpartei im soziologischen Sinn war die SPD schon in der Ära Willy Brandts nicht mehr. Doch blieb sie eine Arbeitnehmerpartei mit weiterhin relativ sicherer Anhängerschaft unter Industriearbeitern. Noch stärker als im letzten Drittel des 20. Jahrhunderts ist die SPD inzwischen überwiegend im Inneren zu einer Partei des Öffentlichen Dienstes geworden, genauer gesagt: des mittleren bis gehobenen Segments der Hierarchie mit höherer Bildung. Die Lebenswirklichkeit dieser Gruppen hat sich von jener der subalternen und durchschnittlichen Angestellten in Betrieben und Büros weit entfernt. Die soziologische Mehrheit der heutigen SPD-Mitglieder spricht kaum mehr die Sprache der großen Masse der Arbeitnehmerschaft und insbesondere der Angehörigen der neuen Unterschicht. Paradoxerweise scheint es, als habe die von der SPD selbst forcierte Bildungsexpansion der 1960er- und 1970er-Jahre diesen Abstand zu den übrigen Bevölkerungsmilieus befördert. Charakteristisch für das SPD-Personal ist bis heute der soziale Aufstieg, vormals mehr in der ersten, später mehr in der zweiten Generation einer früheren Arbeiterfamilie.

Speziell Arbeiter nehmen die regierenden Sozialdemokraten inzwischen als Teil des Establishments wahr. Wollen sie ihren Protest artikulieren, neigen sie bei Wahlen überdurchschnittlich stark rechtspopulistischen bis rechtsextremen Parteien zu. Dieses Phänomen, in einigen anderen europäischen Ländern stärker ausgeprägt als in Deutschland, wirft ein bezeichnendes Licht auf die sozio-kulturell abnehmende Bindekraft der Arbeiterbewegung und ihrer Traditionen sowie auf die Entfernung der Sozialdemokratie von erheblichen Teilen ihrer früheren Wählerbasis. Zwar ließen sich die besonderen Beziehungen zwischen SPD- und DGB-Spitze trotz Spannungen in den Regierungsjahren der Großen Koalition wieder festigen, auch wenn sie nicht mehr die Stabilität der ersten Nachkriegsjahrzehnte erreichten. Aber nicht einmal mehr die Hälfte der eingeschriebenen SPD-Mitglieder hält es für nötig, Mitglied in einer Gewerkschaft zu sein. Insbesondere für Parteifunktionäre war dies früher geboten.

Auf der Suche nach einem sozialen Milieu

Eines der Grundprobleme der Partei war und blieb - bereits um die Jahrtausendwende und vor allem danach - die Heterogenität ihrer potenziellen Wählerschaft. Dazu gehören Aufsteigergruppen ebenso wie »Globalisierungsverlierer« und Menschen, die unmittelbar oder perspektivisch vom sozialen Abstieg bedroht sind; ferner technikbegeisterte Modernisierungsgewinner und ebenso Gruppen, die gegenüber vielen Gegenwartstendenzen kritisch sind. Deshalb wurde die SPD außer als Volkspartei auch als »Querschnittspartei« bezeichnet. Denn als einzige politische Formation ist sie relativ gleichmäßiger in allen relevanten Sozialmilieus vertreten.

Einem Modell zufolge, das auf Lebensstil und Werteorientierung abzielt, spreizte sich die Parteiverankerung der verschiedenen Milieus bei dem für die SPD so desaströsen Bundestagswahlergebnis 2009 ganz enorm. CDU/CSU: zwischen 14 und 62 %, Grüne zwischen 3 und 34 %, Linkspartei zwischen 1 und 39 %, FDP zwischen 3 und 16 %, Sonstige zwischen 0 und 12 % - aber bei der SPD viel weniger: nur zwischen 21 und 31 %. Ein besonderes SPD-Milieu war so nicht recht zu finden. Die Partei sammelte aus kaum ersichtlichen Gründen überall etwa das gleiche Viertel an Gefolgschaft. Die CDU/CSU verdankte - entgegen der Behauptung, dass die Milieus sich weithin auflösen würden – ihre nur 1972 und 1998 gebrochene Führungsrolle eben doch einem größeren traditionellen Anhängerstamm (eher ländlich-kleinstädtische, katholische und/oder mittelständische Klientel). Da von der Linkspartei ostdeutsche Hochburgen und von den Grünen vornehmlich nord-, west- und süddeutsche Stadtkerngebiete erobert wurden, geriet die SPD zwischen alle Fronten, ohne eine Minderheiten- und Klientelpolitik wie die FDP betreiben zu können. Auch die Grünen durften ihr Augenmerk lange Zeit nur auf einen Teil des Wahlvolks richten.

Die Rede von der »Zweidrittelgesellschaft«, die in den 1980er-Jahren noch als warnendes Stichwort die Runde machte, war inzwischen zur Realität geworden: Das untere Drittel der Gesellschaft wurde von der Wohlstandsentwicklung abgehängt. Eine Studie der Hans-Böckler-Stiftung (von 2022, hier aber bezogen auf Daten von 2013), die Vermögen, Spar- und Ausgabenverhalten einbezog, verortet relativen Reichtum bei 10 % der so eingeteilten Bevölkerung, »sehr gute Teilhabe« bei weiteren 8 %. Die solide abgesicherte Mitte (»gute Teilhabe«) bilden demnach 31 %, während sich die untere Hälfte in 17 % (relativ) Arme, 14 % Prekäre und 21 % Haushaltszugehörige mit knapper Teilhabe gliedert. Dabei findet sich der größte Teil der Migranten, die nur unzureichend in das Bildungs- und Ausbildungssystem integriert sind, in den unteren Bereichen. Das gilt in etwas gemilderter Form auch für denjenigen Teil, der die deutsche Staatsbürgerschaft erworben hat. Allerdings muss betont werden, dass es sich auch bei der unteren Hälfte des oberen Drittels nicht wirklich um sonderlich »Privilegierte« handelt, zumal der Abstand zwischen gut situierten Mittelschichten und zunehmend abgehobenen Spitzenverdienern absolut wie relativ am stärksten wuchs.

Wie in der Soziologenthese der 1950er-Jahre von der »nivellierten Mittelstandsgesellschaft« kennen manche empirisch-sozialwissenschaftliche Klassifizierungen immer noch im Wesentlichen nur obere, mittlere und untere Mittelschichten. Dabei wird dann nicht allein die tatsächlich relativ schmale Oberschicht, sondern großenteils auch die Unterschicht geradezu verschämt ans jeweils passende Mittelschichtsegment angefügt. Diesem Vorgehen, die Arbeitnehmerschaft recht pauschal vorwiegend der Mittelschicht zuzuschlagen, entspricht in deutscher Nachkriegstradition die Tendenz der etablierten Parteien, sich in einer imaginären Mitte zu verorten.

In den vielfach zitierten »Sinus-Milieus« – Sinus ist ein Markt- und Sozialforschungsinstitut in Heidelberg und Berlin, das über Jahrzehnte diese genannten Milieukategorien definiert und entwickelt hat – zählten zu jener Zeit selbst im Arbeitnehmerkern der SPD verwurzelte Gruppen angeblich zur »bürgerlichen Mitte«. Das ist bezeichnend für die unterschwellige Ideologie dieser Marktforschungsansätze. Für die USA hieß das mittlere Milieu, das nach Sozialstatus und Wertorientierung eingeteilt wurde, schon angemessener »Modern Middle America«. Dieser Name deutete an, dass weder konservative noch »bürgerliche« Identitäten eine wesentliche Rolle spielten. Die Kategorien »soziale Gerechtigkeit« versus »Marktfreiheit« auf der Links-rechts-Achse erscheinen zwar deutlich besser für Mehrheitsanalysen geeignet zu sein. Aber die eher schwarz-gelben Mitte-rechts-Milieus der etablierten, aufgestiegenen oder aufstrebenden Schichten liegen in den Werthaltungen näher beieinander als die Mitte-links-Formation der Durchschnittsarbeitnehmer. Auffällig ist bei Sinus, dass der »bedrohten« Arbeitnehmermitte und den »selbstgenügsamen Traditionalisten« eher passive Rollen zugewiesen werden, in Abgrenzung von den »kritisch Engagierten« und den Leistungsaufsteigern. Das kann darauf hindeuten, dass die »engagierte« Arbeitnehmerschaft schwindet, was erklären helfen würde, warum der SPD ihr »Markenkern« – die sozialdemokratische Milieuidentität – abhandengekommen ist.

Insgesamt schätzen große Teile der Bevölkerung den sozialen Ausgleich, weil sie von einem solidarischen Gesellschaftsmodell profitieren – vor allem jene, die zwar durchaus unterschiedlich situiert, aber nicht unbedingt privilegiert sind, auch große Teile der Wählerschaft der CDU/CSU. Empirische Befunde zeigen: Vier Fünftel der Bevölkerung standen dem Wechsel zum neoliberalen Pfad ablehnend gegenüber. Das erklärt, warum erst die CDU/CSU 2005, dann 2013 auch die FDP für neoliberale Tendenzen abgestraft wurde. Ihren Stimmenzuwachs während der Regierungszeit der Großen

Koalition bis 2009 hat die FDP ganz offensichtlich falsch interpretiert. Denn beträchtliche Teile auch der mehr oder minder privilegierten Schichten sind durchaus bereit, einen stabilen, im Bedarfsfall sogar maßvoll höheren Anteil an Solidarbeiträgen zu leisten, wenn dies mit einer positiveren gesellschaftlichen Atmosphäre verbunden ist: mit erfahrbaren Fortschritten in öffentlichen Angeboten und vor allem mit besseren Zukunftschancen für Kinder aus unterprivilegierten Familien.

Verbesserte Wahlchancen – auch von den Ländern her

Es musste nach der Analyse des Wahldebakels von 2009 offenbleiben, ob und wie es gelingen konnte, die in sich differenzierten Gesellschaftsgruppen für eine sozial-ökologische Reformpolitik zu mobilisieren. Die erste aussagekräftige Landtagswahl nach beginnender Umorientierung, im Mai 2010 in Nordrhein-Westfalen, deutete bereits auf eine zwischenzeitliche Erholung der Sozialdemokratie hin. Die SPD verbesserte sich dort in diesen wenigen Monaten von 28,5 % bei der Bundestags- auf 34,5 % bei der Landtagswahl. Da auch die Grünen von 10 % auf 12 % zulegten und Schwarz-Gelb nach Einzug der Linkspartei ins Landesparlament über keine Mehrheit verfügte, entschied sich die SPD zur Bildung einer rot-grünen Minderheitsregierung.

Die absolute Mehrheit der Mandate in Hamburg (48,4 %) mit Olaf Scholz (Februar 2011) und die klare Bestätigung von Hannelore Kraft (*1961) in Nordrhein-Westfalen im Mai 2012 (SPD: 39,1 %) waren besonders ermutigend. Der Hamburger Bürgermeister hatte den vielfach gelobten Wirtschaftspragmatismus zuvor als Bundesarbeitsminister mit der erfolgreichen sozialpolitischen Krisenstrategie des Kurzarbeitergelds flankiert. An der NRW-Ministerpräsidentin prallten die einseitigen Schuldenbußpredigten der schwarz-gelben Opposition ab, zumal sie mit einem Motto wie »Kein Kind zurücklassen« wieder an den besonders im Ruhrgebiet verwurzelten Solidaritätsgedanken anknüpfen konnte. Dies kam nach der Finanzmarktkrise 2008/09, von neoliberaler Regellosigkeit verursacht, deren Folgen die betroffenen Menschen noch lange beschäftigten, gut an. Allerdings reichte die Popularität der Ministerpräsidentin nicht, um die längerfristige Erosion der NRW-SPD im Zuge des Strukturwandels und des Endes der Schwerindustrie an der Ruhr zu konterkarieren.

Doch weder Hannelore Kraft noch Scholz spielten bei der Kandidatenkür für die Bundestagswahl im Herbst 2013 eine Rolle, wenn auch aus unterschiedlichen Gründen, und auch der Parteivorsitzende Gabriel nicht. Von diesem wurde angenommen, er werde nicht selbst antreten, sondern einen anderen Vorschlag unterbreiten. Als durchsickerte, dass Frank-Walter Steinmeier (*1956) nach der Niederlage bei der Bundestagswahl 2009 nicht ein zweites Mal kandidieren würde, ging ein Teil des Überraschungsmoments der Nominierung von Peer Steinbrück (*1947), vormaliger NRW-Ministerpräsident (2002–2005) und Bundesfinanzminister (2005–2009), bereits verloren. Die SPD, die laut Infratest dimap noch im Juni 2012 mit dem Rückenwind der NRW-Wahl zwischen 30 und 31 % Zustimmung erreichte (fast gleichauf mit CDU/CSU: 34 %), geriet bis Jahresende ins Hintertreffen.

Nach einigen Kommunikationspatzern von Steinbrück, die in der Presse hochgespielt wurden, rutschten die SPD-Wahlvoraussagen auf 25 bis 27 %. So hingen alle Hoffnungen auf eine Ablösung von Kanzlerin Merkel an den Grünen, die noch lange (vermeintlich) um 15 % pendelten, sowie der Linken, die bei etwa 7 % eingestuft wurde. Die FDP stand mit 4 bis 5 % vor den Scherben ihrer nicht einlösbaren Steuersenkungsversprechen. Die Bundestagswahl im September 2013 ergab tatsächlich nur vier Fraktionen, und die CDU/CSU verfehlte mit 41,5 % knapp die absolute Mandatsmehrheit (311 von 631 Sitzen). Nicht nur das SPD-Resultat von 25,7 %, sondern noch mehr das schlechte Abschneiden der Grünen, die aufgrund ihrer ungeschickten Wahlkampfführung mit 8,4 % noch hinter der Linkspartei (8,6 %) lagen, hatte eine handlungsfähige Regierungsmehrheit jenseits der CDU/CSU verhindert. Schon fünf abweichende Voten hätten eine rot-rot-grüne Kanzlerwahl scheitern lassen, und abgesehen davon gab es bei SPD, Grünen und Linken jeweils reichlich Widerstände gegen diese Idee.

So kam es nach 1966 und 2005 zur dritten Großen Koalition, die die SPD im Wahlkampf noch hatte ausschließen wollen. Erstmals wurde zum Koalitionsvertrag mit CDU/CSU ein Mitgliedervotum eingeholt. Die Auszählung im Dezember 2013 ergab bei einer geradezu sensationellen Beteiligung von 78 % der 475.000 Mitglieder eine unerwartet hohe Zustimmung von 76 %. Neben prinzipiellen Bedenken gegenüber Großen Koalitionen waren auch Vorbehalte aus Landesverbänden zu hören, insbesondere aus Nordrhein-Westfalen, dass die Juniorpartnerschaft in einem weiteren Kabinett Merkel der SPD erneute Wahlniederlagen wie schon 2009 und den Verlust von Regierungspositionen in den Bundesländern bescheren werde. Die hohe Zustimmungsrate der Mitgliedschaft erklärt sich vor allem mit der verbreiteten Loyalität zur Parteiführung und den Verhandlungsergebnissen des Koalitionsvertrags: Die »Rente mit 63« nach 45 Versicherungsjahren und der Einstieg in einen gesetzlichen Mindestlohn (von damals erst 8,50 Euro) konnten als Signale der beginnenden Abkehr von der »Agenda 2010« gelten, die nun auch mehr als nur in der Jahresziffer überholt zu sein schien.

KAPITEL 16 Von zwei Großen Koalitionen zur »Ampel« 2014–2021

In den Jahren 2013 bis 2017 und 2017 bis 2021 befand sich die SPD auf Bundesebene erstmals zwei Legislaturperioden hintereinander in einer Großen Koalition mit der CDU/CSU. Insgesamt profitierten die Bundesregierungen dieser Jahre und damit auch ihr sozialdemokratischer Teil von günstigen außenwirtschaftlichen Entwicklungen. Diese ermöglichten ein reales Wirtschaftswachstum und kamen dem Arbeitsmarkt zugute. Sozialpolitische Ziele der SPD konnten angegangen und auch die Kosten für die Aufnahme etlicher Hunderttausender Geflüchteter aufgebracht werden, ohne dass von Staatsseite dafür Kredite aufzunehmen waren oder Steuern erhöht wurden. Da der Schuldenstand generell zurückgeführt wurde, unterblieben neue Besteuerungen und Steuererhöhungen für weitergehende Ziele auch dort, wo die SPD sie entschieden befürwortete: bei der Wiedereinführung einer Vermögenssteuer, der höheren Besteuerung von Kapitalerträgen und der Erhöhung des Spitzensteuersatzes. Gegen die erklärte Ablehnung des Koalitionspartners ließ sich all dies nicht durchsetzen.

Umbruchsjahre der Bundesrepublik: 2014–2016

Kurz nach den Verhandlungen um ein drittes Griechenland-Paket zur Euro-Rettung im Sommer 2015 bestimmte eine neue Herausforderung die politische Szenerie: das Eintreffen und die Unterbringung einer Million Kriegsgeflüchteter und Asylsuchender allein in den Jahren 2015/16 – vorwiegend aus Syrien, aber auch aus dem Irak und Afghanistan. Die Ankündigung »Wir schaffen das« von Bundeskanzlerin Merkel, zunächst getragen von breiter Zustimmung in den Medien, wurde trotz großer Hilfsbereitschaft in der Bevölkerung nur unzureichend von einem Organisations- und Integrationskonzept begleitet. Für die SPD gab es dabei wenig Möglichkeiten positiver Eigenprofilierung, und das nicht allein wegen mancher Vorbehalte gegenüber Migranten und Geflüchteten auch in Teilen der eigenen Wählerschaft. Vielmehr dominierte der jahrelange Streit zwischen den Schwesterparteien CDU und CSU, der sich zu einer Art Machtkampf zwischen Angela Merkel und Horst Seehofer auswuchs, die mediale Realität; er überschattete die Regierungsarbeit und ließ für die SPD wenig Raum in der öffentlichen Wahrnehmung.

Es wäre verfehlt, das Phänomen wachsender Entfremdung von Teilen der Bevölkerung gegenüber demokratischen Institutionen auf die Zäsur von 2015/16 zu datieren. Eine bereits im Frühjahr 2015 im Auftrag der Friedrich-Ebert-Stiftung erstellte »Kartografie der politischen Landschaft in Deutschland« erklärte manchen Verdruss über die Politik mit gestiegenen Erwartungen an die Behebung von Realisierungsmängeln und Ablehnung von Kürzungen in den betroffenen öffentlichen Leistungen. Überdies stiegen die Anforderungen im beruflichen und privaten Umfeld infolge von Digitalisierung, Globalisierung und einer Vorsorge erschwerenden Niedrigzinspolitik, woraus der Wunsch nach materiellen Entlastungen resultierte.

Die CSU der späten Ära Seehofer als faktische Opposition zur Flüchtlingspolitik von Angela Merkel beanspruchte im Parteiengefüge eine Sonderrolle. Sie resultierte unter anderem daraus, dass von 2013 bis 2017 die auf Steuersenkungen und Ausgabenrestriktionen drängende FDP sowie die AfD, die nach ihren Anfängen als Anti-Euro-Partei einen politischen Durchbruch erzielte, im Bundestag nicht vertreten waren. Nachdem es der AfD gelungen war, in etliche Landtage einzuziehen mit Stimmenanteilen bis zu 24,3 % wie 2016 in Sachsen-Anhalt, kam die rechtspopulistische und in erheblichen Teilen rechtsradikale AfD bei der Bundestagswahl 2017 schlagartig auf 12,6 %. Sie wurde damit stärkste Oppositionspartei und veränderte zumindest atmosphärisch die innenpolitische Szenerie einer Bundesrepublik Deutschland, die gerade in den Jahren der Großen Koalition als Hort der Stabilität inmitten einer Welt voller tiefgreifender Erschütterungen galt. Genannt seien nur die völkerrechtswidrige Annexion der Krim 2014 durch ein zusehends imperiale Ziele verfolgendes Russland unter Putin und 2016 der »Brexit« sowie die Wahl Donald Trumps zum US-Präsidenten. Mit Russland, Großbritannien und den USA wurden plötzlich jene drei Siegermächte des Zweiten Weltkriegs, die 1945 auf der Konferenz von Jalta (Krim) eine Weltordnung auf den Weg gebracht hatten, die einen befürchteten dritten interkontinentalen Krieg verhinderte - wenn auch mit teilweise brutalen Machtmitteln -, zu Symbolen extremer Unsicherheiten, Einschnitte und Erosionsprozesse.

Bei der Europawahl im Mai 2014 hatte die SPD ermutigende 27,3 % der Stimmen geholt. Ihr Spitzenkandidat war der langjährige EU-Parlamentspräsident Martin Schulz (*1955). Er wurde länderübergreifend nominiert, galt aber besonders bei der deutschen Wählerschaft als erfolgversprechender Anwärter. Analog zur vorausgegangenen Bundestagswahl war auch 2017 zu erwarten, dass der SPD-Parteivorsitzende Gabriel nicht selbst antreten, sondern einen aussichtsreich erscheinenden Spitzenkandidaten vorschlagen würde. Es gab Berichte, dass im Umfeld der Bundeskanzlerin vor allem die etwaige Nominierung von Hannelore Kraft, der Ministerpräsidentin Nordrhein-Westfalens, als Gefährdung des Merkelschen Amtsbonus eingeschätzt worden war. Aber Hannelore Kraft hatte sich schon im Jahr nach dem Sieg bei den Landtagswahlen 2012, der jene bundespolitischen Spekulationen ins Kraut schießen ließ, gegen »Berlin« entschieden.

Das Wahljahr 2017 und die Aufarbeitung von Stimmenverlusten

Die überraschende Nominierung von Martin Schulz als Kanzlerkandidat der SPD und seine einstimmige Wahl zum SPD-Bundesvorsitzenden auf dem Parteitag in Berlin am 19. März 2017 leitete einen kurzen Höhenflug der SPD mit bis über 30 % bei repräsentativen Umfragen ein. Das wies auf ein verborgenes Potenzial der Partei in der Nähe der Größenordnung von 2005 und auf die Möglichkeit hin, es bei entsprechender Themensetzung und den richtigen Personen reaktivieren zu können. Vorübergehend überholte Schulz die Amtsinhaberin Merkel bei der Frage nach der gewünschten Person für die Kanzlerschaft, am weitaus deutlichsten bei Männern unter 35 Jahren mit 61 % zu 31 %.

Der Kanzlerkandidat wurde zunächst als Repräsentant einer erneuten Hinwendung der SPD zu den abhängig Beschäftigten (Erwerbslose eingeschlossen) und den neuen kleinen Selbstständigen erlebt. Es war sogar ein Mitgliederzuwachs bei Älteren und – wie seit Längerem nicht mehr – auch Jüngeren zu verzeichnen, der Schulz zu verdanken war. In wenigen Wochen war er zum Hoffnungsträger durchaus verschiedener und manchmal auch nicht zu vereinbarender Erwartungen geworden. Die Landtagswahl im Saarland Ende März 2017 mit einem als unbefriedigend wahrgenommenen Resultat (minimaler Rückgang auf knapp 30 %) wurde bereits zum ersten Wendepunkt für die SPD. In offensichtlicher Verkennung damaliger Popularität von Saarlands CDU-Ministerpräsidentin Kramp-Karrenbauer und eines vorrangig von Landesthemen dominierten Wahlverhaltens hatte die Bundes-SPD vergeblich auf einen zusätzlichen Impuls für den Kanzlerkandidaten durch einen Regierungswechsel gehofft. Doch zum wirklichen Debakel, in einer längeren Reihe weiterer, geriet die Landtagswahl am 7. Mai in Schleswig-Holstein: Mit einem zuletzt ungeschickt agierenden Ministerpräsidenten gegenüber dem volksnah auftretenden CDU-Herausforderer verlor die SPD nicht nur um 3,1 % und kam lediglich auf 27,3 % der Stimmen, sondern sie musste dann auch die Regierungsbeteiligung an eine »Jamaika-Koalition« von CDU, FDP und Grünen abgeben.

Der Zeitpunkt des Trendwechsels auch der Kommentierungen hätte nicht ungünstiger sein können: Eine Woche später wurde im einwohnerstärksten Bundesland gewählt, in Nordrhein-Westfalen, und diese Landtagswahl gilt mit Recht seit jeher als weichenstellend für den Bund. Da Martin Schulz, der so furios gestartete SPD-Kanzlerkandidat, immer hörbar Rheinländer blieb und sich einst als Bürgermeister von Würselen (einem Ort nahe Aachen) für höhere Aufgaben empfohlen hatte, wäre es naheliegend gewesen, dass er im Landeswahlkampf gemeinsam mit Ministerpräsidentin Kraft auftritt und für die SPD wirbt. Dass dies nicht geschah, wurde – wie anders gelagert schon bei Peer Steinbrück 2013 – zur Steilvorlage für das Umschwenken der Medien und ihr bekanntes »Herauf- und Herunterschreiben«. Der zunehmend negative Tenor lautete: Wo bleibt denn Martin Schulz, und was genau will er eigentlich? Das SPD-Ergebnis in NRW fiel mit 31,2 % schlechter aus als erwartet. Jenen katastrophal negativen Eindruck machte es aber vor allem deshalb, weil das Ergebnis 2012 mit 39,1 % besonders gut gewesen war – und eben wegen der sich ergebenden Konsequenzen: Die knapp vorn liegende CDU erhielt mit der FDP eine hauchdünne Regierungsmehrheit. Die AfD erreichte für sie damals nur mäßige 7,4 %, die Linkspartei scheiterte mit 4,9 %.

Der Verlust dieses Stammlandes und der folgende Rücktritt Hannelore Krafts von sämtlichen Ämtern waren demoralisierend für den Landesverband und wirkten sich negativ auch auf den ohnehin mangelhaft vorbereiteten Bundestagswahlkampf aus. Den Umfragewerten von Infratest dimap zufolge gab es im April nur erst einen kleinen »Saarland-Knick«. Doch danach fehlte die erhoffte weitere Schubkraft. Bereits unmittelbar nach der verlorenen Wahl in Schleswig-Holstein gingen die Umfragewerte der SPD nach unten. Mit nunmehr 27 % (statt 30 % und mehr) rückte die Kanzlerschaft gegenüber der CDU/CSU (37 %) außer Reichweite, denn es reichte so weder zu einem Linksbündnis noch zu einer »Ampel«. Im Gefolge der Wahl in Nordrhein-Westfalen und deren Folgewirkungen ging es dann immer noch weiter abwärts: Zwischen Juni und Anfang August stand die SPD in den Umfragen noch bei 23 bis 24 %, aber in der Wahlkampfzuspitzung des September nur noch bei 20 bis 21 %, die das tatsächliche Bundestagswahlergebnis von 20,5 % vorwegnahmen. In den östlichen Bundesländern holte die SPD nur 13,9 % und fiel dort sogar hinter AfD und Linke zurück.

Warum der »Schulz-Hype« nicht wenigstens bis zu den Landtagswahlen im Mai 2017 anhielt, sondern danach sogar in einen Negativtrend überging, hatte über die unterschiedlichen Regionalergebnisse hinaus, die auf die Stimmung drückten, noch weitere Gründe. Zum einen blieb dem Wahlvolk über Monate nicht verborgen, dass die rhetorische Schulz-Performance nicht wirklich zu dem von Pragmatismus geprägten Image der Mit-Regierungspartei SPD und ihrer Führungscrew passte. Die im Ansatz zunächst spürbar erfolgsträchtige soziale Botschaft dieses Wahlkampfs blieb in dem verzweifelten Versuch stecken, das extrem negative Agenda-2010-/Hartz-IV-Bild zu überwinden. Zudem folgte der Kandidat, statt sich auf seinen politischen Instinkt und vor allem seinen besonderen persönlichen Erfahrungshintergrund zu verlassen, zu sehr Beratern. Dort gab es offenbar die Befürchtung, dass zu viele Wähler zur AfD abwandern oder dass es die SPD entscheidende Stimmen kosten könnte, wenn mit dem spezifischen »Europa«-Profil von Schulz zu stark Wahlkampf gemacht würde gegen die eher bremsend wahrgenommene Kanzlerin Merkel. Ein scharfkantiges Sozialprofil für die einfache bis mittlere Arbeitnehmerschaft und zugleich Europaperspektiven primär für eine Wählerschicht mit höherem Bildungsabschluss hätte ein gelernter Buchhändler ohne Abitur, ehemaliger Bürgermeister und langjähriger EU-Parlamentspräsident deutlich wirksamer präsentieren können. Ein solcher Brückenschlag, der es geschafft hätte, ein »älteres« und »neueres« Verständnis dessen, was »links« und »progressiv« ist, zu formen, fehlte indessen nicht nur der SPD, sondern zahlreichen sozialdemokratischen Parteien in Europa. Von zwei Seiten gerieten sie unter Druck: Arbeiterstimmen wanderten oft nach rechts, und die (jüngeren) Leute mit höherem Bildungsabschluss wählten grün oder (links-)liberal.

Die Hauptursachen für das erneute Scheitern lagen aber insgesamt noch tiefer, wie sich herausstellen sollte, als die SPD-Spitze – anders als nach früheren Wahlniederlagen – 2017 die Gründe für den ungebremsten Niedergang extern professionell analysieren ließ. Dabei kristallisierten sich unter Rückgriff auf Erhebungsdaten mehrere wichtige Befunde heraus:

Jener Anteil von SPD-Stimmen, die als »sicher« unter Wahlentschlossenen gelten dürfen, war nach der Schulz-Nominierung von katastrophalen 7 % auf 15 % hochgeschnellt und wurde auch kurz vor dem Wahltag immerhin noch mit 12 % gemessen. Somit hatte der redlich um Stimmen werbende Kandidat bis zuletzt eine Kernwählerschaft erreicht und viele reaktiviert. Auf die Hälfte eingebrochen (von

14 % auf 7 %) war aber das ausschlaggebende Segment »Halten und Mobilisieren«. Das sonstige »Potenzial« war mit 16 % und zuletzt 15 % fast komplett stabil geblieben, doch es umfasste im September wie im März ganz überwiegend Wählerinnen und Wähler, die sich eine Stimme für die SPD nur vorstellen konnten - und das heißt, dass sie wahrscheinlich andere Parteien oder gar nicht wählten. Auch hier konnte die SPD zu wenig erreichen. In einer anderen Erfassung bekannten sich 7 % der Befragten, die angaben, eine vorhandene, aber nicht starke SPD-Identifikation zu haben, nicht zur Wahl gegangen zu sein. Im Vergleich dazu waren es bei der Union nur 1 %.

Beim Thema »Problemlösungskompetenz: Arbeitsmarktpolitik« - 1998 lag die SPD mit 42 % hier noch klar vor der CDU/CSU (24 %) - hieß das Manko Agenda 2010/Hartz IV. Hier halbierte sich die Zahl jener, die der SPD Kompetenzen zuschrieben. Diesbezügliches Absturzniveau lag bei fast 21 % und veränderte sich außer in den Monaten des »Schulz-Hype« bis zum Wahlendspurt 2017 nicht mehr zugunsten der SPD. Die kritische Bilanz dazu fiel in dem Aufarbeitungspapier schonungslos aus: »Es war die Agenda 2010, die ohne Ankündigung über die Partei herniederging, medial gefeiert, aber nach außen und nach innen kaum vermittelt. Und in diesem Stil ging es in der nachfolgenden Großen Koalition weiter.« Beispiele für dieses »Weiter« waren die Anhebung der Mehrwertsteuer auf 19 % entgegen der ursprünglichen Ankündigung und die »Rente mit 67«. Wenn 2016 deutliche 82 % der Befragten die soziale Ungleichheit in Deutschland als zu groß empfunden hatten, fiel das auf eine SPD zurück, die seit 1998 mit Ausnahme der Jahre 2009 bis 2013 stets mitregiert hatte. Um das zu korrigieren, brauchte man mehr als ein paar diffuse Gerechtigkeitskampagnen. Dem früheren Aufstiegsversprechen der bundesdeutschen Erzählung waren Abstiegsängste gerade in Kernbereichen der Berufstätigen gefolgt. Allgemein lässt sich sagen, dass auch die unzureichend vorbereitete, organisierte und präsentierte Wahlkampagne als Faktor zum Misserfolg 2017 - wie schon 2013 - beitrug.

Letztlich wirkte sich nachteilig aus, dass die SPD im Wahlkampf immer noch unter dem Verlust erkennbarer Alleinstellungsmerkmale litt. So meinten 74 % derjenigen, die Infratest dimap zur Bundestagswahl 2017 befragte, der SPD fehle »ein zentrales Thema, mit dem sie die Menschen begeistern kann«. Für 80 % sagte die SPD »nicht genau, was sie für die soziale Gerechtigkeit tun will«. Ebenfalls beunruhigende 58 % hatten den Eindruck, die Partei setze sich faktisch »nicht mehr genug für sozial Schwache ein«. Ferner stimmten 75 % aller Befragten (auch 66 % der SPD-Wählerschaft) der Formulierung zu: »Die SPD hat sich nicht klar genug gegen Kanzlerin Merkel positioniert.« Das waren keine wahlsiegverheißenden Befunde, wo doch Martin Schulz angetreten war, die Kanzlerin nach 12 Jahren Amtszeit abzulösen. Als ein fundamentales Problem hatte sich außerdem die Vernachlässigung der Stammwählerschaft in einem weiteren Sinn (»Wiederwähler«) herausgestellt. Das waren immer noch etwa zwei Drittel der Abstimmenden. Bei ihnen war der Aderlass seit 2002 am größten. Verloren hatte die SPD über lange Zeit ziemlich gleichmäßig in allen nach Berufs- und Erwerbsstruktur unterschiedenen Gruppen. Das betraf auch die traditionell SPD-Geneigten, namentlich Gewerkschaftsmitglieder, Arbeiter und Arbeitslose.

Längerfristige Einbußen erlitt die SPD nicht nur auf Bundes- und Landesebene, sondern auch bei Kommunalwahlen. Bis weit in die 1980er-Jahre hinein hatte es in den Gemeinden und Städten noch ganz überwiegend einen positiven Trend gegeben. Doch seither, und verstärkt ab der Jahrtausendwende, war ein nahezu kontinuierlicher Rückgang zu verzeichnen, verursacht nicht zuletzt durch eine höhere Wahlenthaltung in Stadtvierteln mit Bewohnerschaft von relativ geringer Bildung und geringem Einkommen. Wo es nur wenige Parteimitglieder gibt – in ganz Ostdeutschland, außer Berlin, leben weniger als 5 % der SPD-Mitgliedschaft insgesamt –, fällt es umso schwerer, genügend qualifizierte Bewerberinnen und Bewerber für Funktionen und Ämter zu finden. Während die Zahl der sozialdemokratischen Landräte bei knapp 25 % liegt, kann die SPD auch im sonst für sie strukturschwachen Süddeutschland, wo viele Ämter direkt gewählt werden, einen deutlich größeren Anteil von Bürgermeisterposten in den kreisfreien Städten besetzen. Insgesamt besaßen 2014 fast drei Viertel der Oberbürgermeisterinnen und

-bürgermeister der 40 größten Städte Deutschlands das SPD-Mitgliedsbuch.

Gerade in den beiden zurückliegenden Legislaturperioden verschob sich, von einer fundamentalen Veränderung der Medienwelt und veränderter Mediennutzung forciert, die Vorstellung dessen, was »links« oder »progressiv« sei: Statt »harter« sozialer Fragen, Gleichheits- und Umverteilungsforderungen, dominieren Gesichtspunkte individueller Freiheit und Entfaltungschancen, kultureller und ethnischer Vielfalt und Genderpolitik. Nun war die Gleichstellung von Frauen seit den Zeiten Bebels ein sozialdemokratisches Anliegen, jedoch damals und bis ins frühe 21. Jahrhundert nicht »identitätspolitisch« gemeint. Deutlich stärker als die Gesamtmitglied- und Wählerschaft dominieren solche Themen die Mandatsträger und die aktiven Mitglieder der heutigen SPD, besonders in den größeren Städten. Kritische Stimmen sprechen dann von einem »progressiven Neoliberalismus«, wenn – wie seit der Amtszeit von Bill Clinton als US-Präsident – ein Hyperindividualismus mit Marktentfesselung und der Vernachlässigung sozialer Sicherung einhergeht.

Große Koalition 2018–2021 und erneuter Führungswechsel in der SPD

Die Parteiführung der SPD war im Herbst 2017 zunächst entschlossen, die Große Koalition (»GroKo«) nicht fortzusetzen. Doch da sich die FDP einem Bündnis mit CDU/CSU und Grünen verweigerte, sah sie keine Alternative mehr, als doch wieder zuzustimmen. Weder die Tolerierung einer CDU-geführten Minderheitsregierung noch baldige Neuwahlen erschienen aussichtsreich. Eine Rolle spielte auch das öffentliche Drängen des sozialdemokratischen Bundespräsidenten (seit März 2017) Frank-Walter Steinmeier. Nach einer engagierten, vor allem von den Jusos getragenen Anti-GroKo-Kampagne lehnten diesmal zwar 34 % (gegenüber 66 % Zustimmung) bei wiederum sehr hoher Beteiligung (78 %) die Koalitionsvereinbarung ab, doch waren es weniger als vorher vermutet.

Der Koalitionsvertrag für das vierte Kabinett Merkel trug noch deutlicher als vier Jahre zuvor einen überproportional sozialdemokratischen Stempel. Das galt sogar für Themen, bei denen auch die Sozialdemokratie zögerlich gewesen war, etwa beim Klimaschutz, wo nach dem schon früher beschlossenen Atomausstieg auch der Ausstieg aus der Kohle verbindlich verabredet wurde. Die SPD konnte bewirken, dass von moderaten Steuersenkungen die obersten 3,5 % der Einkommen ausgenommen wurden und durch Einführung einer Grundrente die Altersversorgung gegenüber den Arbeitseinkommen nicht weiter sank. Erneut wie bei der Finanzmarkt- und Flüchtlingskrise kam in der Legislaturperiode die größte Herausforderung unvorhersehbar von außen: die Corona-Pandemie. Das deutsche Gesundheitssystem, gefährdet durch jahrelange betriebswirtschaftlich gerechtfertigte Einsparungen, wurde einem Härtetest ausgesetzt. Die anfänglich sehr ausgeprägte gesellschaftliche Solidarität bröckelte im Zeitverlauf. Die SPD konnte dem Krisenmanagement der Kanzlerin und der Ressort-Zuständigkeit des CDU-Gesundheitsministers wenig entgegensetzen. Die Neuauflage des bewährten Kurzarbeitergeldes sowie Hilfsprogramme für Kleinunternehmer und Solo-Selbstständige vermochten soziale Verwerfungen einzugrenzen, aber nicht zu unterbinden, gerade auch in der Betroffenheit von Kindern sowie überhaupt der jüngeren Generation.

Zuvor hatte der seit Jahrzehnten schlechte, teilweise intrigante Umgang der oberen Etagen der SPD mit ihren Vorsitzenden – wie bei der stillos verlaufenen Ablösung von Kurt Beck 2008, der frühzeitig tragfähig erscheinende Impulse zu einer Versöhnung der Partei mit sich selbst eingebracht hatte – einen weiteren Höhepunkt erreicht: Das betraf die Amtszeit der im April 2018 gewählten früheren Generalsekretärin (2009–2013) und Arbeitsministerin (2013–2017) Andrea Nahles (*1970). Mit ihren 47 Jahren war sie eine im höchsten Parteiamt relativ junge, gemäßigte SPD-Linke mit starkem sozialem Engagement und Bodenhaftung. Seit September 2017 war sie bereits Fraktionsvorsitzende im Bundestag. Die erste Frau an der Parteispitze stammte aus einer Arbeiter- und Handwerkerfamilie in der Vulkaneifel, somit wie der gelernte Elektromechaniker Kurt Beck in

Rheinland-Pfalz wurzelnd. Seit einem verheerenden Ergebnis bei der Wahl zum Europaparlament (SPD: 15,8 %), nach einer kaum verhüllten Demontage aus dem engeren SPD-Führungszirkel heraus und zudem nach einigen unglücklichen öffentlichen Auftritten gab Nahles im Juni 2019 beschädigt und entnervt auf und zog sich aus der Politik zurück. Zusammen mit Hubertus Heil (*1972), ihrem Amtsnachfolger im Arbeitsministerium, hatte sie ein kohärentes sozialpolitisches Programm erstellt und beschließen lassen. Dieses nahm manche Kritik an Hartz IV auf, wurde vielfach positiv kommentiert und lieferte 2021 eine konzeptionelle Grundlage für den Wahlkampf.

Im Spätsommer und Herbst 2019, in einer überaus prekären Lage, strengte die SPD ein zweistufiges, für den Parteitag formal unverbindliches Mitgliedervotum an, um erstmals seit Generationen wieder zwei Vorsitzende zu wählen. Seit der Vereinigung von »Lassalleanern« und »Eisenachern« 1875 und bis zum Tod von Otto Wels 1939 hatte es immer zwei Vorsitzende der Sozialdemokratie gegeben. Kurt Schumachers alleinige Führungsrolle bei der Wiedergründung 1945/46 war auch von der Rivalität zur Ost-SPD geprägt – erst recht, nachdem diese in der SED aufgegangen war. Nun war, einer gesellschaftlichen Entwicklung folgend, an eine Frau und einen Mann als Doppelspitze gedacht. Aus acht Paaren und einigen (chancenlosen) Einzelbewerbern kristallisierten sich nach dem ersten Wahlgang die beiden Tandems Saskia Esken (*1961)/Norbert Walter-Borjans (*1952), Kritiker der Großen Koalition, unterstützt von den Jungsozialisten um Kevin Kühnert (*1989), sowie Klara Geywitz (*1976)/Olaf Scholz für den »Regierungsflügel« heraus. Dass Esken/Walter-Borjans mit 53 % zu 45 % der gültigen Stimmen bei allerdings enttäuschend geringer Votumsbeteiligung (54 %) siegten, war offenkundig als Signal gegen ein »Weiter-so« in der Großen Koalition gedacht. Obwohl die neuen Vorsitzenden medial viel Kritik und sogar Spott über sich ergehen lassen mussten, trugen sie erheblich zur innerparteilichen Aussöhnung bei, die dem Wahljahr 2021 vorausging. Eine bedeutende Rolle in diesem Prozess der innerparteilichen Konsolidierung spielte auch Rolf Mützenich (*1959), seit 2019 SPD-Fraktionsvorsitzender im Bundestag.

Das Wahljahr 2021 und die »Ampel«-Koalition

Die innerparteiliche Stabilisierung wirkte sich zunächst in keiner Weise positiv auf die Beliebtheitswerte bei Umfragen aus: Sie blieben niedrig. Gemäß Infratest dimap war einem absoluten Umfragetiefpunkt in den Monaten nach der Europawahl Ende Mai 2019 (12 bis 13 %) eine lange Stagnationsphase auf dem Niveau von 14 bis 16 % zwischen Anfang 2020 und Juli 2021 gefolgt. Auch die frühzeitige einvernehmliche Nominierung von Olaf Scholz als Kanzlerkandidat im August 2020 änderte daran zunächst nichts. In der heißen Phase des Bundestagswahlkampfes 2021 schnellten allerdings plötzlich die Befragungsergebnisse von bescheidenen 18 % Anfang August über ermutigende 21 % kurz nach der Monatsmitte auf bis zu 25 % Anfang September hoch. Seither bewegten sie sich nur noch im Bereich der engeren Fehlertoleranz. Die am 26. September 2021 gezählten 25,7 % entsprachen genau dem SPD-Ergebnis von 2013, das damals als enttäuschend galt. Den Unterschied machte der Absturz der CDU/CSU 2021 aus. Wesentliche Bedingungen dafür waren die Führungskrise der Union nach Angela Merkels Rückzug sowie die Kontroversen über die Kanzlerkandidatur. Ferner wirkten sich eine Reihe von Patzern des Kanzlerkandidaten der Union, Nordrhein-Westfalens Ministerpräsident Armin Laschet, und der Spitzenkandidatin der Grünen, Annalena Baerbock, für die SPD begünstigend aus. Demgegenüber erschien ausschlaggebenden Teilen der Wählerschaft der Finanzminister und Vizekanzler Olaf Scholz als die Inkarnation von Seriosität, Sachkunde und Verlässlichkeit. Durch seine messbare Beliebtheit konnte er die dieses Mal geschlossen auftretende Partei mitziehen. Kandidat und Partei wurden – trotz gegenteiliger Darstellungen in manchen Medien – endlich wieder als dem Erfolg gemeinsam verschrieben wahrgenommen.

Zugleich wirkte sich die programmatisch durchdachte Betonung sozialpolitischer Botschaften und Forderungen (12 Euro Mindestlohn, Bürgerversicherung, stabiles Rentenniveau, neue Wohnungspolitik) offenbar günstig aus. Im Wahlkampf kam diesen Themen eine zentrale Bedeutung zu, kombiniert mit dem Slogan »Respekt«, was dem

Wunsch vieler nach Anerkennung ihrer Leistungen beredten Ausdruck verlieh. In den östlichen Bundesländern einschließlich der Ostbezirke Berlins konnte die SPD überproportional zulegen und wurde dort mit 24,2 % zur stimmenstärksten Partei. Diesmal vermochte sie die seit Jahrzehnten stabilen Einstellungsmuster zugunsten eines unanfechtbaren, auszubauenden Wohlfahrtsstaats zu ihren Gunsten bei der Wählerschaft zu aktivieren. Spätestens die Finanzmarktkrise von 2008/09 hatte unregulierte Marktbeziehungen als systemisch destruktiv entlarvt und die tradierte sozialdemokratische Überzeugung von der Unverzichtbarkeit eines gesellschafts- und wirtschaftspolitisch handlungsfähigen und intervenierenden Staates gegenüber dem Trommelfeuer neoliberaler Propaganda aufgewertet. Neben der lange erodierten und aus Sicht der befragten Wahlberechtigten erst 2021 zurückgewonnenen sozialpolitischen Problemlösungskompetenz der SPD war für einen Wahlerfolg in der Bundesrepublik auch immer wichtig, dass den Kandidaten und Parteien wirtschaftspolitische Kompetenz zugetraut wurde. Diesbezüglich konnte die SPD 2021 zwar noch nicht mit der Union gleichziehen, aber es gelang ihr, den Abstand erheblich zu verringern, fast so wie beim knappen Wahlsieg 2002, als die SPD noch den Kanzlerbonus hatte.

Es bleibt eine zentrale Aufgabe, die erkannten Defizite aufzuarbeiten und die Fehlersuche kontinuierlich fortzuführen, gerade auch bei besseren Wahlergebnissen. Die selbstkritische Fehleranalyse nach der Bundestagswahl 2017 hatte beispielsweise auch bemängelt, »wie dramatisch die SPD den Kontakt ins intellektuelle Milieu hat abreißen lassen«. Was auf dem vormaligen Höhepunkt der 1970er-Jahre noch selbstverständlich gewesen war, nämlich die praktische Regierungspolitik mit Geschichtsbewusstsein und programmatischen Debatten zu flankieren, war über die Anpassung an den neoliberalen Zeitgeist großenteils verloren gegangen. Eine deutlichere Abkehr vom Neoliberalismus heißt aber nicht automatisch, solche Verluste auch wieder wettzumachen. Die vom Parteitag im Dezember 2021 in Berlin an die SPD-Spitze Gewählten, nämlich Saskia Esken/Lars Klingbeil (*1978) sowie Kevin Kühnert als Generalsekretär, hatten sich zuvor unterschiedliche Verdienste um die

Reorganisation und Kommunikation im Inneren der Partei sowie nach außen erworben. Ein konzeptionelles Profil für die Zukunft der Partei war bis zu deren Wahl und kurz danach noch wenig ersichtlich.

Hinsichtlich künftiger Wahl- und Gestaltungschancen wog die Altersstruktur der SPD-Wählerschaft vom September 2021 schwer. Die Statistik zeigt, dass gegenüber 2005, wo die SPD-Anteile fast gleichmäßig über die Altersgruppen verteilt waren (jeweils um 34 %), nun mit 15,6 % ein historischer Tiefstwert bei der Jungwählerschaft unter 25 erreicht worden war. Allerdings hatten CDU/CSU in dieser Altersgruppe mit 10,8 % noch schlechter abgeschnitten. Im Überblick betrachtet lag der Umstand, dass eine »linke« Mehrheit (SPD + Grüne + Linkspartei = 45,4 %) verfehlt wurde, die mehr Druck auf jegliche Koalitionsverhandlungen hätte erzeugen können, an wenigen Alterskohorten. Die »rechte« Konkurrenz (CDU/CSU + FDP + AfD = 45,9 %) hatte einen hauchdünnen Vorsprung (die mandatslosen »Sonstigen« bleiben hier unberücksichtigt). Erwartungsgemäß gab es bei den Über-70-Jährigen (anders als bei den 60-bis-69-Jährigen) noch viele aus jener Generation, die als Erstwählerinnen und -wähler die CDU-Kanzler Kiesinger, Erhard oder Adenauer vor Augen hatten. Wenngleich es neueren internationalen Tendenzen entsprach, dass in sämtlichen Altersgruppen unter 70 Jahren die Frauen mehrheitlich eher »links« und die Männer eher »rechts« wählten, springt der »rechts«-Vorsprung von um 10 % bei Männern zwischen 35 und 59 doch schroff ins Auge. Dort verzeichnete die AfD mit 16,2 bis 17,4 % Spitzenwerte, und es ist sicher kein Zufall, dass hier Stimmen ausschlaggebend waren, die als Erstwähler in der Ära Kohl geprägt beziehungsweise entpolitisiert oder in und nach der Ära Schröder letztlich enttäuscht und frustriert worden waren.

Will die Partei den fragilen Zuwachs von 2021 erhalten, muss sie eine für die unteren und mittleren Sozialgruppen überzeugende Regierungspolitik betreiben sowie einen deutlich erkennbaren politischen »Markenkern« der SPD prägen. Dieser hieß in früheren erfolgreichen Regierungsjahren: Streben nach Frieden und sozialer Gerechtigkeit, Bildungsreformen und Demokratisierung auch von

Wirtschaft und Gesellschaft. Den Studien des namhaften Deutschen Instituts für Wirtschaftsforschung zufolge haben sich nicht allein die Vermögen, sondern auch die Einkommen zwischen 1995 und 2019 sehr ungleich entwickelt: Das oberste Zehntel legte auf die hohen Ausgangswerte noch einmal stattliche 42 % zu, deutlich mehr als die obere und mittlere »Mitte« des 5. bis 9. Zehntels mit immerhin noch 23 bis 28 %. Aber schon das prekäre 3. und 4. Zehntel, wo auch kaum noch Rücklagen für Krisen zu finden sind, blieb mit plus 16 bis 19 % stark zurück. Erst recht bedeuten die nur 5 bis 8 % »Zuwachs« der vom Wohlstand »abgehängt« bleibenden untersten zwei Zehntel auf die zweieinhalb Jahrzehnte bis 2019 bezogen eine Stagnation. Das liegt wesentlich auch daran, dass 2018 Deutschland mit über 20 % aller Beschäftigungsverhältnisse den größten Niedriglohnsektor (unter zwei Drittel des Medianeinkommens) in der EU diesseits osteuropäischer Beitrittsländer hatte. Schweden und Finnland mit diesbezüglich nur 3,5 bis 5 % zeigen, dass es dazu Alternativen gab und gibt.

Der zwischen den Parteien der im Dezember 2021 formierten »Ampel-Koalition« vereinbarte 140-seitige »Koalitionsvertrag 2021–2025« hat den Untertitel »Bündnis für Freiheit, Gerechtigkeit und Nachhaltigkeit« und steht unter dem Leitmotto: »Mehr Fortschritt wagen« – eine Anspielung auf »mehr Demokratie wagen« aus der Regierungserklärung Willy Brandts von 1969. Seine Kernpunkte lauten unter anderem: Vorbereitung politischer Entscheidungen durch »Bürgerräte«, Herabsetzung des Wahlalters auf 16 Jahre, Ausbau der Infrastruktur einschließlich Digitalisierung und erneuerbarer Energien, Datenschutz, Forschungsförderung, Klimaschutz (1,5-Grad-Pfad), Artenschutz, sozial-ökologische Marktwirtschaft, Elektromobilität, Handwerks- und Gründerförderung, Bürokratieabbau, Agrar- und Verkehrsreformen, Klimaneutralität spätestens 2045, Kohleausstieg möglichst bis 2030, sozial gerechte Energiepreise, Emissionshandel, Wirtschaftstransformation, Weiterbildung, gesetzlicher Mindestlohn von 12 Euro pro Stunde, Stärkung der Tarifbindung und Mitbestimmung, Mindestrentenniveau 48 %, Rentenbeiträge nicht über 20 %, zusätzliche Kapitaldeckung, Bürgergeld statt Hartz IV, Pflegeverbesserungen, kontrollierte Abgabe von Cannabis, 400.000 neue Wohnungen jährlich (davon 100.000 geförderte), Verlängerung der Mietpreisbremse und 11 % statt 15 % Erhöhungsgrenze in drei Jahren in angespannten Märkten, erweiterte Bildungschancen, Kindergrundsicherung, erneuertes Familienrecht, Ausgleich von Freiheit und Sicherheit, Streichung von § 219a Strafgesetzbuch, Antidiskriminierungspolitik, Erinnerungskultur, Lebensverhältnisse in Stadt und Land, Stärkung der Europäischen Union, insbesondere gemeinsame EU-Außenpolitik, Integration Geflüchteter und Migrierter, Menschenrechtspolitik und Multilateralismus, europäischer Pfeiler der NATO, Abrüstung und restriktive Rüstungsexporte, Ausrüstung der Bundeswehr, 0,7 % vom BIP für Entwicklung, exemplarische Aufzählung erforderlicher Beziehungen mit vielen Ländern der Welt, Zukunftsinvestitionen, 2023 wieder Schuldenbremse, Stärkung der Kommunalfinanzen, globale Mindestbesteuerung.

SCHLUSSBETRACHTUNG

Erwartungen an die »Ampel« als »historisches Bündnis«, wie sie 1969/1972 mit der sozialliberalen und 1998/2002 mit der rot-grünen Koalition verbunden wurden, können schon allein wegen der schwierigen Dreierkonstellation kaum aufkommen. In der Grundtendenz stimmt die heutige SPD mit den Anliegen der inneren Liberalität und dem Umwelt-/Klimaschutz überein, wie sie das jeweilige Profil der beiden Koalitionspartner ausmachen. Wenn es aber um die Verwirklichung gleicher Freiheitsräume in gesellschaftlicher Solidarität geht, vertritt die FDP weit entfernt von ihren sozialliberalen »Freiburger Thesen« aus dem Jahr 1971 eine deutlich andere Wirtschafts-, Finanz- und Sozialpolitik in großer Nähe zum Wirtschaftsflügel der CDU/CSU. Bei den Grünen stellt sich zunehmend die Frage, wie ernst die existenzielle Priorität von zweifelsfrei nur global hinreichend wirksamer Eindämmung der Klimakrise gemeint bleibt: Ist es klug, außenpolitisch auf eine konfrontative, vornehmlich (westlichen) Werten verpflichtete und weniger vom Interessenausgleich geleitete Haltung zu Staaten zu setzen, die nach Bevölkerung oder Fläche zu den größten der Erde zählen und ohne die erfolgreicher Klimaschutz nicht denkbar ist?

Seriöse Geschichtsschreibung unternimmt nur gewissermaßen rückblickende »Prophetie« und verstummt, wenn die Schwelle der allerjüngsten Vergangenheit in die noch fließende Aktualität einer ungewissen Zukunft hinübergleitet. Allerdings zeichneten sich zum Jahreswechsel 2021/22 bereits zwei höchst bedenkliche Entwicklungen ab: Nachdem die Truppen des ersten russischen Aufmarsches an der ukrainischen Grenze im Frühjahr 2021 wieder abgezogen worden waren, musste die massivere Wiederholung seit November zumindest als Drohkulisse für ein so zu erzwingendes Nachgeben der Ukraine im Konflikt in und um ihren Ostteil noch ernster genommen werden. Nur eine Minderheit von Kundigen rechnete mit einem großflächigen Einmarsch Russlands in die Ukraine, der eine andere europäische Gesamtkonstellation als in der Zeit des Kalten Krieges und erst recht der Entspannungsphase vor und nach dem Fall des »Eisernen Vorhangs« herbeiführen musste. Parallel dazu betrug die deutsche Inflation, auch von den wirtschaftlichen Nachwirkungen der Corona-Pandemie hervorgerufen, im Dezember 2021 bereits 5,3 % mit einem Preisanstieg von 18,3 % bei Energie und 6 % bei Nahrungsmitteln. Der Trend wies dabei stark nach oben. Vergleichbare Werte wie diese 5,3 % fanden sich nur in der ersten Hälfte der 1970er-Jahre und noch einmal während der zweiten Ölpreiskrise 1980 bis 1982. Äußere Verwicklungen und zugleich soziale Verwerfungen waren historisch meist eine gefährliche Mixtur, die umsichtiges und entschlossenes politisches Handeln gleichermaßen erforderte. Die deutsche Sozialdemokratie wird künftig nicht zuletzt daran gemessen werden, ob sie diese Probe besteht.

Über die Autoren

Peter Brandt, geb. 1948, Prof. i. R. Dr. phil. habil., Historiker und Publizist, 1989–2014 Leiter des Lehrgebiets Neuere deutsche und europäische Geschichte an der FU in Hagen und 2003–2017 Direktor des Dimitris-Tsatsos-Instituts für Europäische Verfassungswissenschaften ebd.

Detlef Lehnert, geb. 1955, Dr. phil. habil., Professor (i. R.) für Politikwissenschaft an der Freien Universität Berlin, Vorstandsvorsitzender der Paul-Löbe-Stiftung Weimarer Demokratie.

Personenregister